INDEX ON THE PUBLICATIONS ABOUT YONGJIA SCHOOL

永嘉学派
研究论著索引

陈安金◎主编

浙江工商大学出版社 | 杭州
ZHEJIANG GONGSHANG UNIVERSITY PRESS

图书在版编目(CIP)数据

永嘉学派研究论著索引 / 陈安金主编. — 杭州：
浙江工商大学出版社，2022.6
ISBN 978-7-5178-4943-8

Ⅰ.①永… Ⅱ.①陈… Ⅲ.①永嘉学派－著作－索引
Ⅳ.①Z89：B244.92

中国版本图书馆 CIP 数据核字(2022)第 081070 号

永嘉学派研究论著索引
YONGJIA XUEPAI YANJIU LUNZHU SUOYIN
陈安金 主编

责任编辑	郑　建
责任校对	金芳萍
封面设计	浙信文化
责任印制	包建辉
出版发行	浙江工商大学出版社
	（杭州市教工路 198 号　邮政编码 310012）
	（E-mail：zjgsupress@163.com）
	（网址：http://www.zjgsupress.com）
	电话：0571-88904980，88831806（传真）
排　　版	杭州朝曦图文设计有限公司
印　　刷	浙江全能工艺美术印刷有限公司
开　　本	710mm×1000mm　1/16
印　　张	21
字　　数	295 千
版 印 次	2022 年 6 月第 1 版　2022 年 6 月第 1 次印刷
书　　号	ISBN 978-7-5178-4943-8
定　　价	69.00 元

目　录

凡　例

一、本书所收论文和专著的内容均以研究"永嘉学派"为主。所谓"永嘉学派",是指诞生于南宋温州,以薛季宣、陈傅良、叶适等为主要代表的,以"事功"为主要思想特质的儒学流派。永嘉学派的发展历经兴起、鼎盛、衰落和重振四个阶段,此四个阶段收录的分别是研究各阶段永嘉学派代表人物的论著;永嘉学派总论收录的是永嘉学派总体性研究和涉及永嘉学派相关研究的论著。

二、论文所收范围是国内(包括中国香港、中国澳门、中国台湾)中文报刊和学位论文,其时间起自 1905 年,止于 2021 年。专著收自国内(包括中国香港、中国澳门、中国台湾)所出版的中文图书,共约 50 部,其时间起自 1992 年,止于 2021 年。

三、编辑体例上分五类:永嘉学派兴起阶段;永嘉学派鼎盛阶段;永嘉学派衰落阶段;永嘉学派重振阶段;永嘉学派总论。四个阶段类再分人物目,各目按照期刊、报纸、学位论文、图书子目顺序编排,同一子目以出版(刊发、收录)时间为顺序编排。总论类再分永嘉学派总体性研究、涉及永嘉学派相关研究目,各目按照期刊、报纸、学位论文、图书子目顺序编排,同一子目以出版(刊发、收录)时间为顺序编排。

四、论文或专著依次开列题名、出处、作者、摘要。

五、原民国纪年者均改用公元纪年。

六、同一论文或资料见于两种以上期刊者，必要时，并录之。同一论文或专著需归属于不同类者，必要时，亦分别收入不同类中。

一、永嘉学派兴起阶段

（一）王开祖

1.［期刊］

　　题　　名：永嘉学术开创者王开祖——宋代浙学通论之一

　　出　　处：杭州师范学院学报（社会科学版）；1990；第 2 期；第 44 页至第 50 页

　　作　　者：周梦江

　　摘　　要：明清浙东学术，名重当世，远扬国外，而实际上与宋代的永嘉、金华、四明之学有绍述关系，这是古今中外众多学者所公认的。特别是永嘉学派重视史学研究，与明清浙东的史学有密切关系。为进一步了解明清浙东学术，必须先研究宋代永嘉之学的兴起。本文拟介绍一个几乎被人遗忘的学者——永嘉学术开创者王开祖的生平思想及其影响。

ISSN：1674-2338

2.［期刊］

　　题　　名：王开祖及其观念：濂洛未起前的道学思想

　　出　　处：中国哲学史；2009；第 3 期；第 19 页至第 26 页

作　　者：陆敏珍（浙江大学人文学院）

摘　　要：在宋代道学运动的研究中，濂洛未起前的道学思想没有得到认真的对待。究其原因，一方面是受道统谱系的影响，"宋初三先生"的标签似乎遮蔽了这一时期的真正思想活动；另一方面则由于濂洛未起前的道学思想本身的限制。然而，从王开祖的个案研究看，虽然他在道学思想上没有系统的创建，但在历史的脉络中，足以折射出宋学初兴时的内容并构成其有机组成部分，代表了北宋儒家初轨与其渐变时期的特征。

ISSN：1005-0396

1.［学位论文］

题　　　名：王开祖《儒志编》研究

学位名称：硕士

出　　　处：浙江大学；2010

作　　　者：赵钊（浙江大学）

摘　　要：王开祖（约1035—1068），温州永嘉（今温州鹿城区）人，字景山，号儒志，学者尊为儒志先生，其著述唯《儒志编》一书存世。本文的主要任务即通过对《儒志编》的分析来研究王开祖的思想。本文第一部分将主要针对《儒志编》全文约一万六千余字进行分析，并试图从中找出规律，分析出其中的内涵与意义，厘清其中构建的理论框架。为了较好地研究《儒志编》本身的思想内涵及其哲学意义，这一部分将从文中所反映的历史、政治、修养伦理及哲学的终极追求四个方面来进行探讨，也就是《儒志编》之末尾一段"由孟子以来道学不明，我欲述尧舜之道，论文武之治，杜淫邪之路，辟皇极之门，吾畏诸天者也，吾何敢已哉"。由于本文是探讨儒志先生与永嘉学派的关系，所以接着应该从他与永嘉学派的关系即与永嘉学派主要代表人物之间的联系入手，永嘉学派昌盛于南宋时期，其渊源最早可追溯到王开祖，南宋薛季宣、陈傅良对该学派的形成起到了承前启后的作用，集大成者是叶适。因此，第二部分将介绍永嘉学派中具有代表性的思想家，并与王开祖的《儒志编》进行分析比较（考虑到王与南宋永嘉学派的关系,是一个大题目,因为时间及精力有限,作者拟暂写一个总体性的阐述,待以后再加以细化)。最后,研究一样东西最重要的应着眼于它给予现实的意义与价值,研究《儒志编》亦是如此。本文最后一部分将通过分析儒学之现实意义、开祖精神之现实意义及开祖的思想理论与现实的契合点三个方面进行探讨。

2.[学位论文]

题　　　名:皇祐三先生思想研究

学位名称:硕士

出　　　处:温州大学;2019

作　　　者:王曼曼(温州大学)

摘　　　要:皇祐三先生是指三位活跃于北宋仁宗皇祐年间(1049—1054)前后的温州学者,他们分别是王开祖、林石、丁昌期,他们所处的时代,正是宋学兴起和发展的关键时期。三先生治学以六经为师,注重对儒经义理的阐发并以此宣扬儒道;同时,他们也关注现实,主张践行古道;三先生特别是其中的王开祖,其思想尚未深入内圣领域的性命道德之学,主要是以儒经义理的阐释来推明治道,更倾向于外王之学。皇祐三先生思想中既包含了尊孔崇孟的儒道情怀,还具有明经笃行的经世主张,以及不立门户的包容心态。三人都选择在温州当地隐居著书、讲学授徒、倡鸣儒道,是宋代温州地区最早的一批乡先生,为宋代温州地区的文化教育事业做出了重要贡献,是永嘉之学的重要源头;三先生学术旨趣中务实致用的事功精神对南宋永嘉学者产生了深远的影响,为永嘉学派事功思想的形成奠定了基础,是永嘉学派当之无愧的开山之祖;三先生特别是王开祖在宋学形成之初率先倡鸣"道学",实为宋学先驱之一。

(二) 刘安节、刘安上

1. [期刊]

题　　名：斋心沐形——论刘安节、刘安上的实践美学及其人生境界

出　　处：美与时代（下）；2020；第 7 期；第 132 页至第 134 页

作　　者：李正柏，刘巧云（温州商学院传媒与设计艺术学院）

摘　　要：永嘉学派刘安节、刘安上兄弟上溯至《易》，以实践重新弥合"道"与"器"的裂纹，强调社会实践的重要性，将格物致知的内省与外拓并重。通过引入庄子的思想资源，同时又摒弃其相对主义方法，结合儒家思想，形成了刘安节、刘安上"斋心沐形"的独特理论。"斋心"与"沐形"的合一，使得世俗成为无功利审美的对象，相较于之前的学者通过内省获得"仁乐"而言，对于刘安节、刘安上来说，"仁"就是"乐"本身。

ISSN：1003-2592

1. [学位论文]

题　　名：刘安节、刘安上研究

学位名称：硕士

出　　处：阜阳师范学院；2018

作　　者：王俊斐（阜阳师范学院）

摘　　要：刘安节、刘安上兄弟二人是北宋徽宗朝文人，二人同入太学，又俱学于程颐门下，与同乡周行己、许景衡、戴述、赵霄、张辉、沈躬行、蒋元中七人列入"元丰九先生"，在当地颇有名气。本文分为五章，分别探究"二刘"本人以及他们的作品。第一章考察"二刘"的家世、生平及交游。本章分为三个部分，第一部分考察"二刘"家世。第二部分则是根据"二刘"的墓志、行状及其诗文内容，详细考察其生平行迹，他们都有在朝中及地方任职的经历。第三部分则是考察"二刘"的交游情况，"二刘"与"永嘉

九先生"中的其他成员关系密切,甚至互为姻亲,与其他文人也有交往。第二章研究刘安节的文章。本章将刘安节的文章从韵文和散文两个方面加以阐述。刘安节的文章体裁丰富、内容广泛,其文章善于用典,内容上强调忠君报国思想。第三章探讨刘安上的诗歌。一方面将刘安上的诗歌分为写景咏物、行役抒怀和唱和赠答三类,并分别加以阐述;另一方面,则是研究了刘安上诗歌的特色,其诗风格与王安石相似,语言上质朴而不失韵味,艺术上善于用典。第四章研究刘安上的文章。本章分别从韵文和散文的角度去探究其文:其韵文多为传达官员任命的外制文;散文数量不多,但其中弹劾蔡京的文章颇有亮点,具有史学价值。第五章从"二刘"文集中归纳"二刘"的事功精神,并谈其与永嘉学术的关系。他们的事功精神主要有忠君爱国、改革时弊、关注民生和教化育人四个方面。这种精神承上启下,对后世永嘉学派的产生有很大影响,推动了永嘉学术的繁荣。

(三)周行己

1.[期刊]

题　名:试论周行己

出　处:浙江学刊;1985;第6期;第75页至第81页,第91页

作　者:周梦江(温州师范学院)

摘　要:南宋时期,薛季宣、叶适的永嘉事功学派与朱熹的理学(或称道学)、陆九渊的心学鼎足而立,成为全国思想界三大学派。推溯其源,永嘉之学与北宋后期周行己有一定关系。宋人陈振孙《直斋书录解题》说他是"永嘉学问所从出也"。而近人侯外庐先生《叶适的唯物主义思想及其对哲学遗产的批判》却认为这"未免估计过高,周行己本人在学术上并没有新的创见"。中华人民共和国成立以来,除侯先生大作简单地附带提及周行己外,尚未有专文介绍。因此,本文拟就周行己的生平、思想、同永嘉

事功学派的关系,以及他在学术上的贡献,试加论述,求教于学术界前辈和同志。

ISSN:1003-420X

2.[期刊]

题　名:周行己的货币思想研究

出　处:河南师范大学学报（哲学社会科学版）；1990；第2期；第6页至第11页

作　者:余德仁（河南师范大学经济与管理学院）

摘　要:周行己(1067—1125),字恭叔,永嘉(今属浙江)人。祖豫、父泳俱登进士第。《温州府志》载称:"行己风仪秀整,语言如钟,读书十行俱下。"据其自述:"七岁从师就读,诵五经书,十五岁学属文,十七岁补太学诸生";"又二年读书,盖见古人文章浩浩如涛波、绵绵如春华,于是乐而慕之";"又二年读书,益见道理。于是始知圣人作书遗后世,在学而行之,非以为文也,乃知文人才士不足尚"。他曾师事程颐,尝从吕大钧游,论其学术思想,非以理学为宗,而是注重经世实用之学,并且影响较大,是以后人称之为南宋永嘉学派的先驱。

ISSN:1000-2359

3.[期刊]

题　名:周行己的货币理论

出　处:中南财经大学学报；1992；第6期；第89页至第92页

作　者:侯厚吉（中南财经大学）

摘　要:周行己,字恭叔,永嘉(今浙江)人。生卒年不详。宋哲宗元祐六年(1091)进士,官太学博士、秘书省正字等,著作有《浮沚集》。本文依据侯厚吉先生《中国货币思想史稿》手稿整理而成,引用原文未及校正,故不注出处。此文系侯厚吉论周行己货币思想的一部分,特此说明。

ISSN:1003-5230

4.[期刊]

　题　　名:论周行己

　出　　处:杭州师范学院学报（社会科学版）；2003；第 3 期；第 95 页至第 99 页

　作　　者:周梦江（温州师范学院）

　摘　　要:北宋末年温州人周行己,是洛学创始者程颐的学生。因他生长于商品经济比较发达的温州,加上又受过新学、吴学的熏陶,他重视实用之学,具有先进的货币思想,成为南宋永嘉事功学派的先驱,对温州学术文化做出了贡献。

　ISSN:1674-2338

5.[期刊]

　题　　名:被拒绝的洛学门人：周行己及其思想

　出　　处:中国哲学史；2010；第 3 期；第 77 页至第 85 页

　作　　者:陆敏珍（浙江大学人文学院）

　摘　　要:周行己虽是宋代二程洛学在南方的传承者,却是被其他二程的追随者清理出该学派的学者,当然,这种门户清理并非只是一个强硬的手势,或者是一种颇具冲突的形式,在表现上更是一种成员之间的共同认识。尤其值得关注的是,这种共同认识一般均源于对被清理者本身行为的评价与判断,学派成员借助于这种评价与判断将原本隐藏在背后的不同意见释放,甚至有时候,评判还演变成为该群体的一种责任。

　ISSN:1005-0396

6.[期刊]

　题　　名:周行己：伊洛渊源百世师

　出　　处:温州人；2020；第 17 期；第 90 页至第 92 页

　作　　者:张声和（政协温州市委员会文史资料委员会）

摘　要：周行己(1067—1125)，字恭叔，世称浮沚先生，永嘉学派的创始人之一，被列为元丰九先生之首。他自筑浮沚书院，传授程颐伊洛之学，最早将伊洛之学传播至温州，其学术研究与教学活动对温州乃至浙江学术产生重要影响。

ISSN：1673-6443

7.［期刊］

题　名：周行己、许景衡、刘安上三家诗论——以温州地域文化与两宋之际学术及文学流变为背景

出　处：四川大学学报（哲学社会科学版）；2021；第 1 期；第 116 页至第 126 页

作　者：钱志熙（北京大学中文系）

摘　要：两宋之际是温州地域学者预流主流学术与文学的时期，以被后人称为"元丰九先生"为中坚。他们属于元祐学人，不仅传承伊洛理学，同时也接受苏、黄一派的文学，是两宋之际的重要学者。周行己与黄庭坚及江西诗派有较多接触，其诗学理论与创作都受黄庭坚的影响。许景衡长于五言，风格清雄奔放，受到苏轼的影响。刘安上也致力于诗，其诗风平淡深隽，五七言律绝与王安石的风格接近。他们的诗学的另一资源是从谢灵运山水诗以来的地域诗歌传统。在绍圣至绍兴域内诗歌低潮的整体背景下，东南沿海的温台一带诗风却呈兴盛之势，这与上述诸家的影响是分不开的。

ISSN：1006-0766

8.［期刊］

题　名：周行己及其对程门教法的背离

出　处：浙江师范大学学报（社会科学版）；2021；第 46 卷；第 5 期；第 50 页至第 58 页

作　者：洪明超（武汉大学哲学学院）

摘　要：周行己历来被人们视为永嘉学派的先驱，他同时又是洛学传人，亲炙于程伊川。但是，他曾遭到伊川的严厉指责，又受到程门弟子乃至于朱子的批评，成为程门中一个被排斥的"异类"。深考其缘由，除了早年的道德瑕疵以外，更重要的原因在于他的学说对程门教法有所偏离乃至背离。他未能完整地把握洛学的精髓，而在程门教法的外壳下置入了老庄的思维方式以及修养方式。这虽然背离了二程的理学体系，但构成了程门中一个独特的案例，展现了程门弟子的另一种面貌。

ISSN：1001-5035

1. [学位论文]

题　　　名：周行己及其诗文研究

学位论文：硕士

出　　　处：西北师范大学；2015

作　　　者：宋玉杰（西北师范大学）

摘　　　要：周行己是北宋晚期的一位学者和作家。他早年潜心学习，认真刻苦，受到老师程颐的赞许。但考中进士后，仕途坎坷，颇不得志。在求学方面，周行己不立门户之见，转益多师，加之常年讲学授徒的经历，使其有了深厚的文学修养与积淀。他重视实用之学的思想理念被后人承续并发扬光大，推动了永嘉学派的形成，也因此被誉为永嘉学派的先驱。其诗文语言明白淳实，娴雅有法，具有丰富的思想内容和鲜明的艺术特色。本文以周行己及其《浮沚集》为研究对象，主要探讨周行己的生平、思想、交游、《浮沚集》的版本、诗文的内容和艺术特色等问题，以期对周行己的学术影响和文学地位做出全面的认识和准确的定位。引言部分主要概述前人对周行己研究的基本情况，回顾其研究成果，找出研究的不足以及存在的问题，明确研究的重点与难点。第一部分：周行己生平与思想的研究。主要从两方面展开：一方面对周行己的生平进行梳理与考证，另一方面对周行己的思想进行全方位的分析。第二部分：周行己交游情况的研究。周行己一生仕途不顺，为了仕宦生计，不得不时常奔波在外，加之其有常年讲学授徒的经历,故而其交游对象较为广泛,既包括同乡友人,如温州"太学九先生"等,也不乏一些有名的文人,如李格非、李廌等,同时他与僧人也有交游唱和的作品。本研究部分将主要探讨周行己的交游活动,并进一步剖析该活动对周行己的影响及意义。第三部分:《浮沚集》版本的研究。周行己一生著述颇丰,其作品最初为《浮沚先生集》16卷、《后集》3卷,具体成书情况不详。后其诗文多有散佚,至清四库馆臣从《永乐大典》辑出《浮沚集》9卷;民国时期,永嘉敬乡楼主人黄群补遗诗文1卷;再经《全宋诗》及《全宋文》的编者网罗搜集,分别收录周行己诗160余首、文125篇。第四部分:周行己诗歌的研究。现流传下来的周行己诗歌有160余首,是研究其思想感情与交游活动的重要资料。该研究部分主要从两方面进行分析:第一,周行己诗歌的思想内容,其诗歌划分为酬唱赠答诗、写景记游诗、述怀行役诗三大类,分别对其进行鉴赏和论述;第二,周行己诗歌的艺术特色,其诗歌具有鲜明的宋诗特色,值得品味。第五部分:周行己文章的研究。现有周行己120余篇文章流传于世,这些作品是其多年文学积累的结晶。本文主要从两方面进行论述:第一,文章的体裁内容。周行己的文章体裁广泛,对各类文章的熟练驾驭,表现出其深厚的学识功底。第二,文章的艺术特色。周行己的文章语言明白淳实,具有儒者风范。第六部分:周行己对永嘉学派的贡献及其诗文的价值。周行己的学术思想在其生前没有闪耀出光芒,至南宋时期才被后学者所挖掘并发扬光大,其重视实用之学的思想理念也逐步演变为永嘉学派的主流思想。从周行己的作品来看,其诗文的思想内容丰富、艺术特色鲜明,亦有可资研究的文学价值和史料价值。

(四)许景衡

1.[期刊]

题　名:许景衡的文集及佚作

出　处：古籍整理研究学刊；2008；第 1 期；第 32 页至第 35 页
作　者：陈光熙（温州大学图书馆）

摘　要：宋许景衡《横塘集》原有 30 卷，明中叶以后散佚。清乾隆间编《四库全书》，从《永乐大典》辑出 20 卷，缺佚颇多，仅从《东瓯诗集》收入佚诗 1 首。光绪间瑞安孙氏编印《永嘉丛书》，孙氏父子指出《东瓯诗集》与《东瓯续集》中有佚诗 3 首，林表民《赤城集》与刘安节《刘左史集》中各有佚文 1 篇。北京大学古籍研究所编《全宋诗》，辑得佚诗共 13 首。潘猛补辑得佚诗 2 首。栾贵明《四库辑本别集拾遗》辑得佚文 3 篇。今从《东瓯续集》辑得《过闲心寺》1 首，从《刘左史集》辑得《祭刘左史文》1 篇，从《永嘉集·内编》辑得《林居士墓志铭》1 篇，但散见于他书的佚文还很多。

ISSN：1009-1017

2.［期刊］

题　名：宋许景衡《方文林墓志铭》考述

出　处：杭州研究；2009；第 3 期；第 166 页至 174 页
作　者：方晨光（杭州市社会科学院）

摘　要：通过对《方文林墓志铭》主人方文林、作者许景衡、荐写墓志铭之人杨时及 3 人关系和湘湖大事的考证，弄清了墓志铭的主要人物与背景、墓志铭所记述的主要内容与事件，并对北宋时期典型事件湘湖建设和"均包湖米"政策的实施有一个比较清楚的认识。《放林墓志铭》是现存最早的记录北宋湘湖的文献。通过对《放林墓志铭》的深入考证，对于研究湘湖，还湘湖以历史真实，提高编纂与湘湖有关的志书、史书质量，促进杭州湘湖新城和湘湖旅游综合体的建设开发，无疑具有重要意义。

3.［期刊］

题　名：温州"太学九先生"的学术及其文学创作

出　处：文学遗产；2010；第 6 期；第 75 页至第 83 页
作　者：杨万里（南开大学文学院）

摘　要：温州太学九先生追求"为己之学"，读书的目的是明道，故他们高度认同程学；又因为他们接受过良好的《春秋》学教育，博杂经史，故经术事功兼重。九先生思想依于洛学，但文学创作上没有门户之见，尊敬苏轼及其追随者，所以为文明白淳实，吐言清拔，不露伉厉之气，又娴雅有法。

ISSN：0257-5914

4.[期刊]

题　名：许景衡：浮云有南北　明月满空虚

出　处：温州人；2020；第 19 期；第 90 页至第 93 页

作　者：张声和（政协温州市委员会文史资料委员会）

摘　要：许景衡(1072—1128)，字少伊，学者号为横塘先生。他 22 岁进士及第，历宋哲、徽、钦、高宗四朝，执政于朝事中心，官至尚书右丞、资政殿学士，堪称一代名臣。他是温州"元丰太学九先生"之一，永嘉学派早期的学者，学术上深邃独到，《宋史》评价他："景衡得程颐之学，志虑忠纯，议论不与时俯仰"；《四库全书总目》评："其文章也坦白光明，粹然一出于正"。

ISSN：1673-6443

5.[期刊]

题　名：周行己、许景衡、刘安上三家诗论——以温州地域文化与两宋之际学术及文学流变为背景

出　处：四川大学学报（哲学社会科学版）；2021；第 1 期；第 116 页至第 126 页

作　者：钱志熙（北京大学中文系）

摘　要：两宋之际是温州地域学者预流主流学术与文学的时期，以被后人称为"元丰太学九先生"为中坚。他们属于元祐学人，不仅传承关洛理学，同时也接受苏、黄一派的文学，是两宋之际的重要学者。周行己与

黄庭坚及江西诗派有较多接触,其诗学理论与创作都受黄庭坚的影响。许景衡长于五言,风格清雄奔放,受到苏轼的影响。刘安上也致力于诗,其诗风平淡深隽,五七言律绝与王安石的风格接近。他们的诗学的另一资源是从谢灵运山水诗以来的地域诗歌传统。在绍圣至绍兴域内诗歌低潮的整体背景下,东南沿海的温台一带诗风却呈兴盛之势,这与上述诸家的影响是分不开的。

ISSN:1006-0766

1.[学位论文]

题　　名:许景衡及其诗歌研究

学位名称:硕士

出　　处:河北师范大学;2012

作　　者:乔庆刚(河北师范大学)

摘　　要:许景衡(1072—1128),字少伊,学者号为横塘先生,温州瑞安白门(今属浙江)人。他历仕宋哲、徽、钦、高宗四朝,官至尚书右丞,他济世安民,堪称一代名臣。许景衡开创了永嘉学派,有着深邃独到的学术主张,是一位学识渊博、兼通古今的学者和诗人。他在宋朝政治上和文学上都具有较高的影响力,但一直以来,对其的研究都没有引起足够的重视。本文力求对许景衡进行较为全面的研究,通过考证其生平与交游,编订年谱,进而解析其诗歌内容,挖掘其诗歌创作独有的风格和艺术特色,揭示其在宋代文学史上的地位。许景衡为官清正、志虑忠纯、刚直不阿,不与时俯仰,经常遭致权奸大臣的诋毁和排挤。在他的政治生涯中,多次遭受打击,曾三次被贬谪,造成了其三起三落的坎坷仕途经历。许景衡济世安民的理想与现实的黑暗使他产生了巨大的心理落差,不得不反复审视个体的生存价值,他的这一心态在诗歌中得以充分体现,他的爱国恤民诗、饮酒解忧诗和思隐唱和诗正是他关注国计民生以及个人命运的复杂心态的写照。许景衡诗歌创作崇尚"清拔"这一审美风格,使他的诗歌呈现出清俊挺拔、清寒忧怨、清新俊逸等多元化的风格。在他的诗中多次使用酒、秋、雨等意象来表情达意,形成了诗歌多样化的意象群。许景衡受其人格风范和人生经历的主导和影响,成为其诗歌崇尚"清拔"的渊源。许景衡在诗歌创作上反对孟郊、贾岛式的苦吟与推敲,反对离开内容而偏重字词推敲的文章,这对纠正当时文章专求绮靡、华丽的错误倾向具有历史进步意义。许景衡的诗歌艺术手法带有较为鲜明的时代特色,他的诗以议论为主、精妙用典、讲究对仗、语言整饬,是宋诗中的优秀代表。

2.[学位论文]

题　　名:许景衡及其诗歌研究

学位名称:硕士

出　　处:吉林大学;2013

作　　者:刘林艳(吉林大学)

摘　　要:许景衡是北宋晚期重要的政治文学兼能之人,声名卓著,世之名能文者举推尊之。现今存世的作品主要收于《横塘集》中。其创作虽难与同时代声名显赫的大家相匹敌,但其诗歌、散文创作亦独具特色。其诗"吐音清拔,不露优厉之气",其文"坦白光明,粹然一出于正",诗歌与散文皆具有较高的文学价值和社会价值。北宋晚期的诗歌新变、社会动荡不安、民族矛盾日益加深等社会背景无一不深刻地影响着许景衡的诗歌创作,使其诗作呈现出典型时代特征的同时又有着个体性特征。本文共分四章。第一章为许景衡的生平及其交游,对许景衡的生平、交游情况进行了概述。第二章为许景衡的思想构成及其诗歌对前人的继承。第三章和第四章主要分析了许景衡诗歌的思想内容及其诗歌的艺术特色。最后文章的结论部分总结了许景衡及其诗歌的历史地位和影响。本文力求对许景衡及其诗歌创作进行较为全面把握的同时做较为深入的研究,对北宋晚期文坛这一较为重要的人物及其诗歌作品有清晰的理解和客观的认识。

3.[学位论文]

题　　名:许景衡及其诗歌研究

学位名称:硕士

出　　处:山西师范大学；2017

作　　者:王玉娇（山西师范大学）

摘　　要:许景衡（1072—1128），字少伊，人称横塘先生，瑞安白门人。1094 年中进士，历仕宋哲、徽、钦、高宗四朝，在政治上颇有作为，是温州历史上第一个官至尚书右丞并被正史立传的重要人物。北宋末年社会动荡、朝局黑暗，许景衡以"措国于磐石之安，救民于水火之中"为政治理想，面对权贵刚直不阿、仗义执言，遭到奸佞之臣排沮陷害，一生仕途坎坷。《宋史》称其"志虑忠纯，议论不与时俯仰"。许景衡学术、文学兼重，为温州"太学九先生"之一。许景衡游学京师，将所学洛学传入温州，为后来永嘉派的建构奠定了基础。面对满目疮痍的北宋王朝，许景衡心中苦闷不已，在儒家传统价值之外，于佛教和道教思想中寻到一片精神栖息之地，且把满腔无奈投注笔端，化为诗歌，有很深的艺术造诣。《四库全书总目》评:"其文章亦坦白光明，粹然一出于正"，"至其诗篇，乃吐言清拔，不露伉厉之气"。其诗可以令人窥见北宋末年民不聊生、国将不国的历史状态，及许景衡内心不能自已的痛苦和衰颓，有很高的艺术价值。本文分为四章。第一章为许景衡的生平及思想构成，对其一生的交游及思想品格予以介绍，为后文分析其作品提供背景说明。第二章为儒释道思想对许景衡诗歌的影响，以思想为切入点，以诗歌为落脚点，分析思想与作品的融合与渗透。第三章分析许景衡不同题材的诗歌所呈现的艺术风貌，以期对其作品有一个充分全面的认识。第四章总结许景衡的影响与贡献，客观评判许景衡在洛学及温州发展史上的地位及发挥的巨大作用。通过以上几点，本文力求对许景衡的诗歌有一个多角度、深层次的认识。

二、永嘉学派鼎盛阶段

(一) 郑伯熊、郑伯谦

1.[期刊]

题　名:浅谈郑伯谦的会计思想

出　处:财务与会计;1986;第 8 期;第 49 页至第 50 页

作　者:王雄(江西财经学院会计系)

摘　要:郑伯谦,字节卿,南宋温州永嘉人,曾为宋朝修职郎,衢州府学教授,是南宋时期永嘉学派学者之一。永嘉之学十分注重研究当时朝政的财政、经济、军事等实际问题,被称为重视经世致用之学,或言"功利之学"。郑伯谦继承、发扬了永嘉学派之学风,致力于财政、经济等实际问题的研究,并有经济专著留于后世,较为有名的是《太平经国之书》。本书系以《周礼》的政治、经济制度为理想的制度,且以它为尺度来衡量秦汉以来各朝代的政治、经济制度法令。其中,对于会计的议论独具匠心,值得称述。

ISSN:1003-286X

2.[期刊]

题　名:论郑伯熊的学术思想

出　　处:温州师范学院学报（哲学社会科学版）；2006；第 27 卷；第 1 期；第 1 页至第 6 页

作　　者:周梦江（温州师范学院人文学院）

摘　　要:永嘉之学来源有二:一是从周行己到郑伯熊的性理之学;二是从薛季宣到陈傅良的事功之学。后来,郑伯熊深知空谈义理对国事无补,在薛季宣影响下转向事功之学。

ISSN:1674-3563

3.[期刊]

题　　名:郑伯熊与南宋绍淳年间洛学的复振

出　　处:复旦学报（社会科学版）；2010；第 4 期；第 38 页至第 46 页

作　　者:何俊（浙江大学宋学研究中心）

摘　　要:洛学在宋室南渡以后的复振是道学运动的一个关键问题,郑伯熊是这一时期洛学复振的重要参与者。郑伯熊以他对洛学所阐发的儒学精神的笃信固守矫治绍兴年间形成的佞谀士见,同时行道济世以求儒效日白于天下,并通过阐释儒家经典来传承洛学的主张。他的活动一方面推进了洛学在绍兴、淳熙年间的复兴,另一方面促使他所继承而呈衰歇的永嘉学术得以重光,整个道学运动与区域思想的关系在互动中得到推进。

ISSN:0257-0289

4.[期刊]

题　　名:笔开象外精神：郑伯熊与永嘉学派

出　　处:浙江社会科学；2012；第 8 期；第 124 页至第 130 页，第 159 页

作　　者:陆敏珍（浙江大学人文学院）

摘　　要:郑伯熊是叶适所构建的永嘉学派传人之一,并自此开始成为历代永嘉之学传承谱系中的关键人物。人们很少去追问这一历史人物是否足以符合学派谱系的构建需求。为了理解叶适之所以要标举郑伯熊这

样一个人物,我们需要通过叶适来观察郑伯熊,以此体会叶适构建该人物时的依据与想法。叶适在叙述郑伯熊时所预构的人物类型、后人对郑伯熊的师承与个人行为有意识地进行地方化确认,以及叶适所提炼出的郑伯熊的思想主旨,最终使其成为永嘉学派人物传承谱系中的重要一员。同时,区域性学派构建中所包含着的地方认同和价值偏向也定义出了永嘉学派。

ISSN:1004-2253

5.[期刊]

题　名:郑伯谦及其《太平经国之书》的历史影响

出　处:兰台世界;2014;第 34 期;第 106 页至第 107 页

作　者:梁瑾[1],张超[2](1.河北工业职业技术学院;2.河北经贸大学金融学院)

摘　要:我国历史上第一部关于会计的著作《太平经国之书》,是宋朝郑伯谦撰写的。郑伯谦非常看重当时朝代在财政、经济、军事等方面出现的实际问题,并专注于对这些问题的研究,想要通过一些措施改善社会的发展现状。

ISSN:1006-7744

6.[期刊]

题　名:郑伯谦《周礼》诠释的特色

出　处:湖北民族学院学报(哲学社会科学版);2016;第 34 卷;第 3 期;第 21 页至第 24 页

作　者:杨玲[1],潘斌[2](1.成都师范学院史地与旅游学院;2.西南财经大学人文学院)

摘　要:郑伯谦在从事《周礼》诠释时主张发挥义理而不事考证,切近人事而不疏阔,重视论辩而不喜征引文献。郑伯谦据《周礼》畅谈事功,讲求经世致用,反对空谈心性义理。其借《周礼》对赋税、理财以及会计的论述，正是南宋江南经济文化发达的社会现实之反映。郑伯谦接续叶适的学术取向，其所撰《太平经国之书》既重视经典本身，又重视勾考先秦、汉、魏、晋、唐之史实，从而以史为鉴，古为今用。郑伯谦对于扭转薛季宣、陈傅良等人以治史言事功的学术方法，以及"永嘉学"诠释文本的经学化，起到了推波助澜的作用。

ISSN：2096-7586

7.［期刊］

题　　名：郑伯熊《敷文书说》研究

出　　处：历史文献研究；2017；第 1 期；第 36 页至第 51 页

作　　者：陈良中（重庆师范大学文学院）

摘　　要：郑伯熊是宋代著名经学家、永嘉学派的开创者。其《敷文书说》开启了试策式解经方式，解释经义往往广引经史、纵横论辩。思想上认同孔子订《书》序《书》，解经往往以"《春秋》笔法"发掘《书》中微言大义；以尧、舜之世为社会理想，认为尧、舜用轻刑，倡德主刑辅治政之策，解《书》努力发掘出尧、舜圣贤传授心法。对《敷文书说》的探讨可以了解郑伯熊的基本思想，以及其对永嘉学派的影响。

8.［期刊］

题　　名：陈亮与郑伯熊、郑伯英交游考

出　　处：长春师范大学学报；2017；第 36 卷；第 11 期；第 60 页至第 62 页

作　　者：邱阳（东北师范大学文学院）

摘　　要：南宋孝宗时期，浙东地区学派林立，文人数量及文学规模居全国之冠。作为永康学派创始人，陈亮与金华、永嘉学派诸多学者、文人交游酬唱颇为密切。永嘉学者中，陈傅良、叶适与陈亮关系较密，而早期代表人物郑伯熊、郑伯英兄弟亦与陈亮相善。由于郑氏兄弟著作多有散佚，其生平事迹亦乏史料记载，今人对其交游之况难知其详。本文对陈亮与郑氏兄弟交游情况做一简要梳理,并力图匡正前人考证疏误之处,以期对南宋浙东学派研究有所裨益。

ISSN:2095-7602

9.[期刊]

　题　　名:《太平经国之书》与《礼经会元》成书先后考

　出　　处:中国四库学;2018;第 2 期;第 152 页至第 157 页

　作　　者:谢继帅（北京大学历史学系）

　摘　　要:《四库全书总目》指出郑伯谦《太平经国之书》与叶时《礼经会元》"体例略同,议论亦多相出入",并推测"或伯谦取时书而约之,或时因伯谦书而广之"。本文循此线索,考察两书早期流传轨迹,并从《礼经会元》中寻得若干内证,确认其书后出,在体例与内容上对《太平经国之书》多所借鉴与因袭。

10.[期刊]

　题　　名:永嘉学派的先驱者——郑氏兄弟

　出　　处:文化交流;2021;第 10 期;第 38 页至第 41 页

　作　　者:谷峰

　摘　　要:南宋时,永嘉学派与朱熹道学派、陆九渊心学派鼎足而立,成为中国哲学史上的一个著名哲学流派。永嘉学派集大成者叶适,在述其永嘉学派渊源时,将先辈周行己、郑伯熊、薛季宣、陈傅良作为永嘉学术相承之四大哲人。他在《温州新修学记》中指出:"故永嘉之学、必兢省以御物欲者,周作于前而郑承于后也。"话中的周、郑,指的是周行己和郑伯熊。在此,叶适是将郑伯熊作为永嘉学派中承前启后的一位先驱哲人来评说的。郑伯熊何许人也？史书上对郑伯熊没有完整的记录,但据零星的记载,今人还是可以了解其大概面貌的。

ISSN:1004-1036

（二）薛季宣

1.［期刊］

题 名： 薛季宣、陈傅良哲学思想初探

出 处： 浙江学刊；1994；第1期；第56页至第59页

作 者： 衷尔钜（中国社会科学院哲学所）

摘 要： 我国南宋时的叶适，是永嘉学派的代表人物，也是事功学说的集大成者。在朱熹的理学和陆九渊的心学盛行时，叶适接过事功派所另树的一帜，把这派学说推向一个新水平，确立了与理学、心学鼎足而立的地位。然而，作为事功派集大成者，必有其思想渊源。我们重视对叶适哲学思想的研究，当然不能忽视他的思想先驱、永嘉学派的导源者薛季宣和陈傅良的哲学思想，本文就对他们做一点初探。

ISSN： 1003-420X

2.［期刊］

题 名： 薛季宣和永嘉制度新学的开创

出 处： 中国哲学史；2005；第2期；第105页至第111页

作 者： 王宇（浙江大学中国思想文化研究所）

摘 要： 薛季宣是永嘉学派承上启下的关键人物。一方面，他承受了二程以来的道学传承；另一方面，他以"制度新学"为旗帜，指明了温州区域文化与北宋后期以来的道学传统分道扬镳的方向，由此奠定了永嘉学派的理论基石，迎来以陈傅良、叶适为代表的永嘉学派的全盛时代。

ISSN： 1005-0396

3.［期刊］

题 名： 薛季宣思想渊源新探

出　　处:中国哲学史；2006；第 2 期；第 75 页至第 83 页

作　　者:任峰（南开大学政治学系）

摘　　要:南宋永嘉学派的开创人物薛季宣不仅受到北宋洛学的影响，而且与王安石新学、苏轼苏学渊源颇深。这些流派共同拥有的经世关怀，透过不同途径凝聚为季宣学思中的事功精神。季宣既继承了洛学和苏学的仁义中道等儒家义理原则，也充分吸收、融合了二者思想里具象性和实践性的理论因素。对王安石其人其事的反思，则促进了季宣对儒家道德义理的肯认，深化了有关政治改革的理解。

ISSN:1005-0396

4.[期刊]

题　　名:南宋儒者薛季宣的中庸观

出　　处:深圳大学学报（人文社会科学版）；2007；第 24 卷；第 4 期；第 33 页至第 35 页

作　　者:任锋（南开大学哲学系）

摘　　要:薛季宣对"中庸"观念的独特诠释，体现出理学思潮对他的影响，但他不赞同形而上学的探讨趋向。他开拓出一种以格物实践为本位、重视"时中"的中庸观，为其政治思想提供了哲学根据，并在学理上促进了经制之学的形成。"时中"中庸观是薛氏思想的核心理念。

ISSN:1000-260X

5.[期刊]

题　　名:儒学与经世：南宋儒者薛季宣的事功精神

出　　处:孔子研究；2007；第 5 期；第 69 页至第 77 页

作　　者:任锋（南开大学哲学系）

摘　　要:事功精神是南宋儒者薛季宣受时代影响最为深刻的精神特质。由于薛氏特殊的身世经历，它在秦桧专权的压制氛围中形成，经历了武昌任官的考验，在地方士大夫群体中疏离政府的倾向与孝宗初期的功利风气之间左右抵挡,彰扬了以儒学经世的实践信念。事功精神能够发挥儒学对政治现实的道义批判性,但对政府路径的依赖成为其内在的限制,造成难以克服的困境。他和朱熹等道学家之间的分歧,则代表了南宋儒学内部迅速而剧烈的分化变动。其中,经世取向的选择对儒家精神的体认具有重要意义。

ISSN:1002-2627

6.[期刊]

题　名:薛季宣经济思想研究

出　处:宜春学院学报;2010;第32卷;第2期;第141页至第143页

作　者:张俊杰(温州大学人文学院)

摘　要:义利统一的事功思想是薛季宣经济思想的主要立足点。在这一思想的指导下,薛季宣形成了他"义利统一、予民于利"的经济伦理思想,"核垦田、尽垦辟"的土地使用思想,"明法纪、本节用"的理财思想,"计税量科"的税制思想和边防经济思想。他的经济思想既是对传统儒家富国富民经济思想的继承,又是对传统义利观的发展。

ISSN:1671-380X

7.[期刊]

题　名:薛季宣事功政治思想述评

出　处:浙江学刊;2010;第6期;第53页至第58页

作　者:陈安金(温州大学)

摘　要:薛季宣的政治思想是他事功思想的重要组成部分。"民为政本"的民本思想,注重创新、敢于突破的制度建设思想和不求全责备的实用主义人才观构成了薛季宣政治思想的三个主要方面。他的政治思想处处都显示着永嘉学派倡言事功、经世致用的精神特质。

ISSN:1003-420X

8.［期刊］

　　题　　名：薛季宣学术思想及其事功特质

　　出　　处：浙江社会科学；2011；第 8 期；第 118 页，第 125 页至第 128 页，第 160 页

　　作　　者：陈安金（温州大学）

　　摘　　要：薛季宣是永嘉学派发展历程中一个承上启下的人物。他在继承原有的永嘉程学一脉的基础上，注入了具有区域特色的新内容,他怀疑程朱理学自居正统的"道统之序"说，坚持道器不相分离,主张以经制言事功、经史并重。薛季宣学术思想为永嘉学派思想的集大成者叶适,指明了与程学分道扬镳的方向,并且对朱熹、陈亮、吕祖谦等人产生过不可忽视的影响。

　　ISSN：1004-2253

9.［期刊］

　　题　　名：薛季宣《书古文训》研究

　　出　　处：历史文献研究；2015；第 35 卷；第 1 期；第 39 页至第 52 页

　　作　　者：陈良中（重庆师范大学文学院）

　　摘　　要：薛季宣《书古文训》保留了大量隶古定文字,考察这些隶古定文字,实皆有来源,绝非杜撰,实为《尚书》文字研究重要资料。薛氏解《书》重人事、重事功、重经世致用精神的发掘,解经中天理人欲之辨心性思想的渗入,成为理学建构的重要环节。薛氏对永嘉学派的发展有重要贡献。

10.［期刊］

　　题　　名：论薛季宣、陈傅良对理学性理的兼容

　　出　　处：温州大学学报（社会科学版）；2015；第 28 卷；第 2 期；第 60 页至第 65 页

作　　者:郐丙亮（安顺学院人文学院）

摘　　要:南宋孝宗隆兴、乾道间至光宗绍熙时,理学主流派的性理之学与永嘉事功之学同时昌盛,后者在发展过程中能够兼容前者的合理因素,具体表现在薛季宣"问阵而称俎豆"和陈傅良兼重"勇猛"与"详密"。他们对理学性理的兼容,其核心旨趣是传统儒家的"中道"思想,为叶适创建事功"治统"体系奠定了思维基础。

ISSN:1674-3555

11.[期刊]

题　　名:事功追求与兵学研习——南宋永嘉学派薛季宣军事思想探微

出　　处:安康学院学报;2016;第 28 卷;第 5 期;第 37 页至第 40 页

作　　者:刘春霞（广东开放大学文法系）

摘　　要:薛季宣是南宋永嘉学派承前启后的代表人物。以事功为核心精神的永嘉学派十分重视学术的实用功能。从事功目的出发,薛季宣重视研讨兵学理论、关注朝廷军事问题,写下了一批以谈兵论战为主要内容的文章,包含了丰富的军事思想。

ISSN:1674-0092

1.[学位论文]

题　　名:薛季宣思想研究

学位名称:博士

出　　处:浙江大学;2011

作　　者:陈安金（温州大学）

摘　　要:南宋前期,在尖锐复杂的阶级矛盾和民族矛盾的刺激下,在商品经济显著发展的大背景下,以讲求事功为思想特色的儒家学派——浙东事功学派开始崛起。在浙东学派中,真正在思想上与宋代理学、心学构成鼎足之势的学术流派只有永嘉学派。作为与理学、心学相抗衡的永嘉事功学是永嘉学者在消化洛学与永嘉固有之学术传统的基础上崛起的。在永嘉学派的发展历程中,薛季宣是一个承上启下的人物。他在继承发扬原有的永嘉洛学、王安石新学、苏轼苏学的基础上,注入了具有区域特色的新内容,为永嘉学派思想的集大成者叶适,指明了与程学分道扬镳的方向。薛季宣学术思想内容丰富、特色鲜明。在哲学思想上,他敢于怀疑程朱理学自居正统而排斥他说建立的所谓"道统之序",坚持道器不相分离的唯物本体论,主张知行合一、经世致用、经史并重、以经制言事功,彰显事功特色鲜明的价值观;在政治思想上,积极倡导关心民疾、关注民心的民本政治理念以及实用主义人才观,提出了关于冗官冗兵问题的制度改革、战和兵备问题的制度改革、科举制度的改革等一系列制度建设思想;在经济思想上,就经济伦理思想、民本经济观、土地使用思想、理财思想、税制思想、边防经济思想等内容进行了开拓性的思考;在军事思想上,就任将选兵、边疆防务、用兵策略等进行探索与实践;在教育思想上,强调人才教育的重要性,提出了一系列积极进取、大胆批判的人才教育思想。作为当时浙东学术的佼佼者,薛季宣创立的经制之学思想开启了陈傅良、叶适等人的学术,并且对朱熹、陈亮、吕祖谦等人产生过重大影响。由薛季宣开创的永嘉学派事功之学已成为温州传统文化中极其重要的方面,影响十分深远。

2.[学位论文]

题　　名:薛季宣研究

学位名称:硕士

出　　处:南京师范大学;2012

作　　者:周琦(南京师范大学)

摘　　要:薛季宣是南宋永嘉事功学派的创始人、南宋永嘉文学集团的重要成员之一,他多次出仕,不废学术,以学术闻名,掩盖了文学之名。本论文共分三部分。第一部分是对薛季宣本人基本信息的把握,主要包括第一章,考述家庭环境、交游情况以及对他产生的影响,考辨他的生平经历,补正现有的薛季宣年谱。第二部分是对薛季宣的著述思想的阐述,包括第二章、第三章。考证了薛季宣现存著述《浪语集》的版本和《书古文训》的价值,考辨《古文周易》《春秋经解》《十国纪年通谱》《论语少学》《诗性情说》《周礼释疑》《薛常州地理丛考》等佚著的内容、创作意图及时间等。在研究著述的基础上,对薛季宣的思想进行探究。薛季宣的思想归宿定位应该是新儒学思想,具体从他的哲学主张、文学主张以及政治思想三方面展开论述。他的主要哲学主张是永嘉事功学,文学主张是不废文辞、讲究性情,政治思想主要涉及抗金、人才、经济等方面。第三部分是对薛季宣文学创作及成就的研究,主要包括第四章、第五章和第六章。首先,分析了薛季宣与永嘉文学集团的关系。永嘉文学集团是永嘉学派在文学角度的概念。永嘉文学集团有自己的形成背景、文学主张、创作历程和主要代表人物;薛季宣在永嘉文学集团中处于过渡位置,在理论和实践上推动永嘉文学集团的创作进程,为它从初始阶段发展至鼎盛阶段奠定了基础。其次,结合文本,对薛季宣诗文的题材内容和艺术特点进行研究。他的诗歌数量众多,内容题材丰富,怅惘千秋、超越兴亡的咏史怀古诗,欲入江湖、心系家国的现实题材诗歌,以及酝酿有意、风雨关情的写景咏物诗,均有较好的代表作;艺术特点上表现为多方模拟、效仿前贤,他的七古诗相对成就最高。薛季宣的文章众体兼备,具有渊雅的特质。公牍文、碑志祭吊行状文、杂记文、序跋文有鲜明的学者之文的印记;赋是他文章创作中出彩的部分。最后,兼论薛季宣的文学史意义。他虽然在南宋文坛上只能算是一个末流作家,但他是永嘉文学集团的一员,他的创作有助于更完整、准确地反映永嘉学派本身的文学创作状况,另外,像他这类作家的创作,也有助于反映南宋文学创作的全貌。

3.[学位论文]

题　　名:薛季宣诗歌研究

学位名称:硕士

出　　处:华东师范大学;2013

作　　者:俞萍(华东师范大学)

摘　　要:薛季宣是南宋永嘉学派中主要一派——事功学派的创始

人,他学识渊博,著作颇多,现存以《浪语集》最为重要。一直以来,学术界对他的研究多在学术思想方面,而实际上,他在文学方面亦有不错的造诣。薛季宣共有诗歌四百多首,数量颇丰,题材广泛,风格踔厉纵横,具有比较鲜明的特色。本文以《浪语集》为主要文本,分三大方面展开:一是薛季宣的生平和交游;二是薛季宣的诗论以及诗歌题材和内蕴;三是薛季宣诗歌的风格特征。文章据此分为三章:第一章第一节提炼出薛季宣人生中四个重要的阶段,简单介绍其生平,第二节分文人和重臣两部分对薛季宣的交游做了较为详细的考察;第二章第一节分析薛季宣的诗论,第二节把薛季宣的诗歌按四大题材分类,每一类详细论述其蕴含的情感、表达的思想,第三节对其他类别的诗歌,如乐府诗和琴曲,进行补充论述;第三章分为四节,每一节各详细探讨一点薛季宣诗歌的风格特征,分别为踔厉纵横的风格、以文入诗、擅用典故和于细微处见真情。薛季宣文人的身份一直被忽略,本文对其诗歌进行研究,探讨其诗歌的文学价值,不仅有助于我们全面了解薛季宣其人,也有助于我们了解永嘉学派在文学方面的成就,从而弥补诗史上被忽略的一个重要环节,使诗史的研究变得更加完整。

(三)蔡幼学

1.[期刊]

题　　名:宋本《育德堂外制》之流传

出　　处:中国出版史研究;2021;第 3 期;第 165 页至第 168 页

作　　者:方韶毅(温州大学人文学院)

摘　　要:本文根据有关《育德堂外制》流传的记录,并搜集参考相关史料,钩沉宋本《育德堂外制》《育德堂奏议》的流传与影印出版之掌故,体现了陈乃乾、郑振铎等一代代学人为保存民族文化所付出的诸多努力和良苦用心。

ISSN:2095-8889

2.［期刊］

题　　名：蔡幼学《育德堂外制》考论

出　　处：新世纪图书馆；2021；第 8 期；第 77 页至第 82 页

作　　者：秦华侨（华东师范大学中文系古籍研究所）

摘　　要：蔡幼学所撰《育德堂外制》，是一本外制汇编。蔡幼学曾经担任中书舍人等职，为皇帝代写制词。在他去世后，这些制词被他的家人集结成书，于嘉定年间在福建版刻。《育德堂外制》现存有三个版本，即台北藏宋刻本、南京图书馆藏影宋钞本、黄群铅印本。三个版本之间有着较为复杂的关系。

ISSN：1672-514X

1.［学位论文］

题　　名：蔡幼学研究

学位论文：硕士

出　　处：四川师范大学；2017

作　　者：王小平（四川师范大学）

摘　　要：蔡幼学历仕孝宗、光宗、宁宗三朝，仕宦生涯近半个世纪。自乾道八年（1172）初仕地方始，至晚年官至兵部尚书终。居官在朝，直言不讳，主战抗金。因其刚直之性，两度遭贬；又因其才干，几度入朝。有因讽刺外戚干政而调任地方时，亦有因"党禁"而陷入低谷近十年之时，仕途波折迭起。朝野间来回往复，使其为政之思想得以践行并逐步升华。提出颇多切合实际的治国经要，亦有稳定地方之为政理念，这些理念均非停于表面，而是在其为政生涯中亲力亲为，得到验证，其思想之精华尤值详加审视和探讨。蔡幼学所处时代，正值南宋学术高度发展时期。其所在江浙地区，便有吕祖谦所创金华学派、陈亮所创永康学派以及以陈傅良、叶适等为代表的永嘉学派。一时学术交汇，高潮迭起。蔡幼学作为永嘉学派继承者，置身其中，与社会名流常有来往，使其逐渐形成注重实践的事功思想。其治学思想又与为政思想相辅相成,使其在政治与学术上的成就得到当时和后世的充分肯定。

(四)陈傅良

1.[期刊]

题　名:《宋史·陈傅良传》补正

出　处:河南大学学报(哲学社会科学版);1988;第1期;第12页至第16页

作　者:周梦江(温州师范学院)

摘　要:陈傅良是南宋前期著名学者,《宋史·儒林》有传。他是当时国内三大学派之一的永嘉事功学派的重要思想家,笔者曾和徐规教授合写过《陈傅良的著作及其事功思想述略》一文,着重叙述他的事功。由于"《宋史》于诸史中号为芜杂,南渡以后,又极荒略",而每位学者的成就与思想面貌,又为他的社会历史条件、环境等等所决定,因此,本文拟对《宋史·陈傅良传》(下称《宋史本传》)有关家世、生平、官职、生卒年月等等,试加补正,以作续篇。

ISSN:1000-5242

2.[期刊]

题　名:陈傅良《止斋文集》的留传与价值

出　处:古籍整理研究学刊;1990;第4期;第32页至第35页

作　者:周梦江(温州师范学院)

摘　要:作者于1984年开始校点陈傅良《止斋文集》,1986年完成,校点中曾得到杭州大学徐规教授的帮助,为浙江省古籍出版社列入出版计划。陈傅良,字君举,南宋两浙东路温州瑞安县人。生于宋高宗绍兴七年(1137),卒于宁宗嘉泰三年(1203),终年67岁。历官湖南桂阳知军、吏部郎中、秘书少监、中书舍人等职。"伪学"党禁期间，被人参劾，罪名是"庇护辛弃疾，依托朱熹"，因而罢官归里。回家后，"屏居杜门，一意韬晦，榜所居室曰止斋"，学者称为止斋先生。

ISSN：1009-1017

3. [期刊]

　　题　　名：薛季宣、陈傅良哲学思想初探

　　出　　处：浙江学刊；1994；第 1 期；第 56 页至第 59 页

　　作　　者：衷尔钜（中国社会科学院哲学所）

　　摘　　要：我国南宋时的叶适，是永嘉学派的代表人物，也是事功学说的集大成者。在朱熹的理学和陆九渊的心学盛行时，叶适接过事功派所另树的一帜，把这派学说推向一个新水平，确立了与理学、心学鼎足而立的地位。然而，作为事功派集大成者，必有其思想渊源。我们重视对叶适哲学思想的研究，当然不能忽视他的思想先驱、永嘉学派的导源者薛季宣和陈傅良的哲学思想，本文试就对他们做一点初探。

ISSN：1003-420X

4. [期刊]

　　题　　名：《陈傅良文集》点校后记

　　出　　处：温州师范学院学报（哲学社会科学版）；2001；第 22 卷；第 4 期；第 31 页至第 34 页

　　作　　者：周梦江（温州师范学院）

　　摘　　要：《陈傅良文集》是一部很有传承价值的书。本文略述文集的历史文化价值和版本的传承情况，后附佚文佚诗。

ISSN：1006-0375

5. [期刊]

　　题　　名：陈傅良与湖湘学派

出　处：求索；2002；第 4 期；第 113 页至第 115 页

作　者：蔡瑞霞（温州师范学院政史系）

摘　要：陈傅良与湖湘学派的交往从张栻开始。在湖南任职期间，陈傅良与湖湘学人有了广泛的接触，向朝廷推荐了不少湖湘学子，一度讲学于岳麓书院，湖湘弟子多从他研习事功学，对湖湘学派也产生巨大影响。

ISSN：1001-490X

6.［期刊］

题　名：南宋科场文体典范——陈傅良试论研究

出　处：北京化工大学学报（社会科学版）；2005；第 3 期；第 60 页，第 61 页至第 66 页

作　者：曹丽萍（中国人民大学文学院）

摘　要：试论是宋代科举取士的主要文体之一，在科举导向下出现了大量的试论文章。其中著名理学家陈傅良的试论无论在内容上还是文学技巧上都达到了很高的成就，可以称得上是试论这种科场文体的典范，在南宋产生了很大影响，可惜此前很少引起研究者的重视。本文通过对其试论进行个案研究，希望起抛砖引玉之效，以丰富对南宋散文和科举文体的认识。

ISSN：1671-6639

7.［期刊］

题　名：试论永嘉学派的活动方式——以陈傅良门人集团为中心

出　处：浙江社会科学；2007；第 4 期；第 167 页至第 171 页，第 178 页

作　者：王宇（浙江省社会科学院哲学所）

摘　要：永嘉学派的活动是以导师和门人为主体展开的。本文以陈傅良门人集团为个案，讨论了永嘉学派的活动样式主要包括了出版著述、书院建设、学术论辩、外出游学，其中尤以学术论辩为重要，并比较朱子学

派的活动样式，探讨永嘉学派衰落的内在原因。

8.[期刊]

题　　名：公正求实：宋代陈傅良的法制理念

出　　处：安徽师范大学学报（人文社会科学版）；2008；第 36 卷；第 1 期；第 47 页至第 52 页

作　　者：肖建新（安徽师范大学学报编辑部）

摘　　要：陈傅良是宋代著名的永嘉学派巨擘，对法制本质以及立法、变法、司法做过许多思考和探索。其中，最具特色和智慧的是追求法制的公正公平，不仅是立法的，而且是司法的，尤其"行法自贵近始"；重视司法的求实重人，强调法律运用的恰当准确以及事实认定的真实有效，并且要求充分发挥司法主体的主观能动性，也就是"原情定罪""司法在人"，把重法与重人结合起来，实现法制公正公平的终极目标。陈傅良的法制思想不仅具有一定的时代先进性，还有强烈的历史借鉴性。

ISSN：1001-2435

9.[期刊]

题　　名：陈傅良"民生"思想探析

出　　处：中共宁波市委党校学报；2008；第 30 卷；第 2 期；第 105 页至第 109 页

作　　者：方同义（宁波大学法学院）

摘　　要：陈傅良既是一位重视历史和经制研究、强调实事实功的唯物主义思想家，也是一位关心民瘼、思考民生并付诸行动的平民政治家。他具有民生为国家安危之所系、民心为君主朝廷之所畏、民困当国家治理之所解的一套较为系统的"民生"政治思想。本文对陈傅良的"民生"政治思想做了较为系统的探讨和分析。

ISSN：1008-4479

10. [期刊]

题　名:陈傅良交游考略

出　处:安徽师范大学学报（人文社会科学版）；2008；第 3 期；
第 299 页至第 304 页

作　者:陈欣，方如金（暨南大学古籍研究所）

摘　要:陈傅良是南宋时期永嘉事功学派中继薛季宣而起的重要代
表人物,历仕孝、光、宁宗三朝,与当时的政局变动有着千丝万缕的联系。
从陈傅良的重要交游活动中能窥见其思想发展的过程,认识其在永嘉学
派和浙东学派中的地位与作用,了解其对政界的影响。

ISSN:1001-2435

11. [期刊]

题　名:论陈傅良的民本思想

出　处:南昌大学学报（人文社会科学版）；2009；第 40 卷；第 2 期；
第 104 页至第 110 页

作　者:俞兆鹏（南昌大学人文学院历史学系）

摘　要:南宋永嘉学者陈傅良一贯主张推行儒家民本主义。他认为,
国家兴亡的关键在于能否得民心。为此,他反对官府对百姓苛重的剥削
和压迫,要求统治者宽民力、救民穷,以结民心。陈傅良还身体力行,将其
民本思想贯彻到他为官施政的实践之中。陈傅良的民本思想有其深刻的
学术渊源,这就是:他重视研究历史,能总结治国经验,强调事功和学问经
世致用。

ISSN:1006-0448

12. [期刊]

题　名:陈傅良政治思想的厚与薄

出　处:政治思想史；2010；第 3 期；第 1 页至第 22 页，第 198 页

作　者：任锋（南开大学哲学系）

摘　要：陈傅良的政治思想中存在道法之辨与古今之论两个重要主题。围绕该主题,他以三代政治精神解读宋代立国基础,试图树立一个可供取法的政治传统,并对王安石变法的提出激烈批评,其中心意旨在于改革当时政体中的集权主义与专制主义弊病,实现国家富厚的理想政治。这个典型个案显示出,宋代新儒学的经制观念和实践意识远非单薄的制度主义和事功范畴所能概括。

ISSN:1674-8662

13.［期刊］

题　名：立法·变法：南宋陈傅良的法制理念

出　处：安徽师范大学学报（人文社会科学版）；2011；第 39 卷；第 5 期；第 597 页至第 602 页

作　者：肖建新（安徽师范大学学报编辑部）

摘　要：陈傅良主张立法时要预防与惩罚相结合,变法时要为民与趋利相一致,突出预防和功用,既继承了我国古代德主刑辅、德政王道的法制传统,又反映了变法为民、经世致用的时代诉求,总体上呈现出"外王""事功"法制思想的特色。这也凸显了他的学术风格和学术取向,是一份珍贵的法制思想文化遗产。

ISSN:1001-2435

14.［期刊］

题　名：从湖南事务看周必大与陈傅良的矛盾

出　处：温州大学学报（社会科学版）；2013；第 26 卷；第 1 期；第 94 页至第 99 页

作　者：许浩然（南京大学文学院）

摘　要：淳熙十六年（1189）陈傅良任湖南转运判官,实行减税政策,得到湖湘学派的支持。陈傅良去职以后的绍熙二年（1191）,周必大任湖南安抚使,认为此前的减税政策威胁到州郡机关的运行,其言论被湖湘士人传闻于陈傅良,导致二人产生矛盾。周必大在职期间更与陈傅良的继任者及追随者丰谊在修城事务上意见分歧,这是之前他与陈傅良矛盾的延续。周、陈两人矛盾的产生缘于彼此政务理念的不同以及时事的变迁。

ISSN:1674-3555

15.[期刊]

题　名:止斋先生陈傅良的"民生"政治谋略

出　处:兰台世界;2014;第22期;第51页至第52页

作　者:梁健惠(广州美术学院)

摘　要:陈傅良是一位非常重视经济研究和历史研究,并且强调实物主义的唯物思想家,更是一位体贴民心、考察民情之后付出行动的平民政治家。本文针对陈傅良的"民生"思想进行了深刻的剖析。

ISSN:1006-7744

16.[期刊]

题　名:《文献通考》所引"止斋陈氏曰"即《建隆编》佚文考

出　处:中国典籍与文化;2015;第3期;第139页至第140页,第159页

作　者:聂文华(北京大学历史系)

摘　要:《文献通考》所引"止斋陈氏曰"究竟出自陈傅良何书?孙诒让、蒙文通曾推断是已经散佚的《建隆编》,而整理过《陈傅良文集》的周梦江则认为系出自陈氏已佚之奏札。本文根据《群书考索》所引《建隆编》的一条佚文,经比对《文献通考》所引,足以确证《文献通考》所引"止斋陈氏曰"即是陈傅良《建隆编》的佚文。

ISSN:1004-3241

17.[期刊]

　题　　名:论薛季宣、陈傅良对理学性理的兼容

　出　　处:温州大学学报（社会科学版）;2015;第28卷;第2期;第60页至第65页

　作　　者:郯丙亮（安顺学院人文学院）

　摘　　要:南宋孝宗隆兴、乾道间至光宗绍熙时,理学主流派的性理之学与永嘉事功之学同时昌盛,后者在发展过程中能够兼容前者的合理因素,具体表现在薛季宣"问阵而称俎豆"和陈傅良兼重"勇猛"与"详密"。他们对理学性理的兼容,其核心旨趣是传统儒家的"中道"思想,为叶适创建事功"治统"体系奠定了思维基础。

　ISSN:1674-3555

18.[期刊]

　题　　名:陈亮与陈傅良交游考

　出　　处:古籍整理研究学刊;2017;第4期;第64页至第67页

　作　　者:邱阳（东北师范大学）

　摘　　要:作为永康学派与永嘉学派的重要代表人物,陈亮与陈傅良在南宋中前期提倡功利主义学说,并大力进行文学创作,不仅对浙东学派之繁荣兴盛贡献甚巨,且直接推动了浙东文派及"乾淳体"之形成。两人自乾道年间初识至绍熙五年陈亮没世,相交二十余年,既有互为莫逆之经历,又有学术思想之分歧,亦不乏政治观点之争执。考察陈亮与陈傅良交游经历,对深入辨析浙东学派内部诸家学说之异同将有所助益。

　ISSN:1009-1017

19.[期刊]

　题　　名:陈傅良与孙锵鸣的政治思想共性——以民本、民生为中心的考察

出　　处：温州职业技术学院学报；2017；第 17 卷；第 4 期；第 8 页
至第 11 页

作　　者：王兴雨（温州市叶适与永嘉学派研究会；瑞安市玉海文化
研究会）

摘　　要：陈傅良与孙锵鸣基于民本、民生的政治思想同为一渊，有诸
多共性。两人均毕生弘扬永嘉之学，推崇事功、经世致用，心系社稷，关切
民瘼，力图变革，功不可没。他们崇尚经术，求真务实；为社稷宽民力，切
求民瘼；倡导永嘉之学，奖掖后进，对近代温州文化发展产生了深远影响。

ISSN：1671-4326

20.［期刊］

题　　名：陈傅良教育思想述评

出　　处：浙江工贸职业技术学院学报；2018；第 18 卷；第 1 期；
第 75 页至第 79 页

作　　者：陈安金，赵飞跃（温州大学人文学院）

摘　　要：陈傅良是南宋永嘉学派的中坚人物，在整个永嘉学派的发展
历程中起到了关键的作用。陈傅良是一位思想家，但是很多人却忽视他
也是一位教育家，教育贯穿了他的一生。他的教育思想和他的其他思想
一样，都重实际，反对空谈理论，敢于正视社会的弊端，标新立异。在当时
社会，陈傅良无异于是走在社会发展道路上的先行者，深明社会之需。研
究他的教育思想，无论是关注贫民教育的理念，还是兴办学校、著书治学
的主张；不管是针对科举旧学开创科举时文，又或是弘扬事功之学，都体
现了他审时度势的大局观。

ISSN：1672-0105

21.［期刊］

题　　名：陈傅良佛禅诗略论

出　　处：温州职业技术学院学报；2019；第 19 卷；第 3 期；第 22 页

至第 26 页

作　者:黄文翰（南开大学文学院）

摘　要:陈傅良存世的三百五十余题诗歌作品,有十分之一在语词或内容上,明确含有佛禅元素。作为南宋著名理学家、永嘉学派的代表人物,陈傅良并未壁垒森严地排击佛教,而是在诗作中明确表达了儒释同源之意,并坦诚早年濡染释氏的经历。陈傅良与佛禅的结缘,还可从其诸多游访名山古寺、结交僧侣居士、记录坐禅体验以及娴熟运用佛语释典的诗作中得见一斑。

ISSN:1671-4326

25.[期刊]

题　名:永嘉之学的明代回响——以陈傅良的明代历史形象为例

出　处:温州大学学报（社会科学版）；2019；第 32 卷；第 4 期；第 87 页至第 95 页

作　者:方长山（温州博物馆学术部）

摘　要:元明之后,国家借由科举凸显对程朱理学的尊奉,但是不意味永嘉学派淡出地方知识层的视野。明代温州知识界从祠祀、书籍出版、科举程文及学说继承方面构建了陈傅良的历史形象,从一个侧面证明永嘉之学在明代回响犹在。明代温州学者通过对本地前辈的记忆重构,延续、更新了永嘉之学。

ISSN:1674-3555

22.[期刊]

题　名:瑞安石岗斗门修建历程考述——以陈傅良《重修石岗斗门记》为中心

出　处:温州职业技术学院学报；2019；第 19 卷；第 4 期；第 12 页至第 15 页

作　者:陈志坚[1],陈安金[2]（1.瑞安市陈傅良纪念馆；2.温州大学人

文学院）

　　摘　要：石岗斗门是瑞安市现存最古老的斗门,也是研究温州古代水利工程为数不多的实物古迹。陈傅良所作《重修石岗斗门记》一文,对斗门的修建历程做了详细考述,不自觉地将永嘉学派重视史书制度、事功、经致等思想特质贯彻于其中,具体体现为:在叙述事件时注重对其历史变迁的梳理和历史背景的探究;主张公共工程建设以民为本,不可搞政绩工程或无视百姓欲求;认为公共工程建设应当本着"事功"精神,保证工程设计合理、坚固耐久;强调做官应当本着修己治人之道。

　　ISSN：1671-4326

23.[期刊]

　　题　　名：孝宗中兴与庆元党禁视域下的南宋儒学走向——以朱熹与陈傅良交游为中心的考察

　　出　　处：孔子研究；2020；第 4 期；第 64 页至第 72 页

　　作　　者：陈劲（山东大学历史文化学院）

　　摘　要：孝宗中兴时期,南宋儒学群体之间的交游频繁,陈傅良一直以不欲与争的态度与朱熹相处;宋宁宗即位后,身处庆元党禁风波下的朱熹、陈傅良则摒弃学术差异,在朝堂上同舟共济,政见亦趋于一致。朱熹和陈傅良虽然在思想观点上有所不同,但因为同属儒学群体,有着共同的价值追求和相近的交游圈,故而视彼此为莫逆。以他们为代表的道学与浙学群体之间的交流也对南宋的学术繁荣和朝局走向等产生了广泛的影响。

　　ISSN：1002-2627

24.[期刊]

　　题　　名：性理与事功的贯通——陈傅良《经筵孟子讲义》刍议

　　出　　处：长沙理工大学学报（社会科学版）；2020；第 35 卷；第 5 期；第 110 页至第 116 页

作　　者：王琦（长沙理工大学设计艺术学院）

摘　　要：《经筵孟子讲义》是陈傅良为宋宁宗讲学的讲稿，浓缩了其学术思想精髓，但至今未有学者对其进行系统研究。陈傅良借助《孟子》经义的诠释，寄寓了其以孔子之道一学术、明教化、正人心、成圣王的政治理想，并形成了以义理解经、说理透彻、劝诫帝王等诠释特点，具有言事功而不废性理，重外王而不失内圣，经世致用、兼容并包的学术特质。朱熹因学术旨趣及学派竞争等原因，将永嘉之学贬斥为功利之学的观点，是有失公允并带有门户之见的。

ISSN：1672-934X

25.［期刊］

题　　名：论永嘉学派与程朱理学在"道""法"关系问题上的认识错位——以陈傅良《唐制度纪纲》为个案

出　　处：浙江社会科学；2021；第 2 期；第 112 页至第 117 页，第 159 页

作　　者：王宇（浙江省社会科学院文化研究所；浙学研究中心）

摘　　要："道"与"法"的关系问题是永嘉学派与程朱理学的重要分歧，陈傅良《唐制度纪纲》一文正面披露了两派在"道"与"法"关系问题上的分歧立场，从而引起了程朱理学学者魏了翁的重视和批判。本文即以此文为个案进行分析，认为造成两派在这一问题上的分歧，既由于对"道"的不同阶段的认识错位，也关系到对"道"的不同取义。

ISSN：1004-2253

1.［学位论文］

题　　名：陈傅良思想研究

学位名称：硕士

出　　处：暨南大学；2008

作　　者：高威（暨南大学）

摘　　要:本文从陈傅良的生平入手,试图揭示陈傅良的事功思想成长过程,及与当时社会环境的关系,进而映射出永嘉学派的产生原因和发展过程。作为永嘉学派从薛季宣到叶适之间的过渡性人物,陈傅良以坚韧的性格,在矛盾错综复杂的环境下,顶着来自各方面的压力,始终保持了永嘉学派的事功方向。同时,在巨大的压力下,他也有妥协、有避让,从而影响了永嘉事功旗帜的鲜明性。他的思想理论性不强,他更关心社会现实问题,关心国家兴亡,关心社会改革,关心民众疾苦。"宽民力"是他思想的核心。他对永嘉学派的集大成者叶适的影响主要不是反映在理论上,而是在方向上和人格上。本文主要采取以事说理的方法,通过具体事例来解释说明陈傅良的事功思想特点,对功利主义思想的来源和特点也有所交代。

2.[学位论文]

题　　名:陈傅良研究

学位名称:硕士

出　　处:南京师范大学;2011

作　　者:廖建明(南京师范大学)

摘　　要:陈傅良是南宋永嘉学派中上承薛季宣、下开叶适的中坚人物,同时也是南宋中兴文坛的重要作家。目前学界对他的研究主要集中在他的思想方面,而他的文学成就则长期被忽视。陈傅良的现存文学作品比较丰富,他的《止斋先生文集》现存诗歌九卷,散文四十二卷,对他的文学创作进行系统观照是很有必要的。首先,本文在前人研究基础上,对陈傅良的生平、交游、著述做进一步考述。其次,分析陈傅良的诗歌,从诗歌内容来看,他的诗歌的理学气并不浓,题材广泛,风格劲健,可以说,他的诗是学人之诗,更是诗人之诗。再次,分析陈傅良的散文,从他的现存文本来看,奏议类散文是比较杰出的,不务空言,句句切实,注重修辞,文气畅达,其碑志类散文也有一定成就。

3.[学位论文]

题　　　名:陈傅良史学研究

学位名称:硕士

出　　　处:西北师范大学;2017

作　　　者:李展展(西北师范大学)

摘　　　要:陈傅良是南宋永嘉派"承前启后"的领军人物,他上承薛季宣,下启叶适,对永嘉事功思想的传承和发展起到十分重要的作用。他是集政治家、思想家、史学家于一身的"通才"型大人物。作为史学家,他的治史特点及史学思想在南宋史学界独树一帜。陈傅良现存的史学著作有《建隆编》《读书谱》《春秋后传》《周礼说》《历代兵制》等,其独特的史学特点及史学思想贯穿其中。本文在前人研究的基础上,对陈傅良的生平、家世、婚姻以及学术渊源进行考述,厘清其学术思想形成有传习儒家经典、师从薛季宣、汲取各家之长等渊源。根据他最具代表性的史学著作,分析史著的资料来源、体例内容、存疑情况等问题,从中归纳总结出重视典章制度、注重由经入史、提倡置专史官等显著的史学特点。并从史著特点中概括贯穿其中的史学思想,主要包含经世致用的史学目的论、经史并治的史学方法论,以及提倡当代史编修的史著编纂思想等。作为永嘉学派"承前启后"的人物,陈傅良史学思想在当时及后世产生了深远的影响:他下启叶适,是永嘉学派中第三代领军人物,叶适集其大成,扛起发展永嘉学派的大旗。后世浙东永嘉学派学者,继承陈傅良史学思想,注重经世致用,主张以史为鉴,为解决当时社会问题寻找合理的途径。

1.[图书]

书　　　名:陈傅良传论

出　　　处:杭州:浙江人民出版社;2013;297页

作　　　者:俞　雄

摘　　　要:本书记述了陈傅良的生平、治学与仕途经历,重点阐述了他作为儒家思想培育的"清官"样本、平民思想。兼论陈傅良与永嘉学派的渊源和发展、与朱熹理学的分歧及不同的发展命运、历代对永嘉学派的认识演变的一系列问题,提出了独具特色的观点。

ISBN:978-7-213-05405-1

(五)叶　适

1.[期刊]

题　名:关于叶适——叶适墓碑记介绍

出　处:文史哲;1958;第 4 期;第 64 页至第 65 页

作　者:张一纯(山西大学)

摘　要:叶水心(适)是宋代一个杰出的思想家,《宋史·儒林传》中有关于他一生的记载,清儒孙诒让说他"学术大端,……殊为疏略,且所叙官阀,亦有夺有误"。温州解放的前夜,笔者从永嘉叶氏的旧宗谱里,得到了一篇《叶文定公墓碑记》,这是叶嘉槚、孙衣言等先后著水心年谱时所未见的,现在把它的内容介绍一下,以供同好者参考。

ISSN:0511-4721

2.[期刊]

题　名:论叶适思想

出　处:历史研究;1960;第 21 期;第 7 页至第 27 页

作　者:吕振羽(中国社会科学院)

摘　要:在我国思想史上,永嘉学派的叶适(水心),是南宋时期主要的正面代表人物,在哲学、史学、政论以及文学等方面,都代表了其时的进步倾向,而受到儒学正统派的非难。

ISSN:0459-1909

3.[期刊]

题　　名:叶适的功利思想及其渊源

出　　处:温州师专学报（社会科学版）;1983;第 1 期;第 34 页至第 39 页

作　　者:周梦江（温州师范学院）

摘　　要:南宋时期以叶适为代表的永嘉事功学派,曾被朱熹等道学家"目之为功利之学"(《宋元学案》卷五二《艮斋学案》黄百家按语)。在道学家的心目中,"功利之学"是个贬义词,是不值得也不应该研究的学问。但是他们所指出的叶适及永嘉事功学派的思想实质,倒是相当精确的。因此,当朱熹将义理与功利对立起来,并吹捧汉代董仲舒的"正其谊（义）不谋其利,明其道不计其功"(《朱文公文集》卷七四《白鹿洞书院揭示》),作为江西白鹿洞书院学规时,叶适就不客气地加以批评。

ISSN:1674-3563

4.[期刊]

题　　名:叶适思想及其对理学的批判

出　　处:中国史研究;1984;第 1 期;第 103 页至第 115 页

作　　者:李经元（中国社会科学院）

摘　　要:南宋是理学思想形成和发展的重要阶段。就在朱熹把周敦颐、程颢、程颐的思想进一步加以系统和完整化的同时,产生了与他相对立的事功学派,叶适就是这个学派的著名代表之一。全祖望在《宋元学案序录》中说:"乾、淳诸老既殁,学术之会总为朱、陆二派,而水心断断其间,遂称鼎足。"这说明叶适的事功思想,在当时已居于同朱熹的理学与陆九渊的心学鼎足而立的地位。

ISSN:1002-7963

5. [期刊]

题　　名:论叶适的人才观

出　　处:浙江学刊;1986;第 21 期;第 236 页至第 240 页

作　　者:张祖桐(温州商业学校)

摘　　要:叶适(1150—1223),字正则,号水心,浙江永嘉(今温州市)人。他是南宋永嘉学派的集大成者,也是著名的教育家。叶适出生于"贫匮三世"的士人之家,淳熙五年(1178)成进士,历官吏部侍郎、兵部侍郎、知建康府兼沿江制置使,后改兼江淮制置使等职。叶适在政治上坚决主张抗击金人的侵扰,反对种种妥协投降的谬论。他从当时财竭、兵弱、民困、势衰的现实情况出发,迫切要求革新政治,复兴国家,因而深感当时人才的缺乏。他痛心地指出:"天下不幸当陵夷不振之时,而无才智并出之士。"因此,他以满腔的爱国热情,对人才问题进行认真的研究。叶适从淳熙三年(1176)开始,在乐清雁荡山收徒讲学,到嘉定十六年(1223)逝世为止,40 余年间,他不论为官或退居家园,总是孜孜不倦地探索人才的问题。

ISSN:1003-420X

6. [期刊]

题　　名:叶适与朱熹道学

出　　处:温州师专学报(社会科学版);1986;第 1 期;第 73 页至第 81 页

作　　者:周梦江(温州师范学院)

摘　　要:道学亦即理学,始于北宋程颢、程颐兄弟,发展于南宋的朱熹。在我国现代思想史著作中,叶适一向被认为反道学的思想家,这是对的。然而因此却往往忽略了他早年和道学集团的政治联系以及思想上受影响之处,于是在对叶适一生思想的演变和发展的研究中就显得不够全面和正确。本文拟就叶适早年对朱熹道学的赞同及他晚年对道学所做的批判,试加叙述与分析。

ISSN：1674-3563

7.[期刊]

题　　名：叶适著作版本考——兼谈《叶适集·编后校记》

出　　处：丽水师专学报；1986；第 4 期；第 23 页至第 26 页

作　　者：周梦江（温州师范学院）

摘　　要：中华书局于 1961 年将叶适的《水心文集》与《水心别集》合编为《叶适集》出版。近年再版问世，1976 年又将叶适《习学记言序目》分上下两册出版。这对叶适及宋代永嘉学派的研究很有贡献。《叶适集》附有《编后校记》，谈及著作版本与校勘情况，有些错误，1986 年正是叶适诞生835 周年，本文拟就叶适著作版本略加考证，以就正于同好。

ISSN：2095-3801

8.[期刊]

题　　名：叶适货币思想研究

出　　处：中国钱币；1987；第 2 期；第 53 页至第 57 页

作　　者：俞兆鹏（南昌大学）

摘　　要：叶适(1150—1223)是南宋著名思想家，永嘉学派的主要代表之一。他为学注重功利，反对空谈心性，在哲学思想上具有唯物主义倾向。同时，他的货币思想内容也很丰富。他对货币的本质及其流通规律有较为深刻的认识，还对货币管理提出了一系列切中时弊的主张。本文想对叶适的货币思想做些研究，并求教于方家。

ISSN：1001-8638

9.[期刊]

题　　名：叶适史学思想初探

出　　处：温州师院学报（社会科学版）；1987；第 2 期；第 11 页至第 16 页

作　者：蔡克骄（温州大学）

摘　要：叶适（1150—1223），字正则，号水心，南宋永嘉事功学派的代表人物。著作有《水心文集》《水心别集》《习学记言序目》等。近来学术界对其哲学思想、政治思想、经济思想都有较深的研究，而对他的史学思想的研究尚付阙如。叶适虽不以论史著名，然其史学思想在各个时期的著作中都有反映，《习学记言序目》（本文凡引本书，均在引语后注出卷数及篇目）更有史论二十五卷，对宋以前的正史一一评论，既论史法，又论史事，多有独到的见解，自成一家之言，对后世亦不无影响。本文试图对其史学思想加以探讨，以求教于学术界。

ISSN：1674-3563

10.［期刊］

题　名：叶适的经济思想

出　处：温州师院学报（社会科学版）；1988；第 1 期；第 74 页至第 81 页

作　者：周梦江（温州师范学院）

摘　要：叶适作为一个著名的哲学家、政治家，这是众所周知的。虽然他没有专门的经济著作，但却有许多宝贵的经济思想，是个具有卓见的经济思想家。

ISSN：1674-3563

11.［期刊］

题　名：论叶适的教育思想

出　处：华东师范大学学报（教育科学版）；1988；第 1 期；第 45 页至第 55 页

作　者：王伦信（华东师范大学教育系）

摘　要：叶适是南宋时期一位著名的政治家、思想家，是南宋事功学派的代表人物之一，也是一位很有历史影响的教育家。叶适生于宋高宗绍兴二十年（1150），卒于宋宁宗嘉定十六年（1223）。他的青少年时期正值南宋乾道、淳熙这一学术昌明的年代。朱熹的理学、陆九渊的心学正处在发展形成的阶段。同时，崛起于浙江的事功学派的代表人物陈亮、陈傅良等人在叶适的故乡永嘉附近积极从事讲学活动。叶适很早就受到他们的影响，后来亦成为事功学派的代表人物之一。叶适长期从事政治实践，使他对当时的国情和南宋社会的矛盾有比较深刻的了解，因此他论述教育问题亦多从政治需要出发，从现实社会对人才的要求出发。

ISSN：1000-5560

12.[期刊]

题　名：叶适教育思想述论

出　处：温州师院学报（教育科学专辑）；1988；第3期；第88页至第94页，第87页

作　者：周梦江（温州师范学院）

摘　要：叶适作为我国古代一位卓越的唯物主义哲学家，是学术界早已公认的。但作为一位教育家，却很少有人注意。其实，他是一位教学有方的教育家，他的教育思想和方法是很值得后人称道和研究的。综观叶适一生的经历，他从事教育工作的时间很长，约有40余年。他曾在乐清的白石、雁荡山寺院和永嘉的茶院寺学塾教书，以及到金华一带"游学"（实际上是在富人的"家学"中教书）。

ISSN：1674-3563

13.[期刊]

题　名：对《叶适哲学思想的评价问题》一文的商榷

出　处：杭州师范学院学报（社会科学版）；1988；第5期；第89页至第95页

作　者：周梦江（温州师范学院）

摘　要：叶适是我国南宋中期杰出的思想家，历代学者对之评价甚

高。中华人民共和国成立后,侯外庐、吕振羽两位先生亦很推崇,可是近年包遵信同志却认为他们的评价不妥,其所著《叶适哲学思想的评价问题》(下简称《评价》)一文,发表于《社会科学战线》1978 年第 3 期,文内固不乏新见,但颇多曲解之处,因而贬低了叶适的哲学思想价值及其在我国思想史上的地位。《评价》虽发表于 1978 年,但对近几年出版的《中国哲学史》有或多或少的影响作用,因此,我们认为今天应该对叶适哲学思想进行再评价,以还其本来面目。笔者不揣浅陋,对《评价》一文的看法提出商榷。

ISSN:1674-2338

14. [期刊]

题　名:试论叶适的战争观

出　处:东岳论丛;1989;第 1 期;第 105 页至第 109 页

作　者:王育济（山东大学）

摘　要:南宋大哲学家叶适是以其"事功之学"独树一帜而与朱熹"理学"、陆九渊"心学"鼎足而立的,其学术特点就决定了他对军事问题的重视。他不但熟读并批注了当时几乎所有最为重要的兵书,而且还研究了南宋宁宗以前几乎所有重要战役。在具体探讨的基础上,力求对战争这一事物进行更高层次的概括,研究其带有普遍性的一般规律,从而形成极为丰富的、值得我们深入发掘和借鉴的军事哲学思想。限于篇幅,本文只论其战争观。

ISSN:1003-8353

15. [期刊]

题　名:苏轼、叶适人口思想之比较

出　处:思想战线;1989;第 2 期;第 82 页至第 87 页,第 94 页

作　者:董淮平（上海师范大学）

摘　要:苏轼和叶适都生活在处于中国古代人口发展第二个高峰的

宋代,作者认为,由于两人各自不同的生活背景和观察角度,他们的人口思想不尽相同。苏轼不把人口多寡作为衡量国家贫富的标准,叶适则继承了传统的人口愈多国家愈强的观点。本文中进一步指出:苏轼的"民本"和叶适的"功利"倾向是导致他们在人口思想上出现差异的重要原因之一。

ISSN:1001-778X

16.[期刊]

题　　名:叶适门人考略

出　　处:温州师院学报(哲学社会科学版);1989;第10卷;第4期;第71页至第78页

作　　者:周梦江(温州师范学院)

摘　　要:叶适(1150—1223),字正则,号水心,是我国南宋时期一位著名的教育家。他一生的讲学授徒,约可分为三个时期:最早讲学时期,是他十六岁在乐清白石村塾任教,时在乾道元年(1165)。以后他到金华、义乌一带游学,复于淳熙三年(1176)回乐清雁山授徒。这中间他还继陈傅良之后,在温州州城(永嘉)的近郊南湖茶院寺学塾执教。明嘉靖《温州府志》卷一:"南湖塾,陈傅良设教后,蔡幼学、叶适、陈埴继之。"陈傅良掌教南湖学塾,在隆兴元年(1163)至乾道三年(1167),由此推知叶适的任教期当在乾道三年以后和淳熙三年以前。淳熙五年(1178),叶适参加浙东路转运司考试(即漕试)中式,第二年高中榜眼。

ISSN:1674-3563

17.[期刊]

题　　名:叶适管理思想研究

出　　处:浙江学刊;1989;第4期;第127页至第131页

作　　者:汪圣铎(中华书局)

摘　　要:南宋孝宗统治时期,政治较为开明,思想较为活跃,出现了朱熹、叶适、陆九渊等不少思想家。其中叶适讲究功利,在国家管理方面造诣颇深,提出了较系统的管理理论。本文拟就此做一些探讨。

ISSN:1003-420X

18.[期刊]

题　　名:试论叶适的史学思想

出　　处:历史教学问题;1989;第 4 期;第 20 页至第 24 页

作　　者:周梦江（温州师范学院）

摘　　要:叶适(1150—1223),字正则,学者称为水心先生。南宋时期两浙东路温州永嘉县人。淳熙五年进士,官至吏部侍郎、建康知府兼江淮制置使,是永嘉学派的代表人物。叶适是我国封建社会一位伟大的思想家和杰出的史学家,他的史学思想如"五经皆史"说等对后世起着重大影响。但是,近世评介他的文章,只是将他作为唯物主义哲学家,而很少有人提到他在史学上的贡献。为此,本文拟对他的史学思想,谈些粗浅的看法。

ISSN:1006-5636

19.[期刊]

题　　名:叶适的智勇观及其认识论意义

出　　处:孔子研究;1989;第 4 期;第 120 页至第 124 页;第 78 页

作　　者:王育济（山东大学）

摘　　要:叶适的智勇观所涉及的主要是战争中人的认识和主观能动性问题。虽然"智勇"是一对古已有之的范畴,智勇双全、仁智勇三者兼备一直是兵家所推崇的理想人格要素,但历史上从哲学层次讨论兵家之智勇问题的主要是叶适。

ISSN:1002-2627

20.[期刊]

题　　名:略论叶适的学术和事功——纪念叶适诞生840年

出　　处:东南文化;1989;第6期;第178页至第183页

作　　者:徐规(杭州大学历史系)

摘　　要:叶适(1150—1223),是南宋的进步思想家、爱国政论家和博洽学者。他集永嘉事功学之大成,清人全祖望说:"乾(道)、淳(熙)诸老既殁,学术之会总为朱、陆二派,而水心断断其间,遂称鼎足。"这说明以叶适为代表的永嘉事功学派在当时与朱熹道学、陆九渊心学成为三派鼎足之势。叶适著作现存的有《水心文集》《水心别集》和《习学记言序目》等。

ISSN:1001-179X

21.[期刊]

题　　名:叶适师友考略

出　　处:温州师院学报(哲学社会科学版);1990;第11卷;第1期;第70页至第76页,第22页

作　　者:周梦江(温州师范学院)

摘　　要:我国疆域广阔,社会经济发展不平衡,各地区又有各具特征的文化传统,因而从先秦开始,就出现带有地区特征的各种学派和思想家。这些学派既是全民族学术文化的组成部分,又是每个地区文化的继承者和创造者。这种情况在宋代亦是如此。单以理学言,就有濂、洛、关、闽之分,在北宋,有王安石的新学、二程的洛学、张载的关学、苏氏父子的蜀学等;在南宋,则有福建朱熹的道学,江西陆九渊的心学,浙江有以叶适为代表的永嘉事功学派,陈亮、吕祖谦的婺学以及四明学派等。这些学派的影响虽布及全国,但各有自己的活动中心或根据地。

ISSN:1674-3563

22.[期刊]

题　　名:叶适人才思想述论

出　　处:求索;1990;第 6 期;第 127 页至第 129 页,第 85 页

作　　者:黄启昌（湖南工业大学）

摘　　要:南宋思想家、政治家叶适(1150—1123)给后世留下了许多闪耀着光芒的思想,其中有较丰富系统的人才学思想。本文拟对此做初步探讨。

ISSN:1001-490X

23.[期刊]

题　　名:叶适的政治思想

出　　处:河南大学学报（社会科学版）;1991;第 31 卷;第 1 期;第 37 页至第 43 页,第 18 页

作　　者:周梦江（温州师范学院）

摘　　要:叶适是个出身于社会下层的士大夫,因此他比那些生于官宦之家、赖父兄余荫入仕的人,对当时政治的危机、人民的疾苦更为关心和敏感。当女真贵族军事集团灭亡北宋后,仍不断南下掳掠。叶适希望南宋转弱为强,对"冗官""冗兵"耗费民财,吏胥作恶、荼毒百姓等问题提出意见,企图进行改革。

ISSN:1000-5242

24.[期刊]

题　　名:叶适经济思想研究

出　　处:中国社会经济史研究;1991;第 3 期;第 25 页至第 33 页

作　　者:叶坦（中国社会科学院）

摘　　要:叶适(1150—1223),字正则,宋温州永嘉(今浙江永嘉)人。南宋著名思想家,"永嘉学派"之集大成者。他在哲学、政治、经济诸方面,

公然与儒家传统相抗争,是一位具有鲜明的反传统特色的功利主义思想家。叶适所处的时代,正值赵宋朝廷被金兵铁蹄逼向东南半壁,满目硝烟,遍地疮痍。我国历史上第二次大规模人口南移,北方"衣冠奔踏于道者相继",百姓"襁负而归,相属于路",江南人地冲突至此尤烈。叶适为浙人,此时的两浙人口"百倍常时",如何看待和解决人口与土地等问题,成为叶适经济思想的重要内容,本文就从这里入手谈。

ISSN:1000-422X

25.[期刊]

　题　　名:略论叶适的赋税思想

　出　　处:辽宁税务高等专科学校学报;1991;第 3 期;第 32 页,第 43 页至第 47 页

　作　　者:孙文学(东北财经大学)

　摘　　要:叶适(1150—1223),字正则,世称水心先生,南宋温州永嘉(今浙江温州)人。淳熙进士,官至吏部侍郎。叶适在仕途上不算显赫,但却是南宋著名哲学家、思想家。中华人民共和国成立以来,专家学者对叶适的哲学思想曾进行过多方位的研究,但对其赋税思想的研究却显不够。本文试图仅就其赋税思想做一粗浅探讨,以就教于专家学者和同行。叶适的赋税思想同其哲学思想、政治思想一样,是立足于对古人财政的考察和批判的基础之上的,是建筑在对两宋时局的批评基础之上的,是通过对两宋财政积弊的抨击而展开的。他的主要赋税思想可以归纳为:减赋以养民、扶贫不抑富、理财不聚敛。

　ISSN:1008-2859

26.[期刊]

　题　　名:叶适佚文辑补

　出　　处:文献;1992;第 1 期;第 140 页至第 145 页

　作　　者:束景南(苏州大学中文系)

摘　要:叶适《水心文集》初由其弟子赵汝谠编次刊行,《直斋书录解题》著录《水心文集》二十八卷,《拾遗》一卷,《水心别集》十六卷。然至明时已不可见全本,正统间黎谅搜集各种残本,尝感叹"慕求全集,竟不可得"。"访求遗本,无有存者。间或得一二篇,或数十篇,历八载始克备。"后编成《水心文集》,仍有"集中字义脱落无可考者,不敢僭补"。(均见《黎刻水心文集跋》)可见叶适诗文当有亡佚,而向无人搜辑。至清孙衣言方辑得佚文七首、佚诗二首为一卷补遗,附入文集。今中华书局出版《叶适集》中《水心文集》,即以孙衣言刻三十卷本为底本,惜未再加辑佚。本文辑考笔者所见叶适佚文,以备采览。

ISSN:1000-0437

27.[期刊]

　题　　名:试论叶适经济思想的社会基础

　出　　处:求是学刊;1992;第3期;第93页至第96页

　作　　者:杨翠微(山东大学历史系)

　摘　要:叶适是南宋永嘉事功学派的集大成者。关于他的经济思想已有若干论述,本文拟将其放置在宋朝整个社会背景中做一粗略探讨。

ISSN:1000-7504

28.[期刊]

　题　　名:南宋著名学者叶适

　出　　处:文史知识;1992;第8期;第92页至第97页

　作　　者:周梦江(温州师范学院)

　摘　要:南宋时期,以叶适为代表的永嘉学派和朱熹的道学派、陆九渊的心学派,同为思想界三大学派。叶适的身世及为人也是很值得介绍的。

ISSN:1002-9869

29.[期刊]

题　　名:如何评价叶适的"中庸""致中和"思想

出　　处:孔子研究;1993;第 3 期;第 85 页至第 91 页

作　　者:张义德（《光明日报》社）

摘　　要:叶适(1150—1223),字正则,号水心先生,是南宋永嘉学派的集大成者和主要代表。叶适站在唯物主义的立场上,对南宋思想界的两大学派——道学和心学的唯心主义思想进行了批判,与朱、陆二派鼎足而三,在南宋思想界具有重要的地位,对后世也有很大的影响。叶适有丰富的辩证法思想。这首先表现在他认为"万物皆动而不止",而万物之动"起于二气之争""凡物皆两""两之而变生"等等。对于这些思想,我国当代学术界的一些论著在评论叶适思想时,都是给予充分的肯定,认为是辩证法思想。但是,当评论到叶适的"中庸""致中和"等概念时,就认为叶适在这里陷入了形而上学的泥坑,扼杀了辩证法,从而在根本上给了否定的评价。

ISSN:1002-2627

30.[期刊]

题　　名:试论叶适的事功思想

出　　处:上海大学学报（社会科学版）;1993;第 5 期;第 13 页至第 17 页

作　　者:来可泓

摘　　要:叶适(1150—1223),字正则,学者称之为水心先生,浙江永嘉人。他出身于贫穷的知识分子家庭,南宋孝宗淳熙五年(1178)高中榜眼,历官宝文阁待制、江淮制置使。他是我国南宋时期著名的爱国思想家,永嘉事功学派集大成者。永嘉事功学派与朱熹为首的道家派、陆九渊为首的心学派形成鼎足之势。"乾（道）、淳（熙）诸老既殁,学术之会总为朱、陆二派,而水心断断其间,遂称鼎足。"在当时学术界具有举足轻重的地位和影响。对于叶适的研究,近人多留意于对他哲学思想的探索,本文拟对其事功思想做些粗浅的研究,以求正于方家。

ISSN:1007-6522

31.[期刊]

题　　名:叶适对道统的批判及其知识论

出　　处:中国哲学史;1994;第 5 期;第 78 页至第 84 页

作　　者:董平(浙江省社会科学院)

摘　　要:宋代的永嘉学派,自北宋以来,学绪相承,缕缕不绝。其导源发轫者可推北宋中叶的王开祖,奠定其学派规模的是周行己、许景衡等“永嘉九先生”,重振“九先生”之学的当推郑伯熊、郑伯英兄弟,转变其学风的则为薛季宣,而光大其学的乃是陈傅良、叶适。当乾、淳之际,南宋学术最称繁荣,而永嘉亦为焕然学问之区。“乾(道)、淳(熙)诸老既殁,学术之会总为朱、陆二派,而水心断断其间,遂称鼎足。”(全祖望《宋元学案序录》)这种学术上鼎足之势的成立,在很大程度上应归功于叶适对永嘉事功之学在理论上的重新建构。

ISSN:1005-0396

32.[期刊]

题　　名:略论叶适思想的学术渊源和地位

出　　处:浙江学刊;1994;第 1 期;第 60 页至第 62 页

作　　者:王伦信(华东师范大学教育系)

摘　　要:在古代文献中,永嘉学一般是就永嘉人形成的学术而言,特别是专指产生于南宋时期的永嘉人的学术,以地名学,并非概指某一学派的学术特点。从师传和学术特点的角度分析,永嘉学可以分成两个系统,而这两个系统在来源上都和洛学有直接的联系。

ISSN:1003-420X

33.[期刊]

题　　名:论叶适的“非孟”思想

出　处：浙江学刊；1994；第 3 期；第 50 页至第 54 页

作　者：徐洪兴（复旦大学哲学系）

摘　要：南宋浙东永嘉学派的集大成者叶适，其思想学术向为学界所重，但论者往往多重视其事功经世，而有关他的"非孟"思想的论述，至今尚不多见。笔者以为，叶适的"非孟"思想，是他"总述讲学大旨"中比较重要的一个组成部分，透过此点，颇能窥出当时"浙东之学"与时之显学如朱熹"理学"、陆九渊"心学"等在治学路径上的异趣，似有必要做一番专门的探讨。

ISSN：1003-420X

34.［期刊］

题　名：叶适著作版本及佚文佚诗

出　处：温州师范学院学报（哲学社会科学版）；1995；第 1 期；第 16 页至第 24 页，第 89 页

作　者：周梦江（温州师范学院）

摘　要：叶适是著名的政治家、思想家，也是著名的文学家。南宋学者刘宰说："水心叶先生之文，如涧谷泉，挹之愈深。"（《漫塘集》卷二四《书夏肯父乃父志后》）清四库馆臣在《四库全书总目提要》赞美叶适说："文章雄赡，才气奔逸，在南渡卓然为一大家。其碑版之作，简质厚重，尤可追配作者。""能脱化町畦，独远杼轴，韩愈所谓文必己出者，殆于无忝。"（卷一六〇《水心集》）

ISSN：1674-3563

35.［期刊］

题　名：叶适与朱熹道统观异同论

出　处：学术月刊；1996；第 8 期；第 25 页至第 29 页

作　者：何隽（杭州大学哲学社会学系）

摘　要：张栻、吕祖谦去世以后，朱熹执南宋思想界之牛耳，但南宋儒

"道"之重建决非是异口同声。如果说张栻学宗二程、吕祖谦调和折中与朱熹并无原则分歧乃至冲突的话,那么"乾(道)、淳(熙)诸老既殁,学术之会总为朱、陆二派,而水心断断其间,遂称鼎足",则是针锋相对的格局。朱熹真正的对手是叶适。本文就朱熹与叶适道统观之异同做一讨论,愿达者教之。

ISSN:0439-8041

36.[期刊]

题　　名:叶适哲学思想新论

出　　处:广西民族学院学报（哲学社会科学版）；1997；第 19 卷；第 26 页至第 28 页

作　　者:龙跃中（中南民族学院）

摘　　要:本文论述了叶适的哲学思想和他人道之伦和事物之情的人生理论。

ISSN:1673-8179

37.[期刊]

题　　名:叶适"史法论"初探

出　　处:湖南教育学院学报；1997；第 1 期；第 37 页至第 41 页

作　　者:张晶萍（湖南教育学院政史系）

摘　　要:"史法"是中国古代史学批评中的一个重要范畴。叶适对"史法"的议论,既反映了南宋浙东史学的特色,又是古代史学批评发展的重要一环。本文分析了叶适"史法论"的缘起、内涵、特点及其产生的社会背景,揭示其在史学史上的意义。

ISSN:1671-6124

38.[期刊]

题　　名:谈孙衣言著《叶适年谱》的问题及其他

出　　处：温州师范学院学报（哲学社会科学版）；1997；第 4 期；第 82 页至第 83 页

作　　者：周梦江（温州师范学院）

摘　　要：温州市图书馆所藏孙衣言《叶适年谱》抄本，近人陈谧怀疑非孙衣言所著。但从此年谱内容来看，似有值得怀疑之处。

ISSN：1674-3563

39.[期刊]

题　　名：叶适与朱熹

出　　处：杭州师范学院学报；1997；第 5 期；第 8 页至第 13 页

作　　者：周梦江（温州师范学院）

摘　　要：清代全祖望《宋元学案·水心学案》按语说："乾（道）、淳（熙）诸老既殁，学术之会总为朱、陆二派，而水心断断其间，遂称鼎足。"关于朱熹道学与陆九渊心学以及叶适的永嘉事功学派三者之间的关系，朱、陆的论争如鹅湖之会等，是人所熟知的，而叶适与朱熹之间的关系，却一向少人论述。拙著《叶适与永嘉学派》一书曾提出叶适早年与晚年对朱熹道学的态度有所不同，有人则认为叶适一贯反对朱熹，有所质疑。因此再抒管见，予以详细申述，并请批评指正。

ISSN：1674-2338

40.[期刊]

题　　名：叶适的经学评论与理学批判

出　　处：船山学刊；1998；第 2 期；第 36 页至第 41 页

作　　者：朱汉民（湖南大学岳麓书院文化研究所）

摘　　要：永嘉之学以叶适为最著。叶适的学术渊源于薛季宣、陈傅良，但又有新的发展。他重视经史学问，尤重视经学研究，将事功学派的学术主张建立在儒家经学的理论基础之上。更值得注意的是，他能根据自己对儒家经典的研究，对理学的学术基础展开全面而深入的批判。因此,学术史家评价说叶适是与朱熹、陆九渊鼎足而立的学者。

ISSN:1004-7387

41.[期刊]

题　　名:叶适理财思想述评

出　　处:思想战线;1998;第 3 期;第 47 页至第 51 页,第 57 页

作　　者:吴松（云南大学）

摘　　要:在中国古代经济思想史中,南宋的叶适(字正则,号水心)无疑是一个地位重要的人物。而在叶适丰富的经济思想中,理财思想可算是一个具有特色的部分。叶适的理财思想,不仅有批判传统理财思想、理财制度、理财政策的内容,而且有对理财重要意义的论述和对理财概念含义的专门规定,还有对理财的指导思想和方法等问题的别有见地的分析和阐发。考察和探讨叶适的理财思想,不仅对于我们全面地了解和研究叶适的经济思想具有整体性的意义,而且对于我们研究中国古代理财文化的渊源流变和宋代经济思想的发展亦有重要的作用,甚至对我们借鉴古代理财思想的合理成分,以更好地研究现实中的理财问题,也是不无裨益的。

ISSN:1001-778X

42.[期刊]

题　　名:南宋反理学思潮的理论总结者——叶适

出　　处:文史知识;1999;第 1 期;第 93 页至第 98 页

作　　者:陈国灿（浙江师范大学历史系）

摘　　要:南宋中期,随着理学的成熟,反理学思潮一度也相当兴盛,在中国古代思想史上留下了醒目的一章。这当中,影响最大的当推浙东事功之学的集大成者叶适,他晚年对理学的批判,表面看似乎不及稍早时另一位浙东事功学者陈亮那么尖锐激烈,其实理论上更为系统、深刻、成熟,达到了整个南宋一代反理学思想的最高峰,以致在一段时期

内与朱学、陆学等理学主要流派成鼎足之势。史称："乾（道）、淳（熙）诸老既殁,学术之会总为朱、陆二派,而水心断断其间,遂称鼎足。"(《宋元学案序录》)

ISSN:1002-9869

43.[期刊]

　题　　名:叶适思想研究概述

　出　　处:温州师范学院学报（哲学社会科学版）；1999；第 20 卷；第 4 期；第 18 页至第 27 页

　作　　者:张洁（温州师范学院历史系）

　摘　　要:叶适,南宋著名的思想家、爱国政论家和博洽学者。自 20 世纪 60 年代以来,国内就有许多学者对叶适的思想进行了研究,本文主要是把专家学者们的研究成果进行概述,同时指出叶适思想研究当中有待进一步探索的几个问题。

ISSN:1674-3563

44.[期刊]

　题　　名:叶适的反抑商思想

　出　　处:经济学情报；1999；第 15 卷；第 6 期；第 58 页至第 61 页

　作　　者:孙丽君（东北财经大学经济系）

　摘　　要:叶适(1150—1223),字正则,温州永嘉人,南宋著名的功利主义思想家,永嘉学派的集大成者。在学术上与朱熹、陆九渊齐名,著作有《水心文集》《习学记言序目》等。叶适生活的时代,正值南宋王朝外患严重,长期同北方政权进行战争和军事对峙的时期。为了抗击外来侵略,保全和巩固封建统治,统治者比较重视发展经济,以增强国家的政治、军事力量。农业生产的发展,特别是国内外市场的扩大,使得商品经济在广度和深度上都比前代大大前进了一步;社会上各行业间的分工愈加细密,新的行业不断涌现,工商业从业人员与日俱增,商品经济观念日益深入人心。正是在这样的背景下,形成了叶适的反抑商思想。本文试从三个方面加以阐述。

45.[期刊]

题　名:论叶适的历史哲学与功利思想

出　处:云南社会科学;2000;第1期;第36页至第41页

作　者:汤勤福(上海师范大学古籍研究所)

摘　要:叶适的历史哲学的核心概念是"人心",他认为历史发展的趋势是:三代以上是人心所止,春秋以来人心渐失,而战国以后则是背心离性了。他以道德、义礼、智巧来区分前代与后世的差异,确实很不科学;他将历史的发展描绘成是一种倒退的趋势,可概括为道德衰退论。他强调"人道为主,不求天道",实际是忽视了人类社会发展的客观规律,而代之以道德标准。他的历史哲学又与功利思想密切联系。在义利王霸问题上,叶适以为三代行王道,后世以霸道。他以先王之道兴废来讨论王霸关系,认为管仲是破坏王道的始作俑者,商鞅、李斯等人继之,于是王道衰败,人心散坏,争霸求利,世道衰坏而一蹶不振。但是,叶适并非完全放弃功利之说,而是要求在实行王道的基础上来求得功利,因此是一种王道功利论。

ISSN:1000-8691

46.[期刊]

题　名:叶适与道统

出　处:温州大学学报;2000;第13卷;第2期;第3页至第16页

作　者:何俊(浙江大学人文学院哲学系)

摘　要:本文通过将叶适思想放在道统观念的整体性质和发展全程的背景中加以个案分析来研究道统,以及叶适思想在道统确立过程中所具有的地位与价值。本文指出,虽然道统从韩愈及宋儒着力通过阐释传统来建设宋代新儒学,形成了特定的思想和方法,但作为朱熹在思想上的真正对手,叶适以同样的方法,即阐释传统的形式,确立起自己的道统观,标示出儒家文化的基本精神是"治道",使其功利哲学得以张本。本文最后通过对比分析叶适和朱熹的道统观,指出叶适和朱熹在建设宋代儒家文化运动中,正以其独立的见解凸现了整个儒家文化的精神,其对立的道统观对儒家文化实是离当俱损,合则成璧;同时指出了道统观自身的价值所在,以及其确立的过程对我们今天通过阐释传统文化以创建新文化的启示。

ISSN:1674-3555

47.[期刊]

题　　名:叶适的道器观及其对心性之学的批评

出　　处:浙江大学学报（人文社会科学版）;2001;第 31 卷;第 1 期;第 114 页至第 120 页

作　　者:李明友（浙江大学人文学院哲学系）

摘　　要:在浙江学派诸思想家中,叶适对程朱学派的批评是比较系统的。在道与物(器)的关系问题上,叶适的论述较薛季宣、陈亮等人详尽,认为道与器统一,而统一的基础不是道,而是物、事、器,即世界上存在的具体事物。当理学排斥见闻之知,专务内省的唯心主义认识论盛行之时,叶适提出了"内外交相成"的唯物主义认识论。叶适还从儒家经典、道统及程朱学派理论渊源等一系列问题上对程朱学派进行了驳斥。

ISSN:1008-942X

48.[期刊]

题　　名:叶适与荀子的思想关系

出　　处:浙江海洋学院学报（人文科学版）;2001;第 18 卷;第 1 期;第 1 页至第 6 页

作　　者:张涅（浙江海洋学院中文系）

摘　　要:叶适对荀子虽多有批判,但在思想本质上仍继承其礼治主义的精神。两者的关系可以从三个方面去认识:(1)都属于儒家传统中的非主流派,其思想本旨和历史影响均着重在政治建设的领域;(2)都兼具现实理性和道德信仰;(3)都建立在对同时代诸家思想批判融通的基础上。荀子的本旨是把君王在内的所有社会成员都纳入礼治结构之中,但是实践的最高权限在君王身上,因而在历史进程中不可避免地异变为君权专制。董仲舒等人企图借"天"的权威来制约君权,做结构性的补救;叶适则批判专权,予以修正;后来黄宗羲等人又发展出朴素的民主思想。由此脉络也可见叶适和荀子的思想关系。

ISSN:2096-4722

49.[期刊]

题　名:试论叶适的经济思想及其现代意义

出　处:温州大学学报;2001;第 2 期;第 7 页至第 10 页

作　者:朱晓鹏(杭州师范学院政治经济学院)

摘　要:叶适作为追求事功的永嘉学派的代表人物,具有许多重要而有价值的经济思想。他反对"抑末厚本"及政府对经济活动的过多干预,追求一种类似于经济自由主义的理想目标;他还坚持理财是为了富民,希望建立一种小而不费的廉价政府。叶适的这些主张,是适合商品经济发展需要的进步思想,不仅对南宋以后温州的历史发展产生重要影响,而且构成当代温州社会经济发展和制度创新的重要传统文化背景及精神资源。

ISSN:1674-3555

50.[期刊]

题　名:叶适哲学思想述评

出　处:温州大学学报;2001;第 2 期;第 11 页至第 14 页

作　者:陈安金(温州大学社科部)

摘　要:叶适——永嘉学派之集大成者,其哲学思想是丰富的、弥足珍贵的。他认为构成自然界的主要物质形态是五行和八卦所标志的各种物质,而气则是造化之根本。他又指出,世界的生成变化都是由于事物中有对立面相互作用的结果,"济物之两"与"明道之一"紧密联系。在认识论上,与程朱之即物穷理及陆九渊之反省本心观点完全对立,肯定人类知识来源于客观世界,亦区分了理性认识和感性认识及认识真假的标准。反映在社会政治、经济思想上,叶适哲学的事功价值观则愈加彰显。

ISSN:1674-3555

51.[期刊]

题　　名:论叶适的本体功夫思想

出　　处:温州大学学报;2001;第 2 期;第 3 页至第 6 页

作　　者:屠承先(浙江大学人文学院哲学系)

摘　　要:叶适是我国著名的唯物主义哲学家。他的具有独特性的带有唯物主义因素的本体功夫思想,其基石是唯物主义的宇宙本体论和带有唯物主义因素的人学本体论亦即心性学说。在此基础之上,提出了他的唯物主义的认识理论和带有唯物主义因素的心性养学说。最后,由以上两方面(主要是心性学说和心性修养学说)建构起他的本体功夫思想。

ISSN:1674-3555

52.[期刊]

题　　名:试论南宋叶适的民族思想

出　　处:温州大学学报;2001;第 14 卷;第 2 期;第 19 页至第 22 页

作　　者:张洁,方赛赛(温州师范学院政史系)

摘　　要:本文主要是对叶适的民族思想进行初步探讨,共分三个部分:一、叶适民族思想产生的时代背景;二、叶适民族思想的具体表现;三、对叶适民族思想的评价。

ISSN:1674-3555

53.[期刊]

题　名:试论叶适的道统论

出　处:中州学刊;2001;第 3 期;第 48 页至第 52 页

作　者:汤勤福(上海师范大学古籍所)

摘　要:叶适有明确的道统思想,以为自尧舜禹至孔子有着一个连贯的道统次序。他反对将曾子、子思、孟子列入儒家道统之内,显示出他反对程朱的道统论及否认他们的道统继承权。同时,他本人也有着强烈的继承道统的思想,以为儒家道统存在于六经之中,因此通过读经则可以继承道统。叶适的道统论与他的王道功利说也是有关系的。首先,叶适认为三代圣贤也讲功利,但它是基于王道基础之上的,而后世讲功利则基于申商韩非等人的理论之上。其次,叶适以这种王道功利说来衡量后世史事,以此评判他们是否继承道统。叶适的王道功利论与道统论相辅相成,体现在他对历史问题的看法上。叶适对历史问题的看法不是一种向前看的观点,而是一种强烈的回归三代的观点,这种观点正是他以人心来讨论历史发展趋势的必然结果。

ISSN:1003-0751

54.[期刊]

题　名:从《庭对》看叶适的思想

出　处:南华大学学报(社会科学版);2001;第 2 卷;第 3 期;第 59 页至第 61 页

作　者:朱金荣(温州职业技术学院)

摘　要:治国安邦是历代政治家涉及的永恒话题,北宋的积贫积弱曾引发当时许多政治家诸如王安石、富弼、范仲淹等为之思索、呼吁、奔走,继北宋之后,南宋偏安一隅也难以保全的危势,更不能不令一时的志士仁人忧心焦思,他们希望通过自己设计的政治理念和付诸实施的具体行动,来达到富国强兵的目的,叶适的《庭对》就是当时治理国家的良好政治构思。

ISSN:1673-0755

55.[期刊]

题　名:论叶适的学术批判精神

出　处:孔子研究；2001；第 4 期；第 114 页至第 122 页

作　者:郭淑新，臧宏（安徽师范大学经济法政学院）

摘　要:本文以史论结合的方法论述了叶适既是勇于开展学术批判的人，又是善于开展学术批判的人，从而揭示了叶适学术批判精神的基本之点；本文又以南宋的政治、文化和学术发展为背景，论述了叶适学术批判精神形成的原因，认为叶适的学术批判精神是当时时代精神要求的反映和产物；本文还从叶适在中国学术批判史上的承前启后的重要地位，着重地论述了他的学术批判精神的历史意义和当代价值。

ISSN:1002-2627

56.[期刊]

题　名:叶适的事功价值观初探

出　处:哲学研究；2001；第 4 期；第 75 页至第 78 页

作　者:陈安金（温州大学文化研究所）

摘　要:本文原题为《叶适事功价值观与温州精神特质》。由于作为纪念叶适讨论会的论文在大会上宣读后，引起了轩然大波，以至于分组讨论时，此议题成了争议的焦点，会后仍聚讼纷纭莫衷一是。而笔者因事出意外且准备不充分，未能完全答疑解难，深感遗憾。为慎重起见，论文改为今题《叶适的事功价值观初探》。题目虽改，初衷未变。今后笔者仍将带着会议上同仁提出的问题，继续探索，直到完善为止。不过，笔者还是想把会上提出的但远未展开的管见在这里简略重复一下。笔者认为，会上的质疑之所以难以成立，盖在于提问题的局限性："地域性的人文精神，价值取向有无继承性"，因为无论回答"有"或"无"都只是或然可能，而非必然的现实。它们不能回答例如如今为什么是当年的小渔村深圳而非繁盛一时的晋、徽商成为市场的前卫。更何况,当年叶适与朱熹的争论绝非地域而是范围更广的国家取向,即是说问题一经在会议上提出,就把全称(国)变为单称(温州)了。问题的症结正在这里。笔者当时已觉察到这一问题,但没有清晰表达出来。清晰表达出来应是:在当今全国性的改革开放条件下,实行社会主义市场经济体制,汲取中国传统优秀成分和西方合理因素。在这个大前提下,再来谈地域性的人文精神、价值取向就有了意义。从而,我们无论从全称(古传统)还是单称(温州),无论是论古(叶适)还是说今(温州人),都成为一种有价值的论题。把这个有价值的论题整合到"温州模式"中去,以见其历史传承、当代取向、未来发展不就持之有故、言之成理了吗? 关于这些,这里只约略提及,详细展开,以俟未来。这里想说的是,作为温州的前贤叶适,其人文精神、价值取向是什么。

ISSN:1000-0216

57.[期刊]

题　　名:叶适的德性之学及其批判精神

出　　处:哲学研究;2001;第 4 期;第 65 页至第 70 页,第 80 页

作　　者:蒙培元(中国社会科学院哲学所)

摘　　要:叶适是南宋时期一位重要的儒学思想家,其德性学说及其批判精神独具特色,并影响到宋明以后的儒学发展。除孔子及原始经典之外,诸子百家之学皆在其批判之列,其中,宋代的性命之学(亦即心性之学)是其批判的主要对象。

ISSN:1000-0216

58.[期刊]

题　　名:叶适的本体功夫思想及其影响

出　　处:浙江大学学报(人文社会科学版);2001;第 31 卷;第 4 期;第 22 页至第 28 页

作　者：屠承先（浙江大学人文学院哲学系）

摘　要：叶适具有独特的带有唯物主义因素的本体功夫思想，这些思想对与他同时代的吕祖谦的本体功夫论，对尔后黄宗羲的本体功夫论乃至明清之际的"经世致用"之学，都产生了重大的历史影响。

ISSN：1008-942X

59.[期刊]

题　名：叶适的社会历史本体观——以"皇极"概念为中心

出　处：哲学研究；2001；第 4 期；第 71 页至第 74 页

作　者：景海峰（深圳大学文学院）

摘　要：作为南宋永嘉学派的集大成者，叶适以经制言事功的思想有其深厚的学术背景和坚实的本体论基础。永嘉学能与朱、陆相抗衡，就在于它形成了一套既不同于道学本体论又不同于心本论的社会历史本体观，而叶适用皇极一元的观念把这些思想整合为一体，加以系统化、哲理化，使之上升到了相当高的历史理性水平。前人语焉不详，这里愿抛砖引玉，供同仁参考。

ISSN：1000-0216

60.[期刊]

题　名：试论叶适的军事思想

出　处：河北学刊；2001；第 21 卷；第 1 期；第 112 页至第 116 页

作　者：张洁（温州师范学院历史系）

摘　要：本文主要是对叶适的军事思想进行初步探讨，共分三个部分：一、叶适军事思想的立足点；二、叶适军事思想的主要内容，包括叶适的兵制改革思想、叶适的军事战略思想、叶适"以江北守江，经营两淮"的策略思想；三、叶适军事思想的评价。

ISSN：1003-7071

61.［期刊］

题　　名：析叶适的富民论

出　　处：华东师范大学学报（哲学社会科学版）；2002；第 1 期；
第 52 页至第 58 页，第 126 页

作　　者：张家成（浙江大学人文学院哲学系）

摘　　要：作为南宋永嘉事功之学的代表人物，叶适是在批判传统儒学
义利观及封建正统经济思想的基础上阐述其事功之学及经济思想的，而
"富民论"则是叶适经济思想的中心。叶适为财利（富）正名、肯定富人的
社会地位和作用以及"保富"的思想和主张，既有其思想渊源，也对后世产
生了广泛的影响，在改革开放的今天依然具有鲜明的现实意义。

ISSN：1000-5579

62.［期刊］

题　　名：浅论叶适的重民思想

出　　处：沙洋师范高等专科学校学报；2002；第 3 期；第 18 页至第 21 页

作　　者：徐严华（湖北大学人文学院）

摘　　要：民本是中国传统政治思想的重要组成部分，叶适的重民思想
是对我国先秦以来民本思想的继承与开新，并对后世产生了一定影响。
本文从养民、恤民、富民等方面论述了叶适的重民思想，并阐明其时代特
征及对浙东学派的影响。

ISSN：1672-0768

63.［期刊］

题　　名：叶适"致中和"的哲学思想

出　　处：河北工程技术职业学院学报；2002；第 4 卷；第 3 期；
第 28 页至第 29 页

作　　者：刘燕飞（河北大学）

摘　要:本文认为,叶适的"致中和"思想在其思想体系中处于核心地位,具有方法论的指导意义。全文分为世界的实在性及其运动和什么是"致中和"两部分论述这一思想的辩证性和理想性,从而论证它的合理性。

ISSN:1673-2022

64.[期刊]

题　名:叶适的历史变革思想

出　处:安徽教育学院学报;2002;第 20 卷;第 4 期;第 54 页至第 56 页

作　者:何晓涛（北京师范大学史学所）

摘　要:叶适的历史变革思想围绕着南宋"中兴"的时代主题而发。他着眼于"纪纲"的变革,希图建立起内柔外刚的体制。他将军政和财政视为变革的两大重点。叶适还提出了"因时施智""渐变"和"慎终如始"等变革原则。叶适的历史变革思想呈现出重通变、重经制、重功利的特色。

ISSN:1674-2273

65.[期刊]

题　名:叶适《习学记言序目》的学术批评

出　处:湖南大学学报（社会科学版）;2002;第 16 卷;第 4 期;第 23 页至第 28 页

作　者:肖永明（湖南大学岳麓书院）

摘　要:叶适《习学记言序目》是南宋时期重要的思想学术史著作。其中,叶适对《周易》《礼记·大学》《礼记·中庸》及先秦诸子、历代史籍等都加以评论,并对理学"道统"说进行了批评。这种学术史的考察、评论,与当时逐渐流行的程朱一派理学有较大歧异,显示出当时儒学发展的不同路向。

ISSN:1008-1763

66.[期刊]

　题　名:略论叶适的功利教育思想

　出　处:宁波大学学报（教育科学版）；2003；第 2 期；第 23 页至第 25 页

　作　者:肖正德（浙江师范大学教育科学院）

　摘　要:叶适是永嘉学派的代表人物。他提倡以学以致用为教育目标，百家之学为教育内容，勇于批判创新为学风。而且,他还提出学习者要有立志、勤苦、虚心等正确的学习态度。叶适的功利教育思想对中国封建社会后期教育的发展产生了重要影响。

　ISSN:1008-0627

67.[期刊]

　题　名:叶适《白石净慧院经藏记》读后记——一种乡土文化式的解读

　出　处:古典文学知识；2003；第 6 期；第 16 页至第 21 页

　作　者:钱志熙（北京大学中文系）

　摘　要:叶适这篇《白石净慧院经藏记》,收在《水心集》卷九。叶适作为大思想家,其文学创作方面的成就并不受人注意。这篇文章因为所写的是笔者家乡的事,所以阅读起来觉得分外有味,并且联系乡土的旧闻古记,读出一些别的读者不容易读出来的文外之旨。这种阅读,姑且将它叫作"乡土式的解读"——或者更时髦一点,在乡土后加上一个"文化",恐怕不少人都有类似的经验。所以尝试着将它写出来。

　ISSN:1006-9917

68.[期刊]

　题　名:叶适与永嘉四灵之关系论

　出　处:广州大学学报（社会科学版）；2003；第 2 卷；第 11 期；第 14 页至第 17 页，第 32 页，第 95 页至第 96 页

作　　者：赵敏[1]，崔霞[2]（1.北京师范大学中文系；2.浙江财经学院人文学院）

摘　　要：永嘉四灵的成功与叶适有相当关系，本文探讨了他们之间的交往，分析了叶适提携四灵的原因，且就叶适是否不满四灵等问题进行了论辩。

ISSN：1671-394X

69.［期刊］

题　　名：叶适的经学批判（上）

出　　处：中共宁波市委党校学报；2004；第 26 卷；第 1 期；第 76 页至第 81 页

作　　者：黄开国（杭州师范学院）

摘　　要：叶适的经学是宋代经学的重要组成部分，他的经学评判以厘清五经为前提，以批评《系辞》诸传、思孟之学特别是以程朱为代表的宋代经学为主要内容，重点肯定以《周礼》《左传》为代表的古文经学典籍，而对《系辞》诸传、《礼记》《公羊》等今文经学典籍予以否定，带有偏重于历史上的古文经学的特点。

ISSN：1008-4479

70.［期刊］

题　　名：叶适的史评特色——以《习学记言序目》的唐史论断为例

出　　处：中州学刊；2004；第 2 期；第 99 页至第 102 页

作　　者：何晓涛（北京师范大学史学所）

摘　　要：从叶适的唐史论断可以看出，叶适的史评既不同于正统的理学家，与一般的事功学者也存在着差异。他论兴亡，"智""勇""气"等个人因素与制度性因素并重；评历史，德行与事功两个标准并举；在史评方法上，纵通与横通相结合。这些特点表明叶适既不同于正统的理学家，也有异于其他的事功学者。

ISSN：1003-0751

71.[期刊]

题　名:叶适易学思想研究

出　处:华侨大学学报（哲学社会科学版）；2005；第 1 期；第 68 页至第 73 页

作　者:孙金波（温州师范学院法政系）

摘　要:叶适对《易传》进行考证,得出不同于时人的结论。批判理学家借易以建构的宇宙图式,使形上与形下相结合。对于易之阴阳思想,叶适以独特视角契入,其结论具有独阳无阴的特点。

ISSN:1006-1398

72.[期刊]

题　名:叶适的"功利"经济思想评述

出　处:湖南工程学院学报（社会科学版）；2005；第 15 卷；第 1 期；第 61 页至第 63 页

作　者:李明扬（湘潭大学商学院）

摘　要:叶适是南宋时期著名的功利主义思想家,是永嘉学派的代表人物,在经济思想上,"以经济自负",坚持事功,一反传统儒家思想:主张义利并举,批判抑末思想,倡导"理财"理念,公开为富人辩护,等等。

ISSN:1671-1181

73.[期刊]

题　名:析叶适的重商思想

出　处:中国哲学史；2005；第 2 期；第 112 页至第 117 页

作　者:张家成（浙江大学中国思想文化研究所）

摘　要:本文通过对叶适思想中的义利观、四民观（本末观）、理财观等方面的具体分析,阐述了叶适的重商思想及其渊源。虽然叶适对"贵义贱利""重农抑商"的传统观念提出了尖锐的批判,并在理财、货币、土地乃至兵制等方面,提出了一系列富于商品经济意识的深刻见解和主张,然而,从其基本立场及思想渊源来看,叶适的重商思想仍是基于儒家传统的。

ISSN:1005-0396

74.[期刊]

题　　名:叶适的内外交相成思想

出　　处:阜阳师范学院学报（社会科学版）；2005；第 2 期；第 81 页至第 82 页

作　　者:李新（天津师范大学文学院）

摘　　要:本文发明叶适道德自律和事功事业内外兼重的思想,以及叶适注重礼的外在教化作用,分析了叶适作为南宋永嘉学派集大成者的地位。

ISSN:1004-4310

75.[期刊]

题　　名:叶适功利儒家伦理观管窥——以"义""利""害"范畴之解析为进路兼以朱学为基本参照

出　　处:浙江社会科学；2005；第 5 期；第 116 页至第 121 页

作　　者:麻桑（南京大学）

摘　　要:《水心别集》卷三"崇义以养利,隆礼以致力",虽表明了叶适早年于义利方面的基本思想轮廓,其涵义却不如他晚年所言之"成利致义"命题清晰。本文认为,"利"范畴实质是一个"义""害"并存的双义结构。同样对于"利",程朱理学相对而言就"害"的方面发现较多,并在义—利—害的范畴链接中以"义"为根本性前提,而实质继承了先秦儒家的义本学统;叶适则尽力凸显"利"范畴中义的意蕴,宗旨却不是侧重"义",而是侧重"利",借重义利之辨来加强其整个事功学说的理论完备性,从而自觉地完成了明显有别于理学的功利儒家伦理系统。

ISSN:1004-2253

76.[期刊]

题　名:叶适纸币思想浅析

出　处:金融教学与研究;2006;第 1 期;第 19 页至第 20 页

作　者:彭澜（河北大学宋史研究中心）

摘　要:叶适作为南宋永嘉学派的主要人物,对于在南宋社会经济生活中起着重要作用的纸币多有议论。其对纸币发生源流的认识、本质特性的理解、发行目的的批判、社会影响的剖析等均有独到之处。

ISSN:2096-2517

77.[期刊]

题　名:试论叶适的法治思想

出　处:温州大学学报;2006;第 19 卷;第 2 期;第 62 页至第 67 页

作　者:方如金[1],陈燕华[2]（1.浙江传媒学院;2.德清县教育局）

摘　要:叶适的法治思想已初具雏形,对某些社会问题有独到见解,作为一名封建地主阶级思想家能达到如此认识高度已颇为不易。本文试从法治的两大基本要素(完善法和执行法)这一角度入手,剖析其法治思想。其中执行法这一点主要探讨对法令执行者,即各级执法官吏的选拔与任用问题。同时指出贯穿叶适法治思想的平民倾向。

ISSN:1674-3555

78.[期刊]

题　名:叶适思想世界中的佛教——叶适佛教观的特质及其意蕴

出　处:河北学刊;2006;第 26 卷;第 4 期;第 36 页至第 42 页

作　者:李承贵（南京大学哲学系）

摘　要:叶适对佛教的认知、理解和评价,具有双重性结构:一方面,通过对高僧品行、寺庙的存废、戒律的功用、信徒的奉佛等的评论,传达了一种"宽护佛教"的信息;另一方面,通过对寺庙的建造、出家为僧、礼俗的

破坏、悟道的方式、往生西方、佛教之道是否纯正等的检讨,传达了一种
"批判佛教"的信息。并由此形成了叶适佛教观的三大特质:认知佛教态
度上的宽容性、认知佛教价值上的启发性、认知佛教程度上的表层性。

ISSN:1003-7071

79.[期刊]

题　名:"义""利""害"观念的现代诠释——以叶适功利伦理学
说为进路兼以朱学为基本参照

出　处:孔子研究;2006;第5期;第57页至第66页

作　者:麻桑(南京大学)

摘　要:义利之辨,既为儒家的传统论题,在现代的意义世界里,也能转
出它新的生命和新的形式。论语时代发轫的这一命题,经过与墨学的对峙与
交通,经过董仲舒、程朱一系的补充或补订,兀然在有宋一代朗现出新的气象。
水心环绕此命题所下的补正功夫,即是其中的一案。《水心别集》卷三说"崇义
以养利,隆礼以致力",到了水心晚年来了个大的转换,一方面仍是义利并举,
另一方面则是利先义后,谓之"成利致义"。比照横渠、朱子用"心"来统贯"性"
"情"二观念,水心在"义""害"的链接间,寻到了一个大写的"利"字:利,既可以
是"义",也可以是"害",犹一剑双刃,较之"心统性情",它是"利统义害"。故,
就结果言,水心说坦荡地展臂拥抱墨学,却恰好造成对先秦儒义本学统的彰
显,与程颐辨明兼别、融通儒墨的理一分殊说,有不二之妙。

ISSN:1002-2627

80.[期刊]

题　名:"乾,物之主也"——叶适的易学形上学

出　处:周易研究;2006;第6期;第69页至第73页

作　者:蒋伟胜(浙江工商大学公共管理学院)

摘　要:叶适通过对《周易》的辨章,建立了系统的易学形上学理论,
乾道就是他的形上学理论的核心概念。叶适理解的形上之乾道是一个独

立、阳刚、自足、动健、绝对的概念，是天地万物效法的对象，也是《周易》的中心主题。叶适的易学形上学既有顺应时代学术潮流由传统经学向形而上学转变的要求，也有应对道学形上之理和心的挑战的需要。

ISSN：1003-3882

81. [期刊]

题　　名：叶适经济思想的创新价值及其对温州经济模式的影响

出　　处：企业经济；2006；第 10 期；第 127 页至第 129 页

作　　者：晏国彬[1]，谈振兴[2]（1.南昌大学艺术与设计学院；2.南昌大学教务处）

摘　　要：叶适作为南宋永嘉学派的代表人物，其经济思想体现出反叛传统的务实创新精神，具有重要的历史价值和现实意义，对温州精神和温州经济模式的形成、发展产生了重要的影响。

ISSN：1006-5024

82. [期刊]

题　　名：叶适易学的经世特征

出　　处：北方论丛；2007；第 3 期；第 112 页至第 115 页

作　　者：孙金波（温州大学法政学院）

摘　　要：叶适是永嘉学派的代表人物，思想以事功见长。叶适易学思想作为其丰富的学术思想中最重要的部分，奠定了其学术路向。叶适易学具有鲜明的经世特征，这与同时代理学家解《易》所呈现出的"空疏"倾向形成对照。叶适易学之经世表现在叶适解《易》之目的、其易学之重"用"、叶适解《易》呈现出崇阳黜阴的特点等方面。

ISSN：1000-3541

83. [期刊]

题　　名：叶适事功思想与现代温州人精神

出　　处：青海社会科学；2007；第 4 期；第 142 页至第 144 页

作　　者：孙金波（温州大学法政学院）

摘　　要：学界对叶适事功思想有所关注，但对于事功思想与现代温州人精神是否有契合性、表现在哪些方面等问题未能给予足够的重视。本文由此切入，从价值观、重视工商业、怀疑精神、重视实践等几个方面对叶适事功思想与现代温州人精神的内在联系进行分析。

ISSN：1001-2338

84.［期刊］

题　　名：叶适的教育思想

出　　处：现代教育科学（高教研究）；2008；第 6 期；第 36 页至第 40 页

作　　者：孙金波（温州师范学院法政学院）

摘　　要：叶适是南宋永嘉学派的集大成者，事功学说的代表。学界多着力于叶适的经济、哲学思想，而对其教育方面关注得比较少。实际上，叶适的教育思想非常丰富，而且与其事功主旨密切相应，集中体现在教育的经世目的、教学材料的选择、教学方法的创新、士人价值等方面。

ISSN：1005-5843

85.［期刊］

题　　名：宋儒处理儒、佛关系的策略——叶适的一个检讨

出　　处：杭州师范大学学报（社会科学版）；2008；第 6 期；第 12 页至第 16 页

作　　者：李承贵（南京大学哲学系）

摘　　要：今人研判宋儒对佛教的态度不外三种：一是排佛；二是吸佛；三是表面上排佛、背地里吸佛。而叶适认为，宋儒的佛教态度实际上也是一种处理佛教与儒学关系问题的策略，它具体表现为三个方面："望而非之""尽用其学""以其意立言"。叶适对宋儒处理儒佛关系策略的检讨不

仅展示了自己思想观念的独特性、健康性和智慧性,而且为理解周孔以后的儒学纯正性、宋儒在整合儒佛关系中的作用及限度、儒学与佛教在宋代新儒学中结合的形式和程度等重大学术问题提供了新的思路。

ISSN:1674-2338

86.[期刊]

题　名:叶适君王思想研究

出　处:安徽文学（下半月）；2008；第 8 期；第 219 页

作　者:于华（重庆师范大学）

摘　要:君王思想作为儒家政治思想的核心历来被儒家学者所重视,本文作者试图从君王治国构想、君王统治术二方面来解读叶适的君王思想,希望可以更深层次地理解叶适君王思想的历史价值和现代意义。

ISSN:1671-0703

87.[期刊]

题　名:浅析叶适治国构想

出　处:安徽文学（下半月）；2008；第 9 期；第 249 页

作　者:于华（重庆师范大学）

摘　要:叶适是南宋著名思想家。他的思想为历代研究者所重视,在这些研究中,学者们研究最为丰富的当属他的哲学思想,而对于叶适治国构想的研究涉及却非常少。本文试图从君王道德思想、君王治国指导思想、君王统治术等三方面来解读叶适的治国构想,希望能帮助大家从不同角度加深对其思想的理解。

ISSN:1671-0703

88.[期刊]

题　名:叶适的教育思想

出　处:现代教育科学；2008；第 11 期；第 36 页至第 40 页

作　　者:孙金波（温州师范学院法政学院）

摘　　要:叶适是南宋永嘉学派的集大成者,事功学说的代表。学界多着力于叶适的经济、哲学思想,而对其教育方面关注得比较少。实际上,叶适的教育思想非常丰富,而且与其事功主旨密切相应,集中体现在教育的经世目的、教学材料的选择、教学方法的创新、士人价值等方面。

ISSN:1005-5843

89.[期刊]

题　　名:叶适《宿觉庵记》解读

出　　处:温州大学学报（社会科学版）;2009;第22卷;第1期;第43页至第47页

作　　者:蔡克骄（温州大学法政学院）

摘　　要:叶适,南宋永嘉学派著名学者。其早年即接触佛教,中年读佛经千卷,对佛学造诣颇深,晚年出资重修温州佛教名山松台山寺院,游居其间,并作《宿觉庵记》,流露出他对待佛学的矛盾态度:一方面叶适认为佛学为世外瑰奇之说,与本朝治乱本不相关;另一方面他对自己的佛学造诣颇为自许,对学者学佛不得要领多有讥讽。

ISSN:1674-3555

90.[期刊]

题　　名:叶适碑志文探析

出　　处:广东广播电视大学学报;2009;第18卷;第5期;第67页至第70页

作　　者:刘春霞（广东广播电视大学）

摘　　要:叶适是南宋永嘉事功学派的代表,亦是著名的文学家。今存《叶适集》中碑志文占了近三分之一,其碑志文具有鲜明的特色:首先,叶适借志人之机表达了自己的政治、文化及文学观点,体现了学者之文的特点;其次,采用多种表现手法刻画人物,人物形象真实传神;另外,注重碑志文的写作艺术,结构、句式灵活多变,形成了丰富多彩的碑志文风格。

ISSN:2095-932X

91.[期刊]

题　　名:试论叶适的吏治思想

出　　处:民族论坛;2009;第 6 期;第 46 页至第 47 页

作　　者:刘煜瑞(华东师范大学古籍研究所)

摘　　要:吏治思想是南宋著名思想家叶适的重要学术思想之一。针对当时吏治存在的问题,叶适提出了改进吏治的总原则,并就"资格""铨选""荐举""任子""科举""制科""新书""吏胥"八个方面,对吏治的具体措施提出改革意见。叶适的吏治思想对今天的干部队伍建设,仍有一定的借鉴价值。

ISSN:1007-8592

92.[期刊]

题　　名:叶适与涩泽荣一义利观比较研究

出　　处:大江周刊(论坛);2009;第 8 期;第 24 页至第 26 页

作　　者:曹敏,尹雪萍(华中科技大学马克思主义学院)

摘　　要:叶适是我国南宋时期著名的永嘉学派代表,涩泽荣一是日本近代实业之父,这两个处于不同时代、不同国家的人却改变了传统儒家重义轻利、抑制工商的观点,提出要义和利相统一。本文通过对两者的义利观比较,以期为当代中国市场经济中人们树立正确的义利观提供参考。

ISSN:1005-6564

93.[期刊]

题　　名:叶适义利思想的哲学基础初探

出　　处:现代语文·文学研究;2009;第 11 期;第 53 页至第 54 页

作　　者:刘漪(安徽大学哲学系)

摘　要:叶适的义利观是叶适全部思想的最核心部分,而这样的义利观的哲学基础就是他的道器观。叶适通过对道器关系的论述进而阐述了义利不可分、以义统利的观点。这样的观点对于今天的社会主义义利观的建设有积极意义。

ISSN:1008-8024

94.[期刊]

题　名:叶适思想研究新论——纪念叶适诞辰860周年暨学术研讨会综述

出　处:宋代文化研究;2010;第0期;第99页至第105页

作　者:张宏敏(浙江省社会科学院)

摘　要:2010年11月5—8日,由浙江省儒学学会、温州市委宣传部、中共瑞安市委主办,温州市社科联、瑞安市委宣传部承办,浙江工贸职业技术学院、瑞安市叶适纪念馆协办的以"纪念叶适诞辰860周年"为主题的学术研讨会在瑞安市成功举办。大会共收到叶适研究论文49篇,来自北京、上海、天津、山西、四川、江苏、浙江以及中国台湾高校单位、社科机构的65位专家学者参加了此次学术研讨会。《光明日报》《浙江日报》《浙江社会科学》《探索与争鸣》等报刊代表应邀与会。国际儒学联合会顾问、浙江省儒学学会会长卢文舸发了贺信。本次研讨会的主题集中于对叶适学术思想性质的认识,叶适哲学、政治、经济思想的研究,以及叶适学术思想现代价值的解读。

95.[期刊]

题　名:试论叶适的军事战略思想

出　处:民族论坛;2010;第2期;第42页至第44页

作　者:刘煜瑞(华东师范大学古籍研究所)

摘　要:统一国家是南宋著名思想家叶适的主要学术军事战略思想之一。叶适深感南宋的积弱对国家带来的屈辱,深感国家的分裂给人民带来的痛苦,因而提出了一整套振兴国家、统一全国的战略主张。本文试图对叶适的这些思想予以总结和概括,以期窥见叶适事功思想的本质。

ISSN:1007-8592

96.[期刊]

题　名:对叶适义利哲学思想基础的批判

出　处:宿州教育学院学报;2010;第13卷;第2期;第6页至第8页

作　者:刘漪(安徽大学哲学系)

摘　要:叶适的功利思想有其特殊的理论构建。而这样的构建基础仍然是儒学传统内的概念组合。正是因为这样,叶适的功利思想的哲学基础仍然有许多矛盾之处。而在看到这些矛盾的同时,我们也应该看到叶适在儒学传统之内的伟大创新。

ISSN:1009-8534

97.[期刊]

题　名:陈亮、叶适的德育目标观及其现代借鉴

出　处:河北软件职业技术学院学报;2010;第2期;第14页至第15页,第19页

作　者:杨朋[1],韩爱芹[2],陈莉[2],和芸[3](1.深圳职业技术学院机电工程学院;2.江苏省电力公司;3.河北软件职业技术学院)

摘　要:陈亮、叶适作为我国古代教育学者,他们追求实用,注重实际问题,其学以致用的德育目标观,不仅对我国封建社会后期的实学教育产生了积极的影响,也为我们进行现代德育提供了参考和借鉴。

ISSN:1673-2022

98.[期刊]

题　名:叶适《论语》学思想的特色

出　处:孔子研究;2010;第4期;第85页至第92页

作　　者：唐明贵（聊城大学哲学系）

摘　　要：叶适在释读《论语》时，注意扬弃前人思想，注重推陈出新。在诠释《论语》中，他采用了经与史、义理与史实结合的解经方法，提出了事功与德性统一、事功与践行统一的主张。他否定了曾子独得从尧到孔子的一脉相承之道而传之的说法，认为曾子把一贯之道简化成了忠恕之道，仅保留了止于其身之道，因此他不是独得孔子之传而又传之后人的关键人物。叶适的上述做法，一方面丰富了《论语》学的解经方法，另一方面也拓展了儒家的内圣外王思想，故无论是在《论语》学史上，还是在当时的学界，都具有一定的历史地位和影响。

ISSN：1002-2627

99.［期刊］

题　　名：论叶适的农业思想

出　　处：农业考古；2010；第 4 期；第 88 页至第 91 页

作　　者：郭福亮（中南民族大学民族学与社会学学院）

摘　　要：叶适（1150—1223），字正则，学者称水心先生。他是我国南宋时期著名的思想家、文学家、政论家。他于南宋淳熙五年（1178）以进士第二名（榜眼）及第，出仕后居官清正，历任吏部员外郎、国子司业、吏部侍郎、江东安抚使兼沿江制置使等职，官至宝文阁学士、光禄大夫（从二品）。叶适著作众多，有《水心文集》《水心别集》《习学记言序目》传世。他所代表的永嘉事功学派，与当时朱熹的道学派、陆九渊的心学派，并列为南宋时期三大学派，对后世影响深远。传统社会中农业是整个国民经济的基础，国家之根本。中国早期的思想家、政治家都非常重视农业，叶适也不例外，他认为王业的基础在于"先知稼穑之艰难"，批评封建统治者把农业看作"日用之粗事"，强调农业的重要性，形成了叶适独特的农业思想。

ISSN：1006-2335

100.[期刊]

题　　名:叶适《习学记言序目》对《管子》的解读

出　　处:中南大学学报（社会科学版）；2010；第16卷；第5期；第30页至第34页

作　　者:耿振东（山东师范大学齐鲁文化研究中心）

摘　　要:《管子》研究进入两宋后,对其文本进行深入、细腻的诠释、解读已成为时代风尚。叶适的《习学记言》鲜明地体现了这一特征。他以唐（唐尧、虞舜、夏、商、周)之道"惟管仲知之"为出发点,对《管子》一书的思想真伪做了全面深刻的解析、评判。在此基础上,得出了"《管子》非一人之笔,亦非一时之书"的经典论断。此外,他在解读《管子》时还联系南宋的社会现实,抒发自己对时局的关注。

ISSN:1672-3104

101.[期刊]

题　　名:叶适政治思想中的功利主义探析及其现实意义

出　　处:魅力中国；2010；第5期；第63页

作　　者:张廷汉（郑州大学公共管理学院）

摘　　要:"义利之辩",自春秋战国以来,就是我国孔、孟、荀、墨诸学派思想家的争论话题。到了宋代,基于政治改革需要,当时各学派的思想家又展开争论,而且更向深度发展。

ISSN:1673-0992

102.[期刊]

题　　名:叶适人性论新诠释

出　　处:福建论坛（社科教育版）；2010；第6期；第28页至第31页

作　　者:沈尚武[1],袁岳[2]（1.上海财经大学博士后流动站；2.上海财经大学人文学院）

　　摘　要:叶适是南宋永嘉学派的集大成者。在人性论方面他认为:首先,人性与道的合一性。性与道合,顺天求合。其次,人性善恶新论。善的标准是事物本身的中道,偏离中道就有恶的成分,并且人性是在周围环境中通过人具有的潜在的可能性而不断地生成和形成的。最后,利与命与仁。人性的形成有自己的内部机制和动力,利与命、仁是一体性和过程性的。这是一种生存意义上的诠释循环。

ISSN:2096-8760

103.[期刊]

題　　名:叶适碑志文拓新之功榷论

出　　处:求索;2010;第 9 期;第 191 页至第 193 页

作　　者:张平(四川大学)

　　摘　要:作为南渡散文大家,叶适的碑志文固然有对韩碑、欧碑的明显继承,但更具有韩、欧所无,而自家独有的拓新之举。叶碑一方面在撰述对象上使女性碑主步出闺闱,度越妇人之常德,从而赋予其别样异彩;另一方面又在抒写手法上援景入文,对六朝碑志文的写景元素予以散文式转化,从而丰富了对碑主形象的塑造手段,并实现了碑志文的诗意化。前者以叶适直面现实的批判性学术品格作为内在驱动,后者则是其学术会通精神的文学投影。

ISSN:1001-490X

104.[期刊]

題　　名:今人对叶适《龙川文集序》及《书龙川集后》的误读

出　　处:文教资料;2010;第 9 期;第 19 页至第 20 页

作　　者:胡善兵(南京师范大学文学院)

　　摘　要:本文论述了今人对叶适《龙川文集序》及《书龙川集后》中"微言"二字的误读,认为叶适非但在学术和政治立场上与陈亮相左,其对陈亮词成就的评价亦并不高。

ISSN:1004-8359

105.[期刊]

题　　名:叶适易学思想发微

出　　处:杭州师范大学学报（社会科学版）；2011；第 1 期；第 32 页至第 40 页

作　　者:蒋国保（苏州大学哲学系）

摘　　要:叶适是循义理的路数来解《易》的。具体说，就是根据《彖》《象》解《易》。由于他将《彖》《象》视为孔子的作品，所以根据《彖》《象》的解释所理解《周易》的经义，在他看来，也就是"孔氏之本学"，体现了圣人以道易天下的目的。在这种易学观的指引下，他之《周易》解释，在致思取向而上，彻底贯彻事功原则、功利原则，竭力消解《周易》解释上的神秘性、玄虚性，始终坚持"以卦象定入德之条目而略于爻，又以卦名通世故之义训而略于卦"。这是将"通世故之义"作为理解《周易》的经义根本原则。这个原则从根本上保证了叶适之解《易》彻底摆脱了象数路数的干扰，将《周易》解释成一部彻底宣扬儒家德性修养、道德理想、政治理念的经典。

ISSN:1674-2338

106.[期刊]

题　　名:叶适"复礼"说的哲学依据与现实意义

出　　处:杭州师范大学学报（社会科学版）；2011；第 1 期；第 41 页至第 45 页

作　　者:沈松勤（杭州师范大学人文学院）

摘　　要:叶适的"复礼"说建立在经验人性论的哲学基础之上，这与当时的儒学主流思潮性命之学适成鲜明的对比。性命学者在形而上倡导"成圣"之学，目的是从终极意义上解决人生"安身立命"的问题；而叶适的"复礼"说，其目的是在现实的生活世界中提升人生的经验能力，塑造完美人格，因而更贴近现实人生，亦更具实践意义。

ISSN：1674-2338

107.[期刊]

　　题　　名：海外叶适经济思想研究论析——百年典案：从哥大到京大经济学研究中的叶适

　　出　　处：中国经济史研究；2011；第 1 期；第 141 页至第 152 页

　　作　　者：叶坦（中国社会科学院经济所）

　　摘　　要：叶适是宋代著名思想家，他的学术贡献远播世界，其经济思想和学说很早就在海外产生颇大影响。百年前美国出版的中国经济思想史名著中，叶适就占了不少篇幅；近 70 年前日本著名学者已经对叶适的货币思想开展专题研究，可惜这些研究至今尚未得到国人必要的了解和应有的重视。

　　ISSN：1002-8005

108.[期刊]

　　题　　名：上下“一本”何以可能：论叶适重建南宋基层社会的方案

　　出　　处：中共宁波市委党校学报；2011；第 1 期；第 93 页至第 100 页

　　作　　者：崔海东（南京大学哲学系）

　　摘　　要：水心的理想社会模式是君吏民一体、养教治兼备，国家公权力系统和基层民众公私相共、上下一本。然而宋代的现实是：国家公权力系统放弃了养民、教化方面的责任，养民的主体变成了富人，教化的对象集中于科举士子，基层的治民大权则落于吏胥之手，故形成了君民二分、上下相仇的局面。对此水心提出了上下双行、公私并重的重建方案：一是保护私田、官买公田、迁民辟地以解决养民问题；二是大力改革官学，并鼓励民间私学以教民；三是整顿吏治以加强基层政府治理能力，同时积极表彰、提倡儒士在家族和乡党层面推行基层自治。

　　ISSN：1008-4479

109.[期刊]

题　名:叶适功利主义思想对浙江精神的影响

出　处:杭州研究;2011;第 1 期;第 88 页至第 92 页

作　者:孟勇(华东师范大学哲学系)

摘　要:叶适功利主义思想在历史上对浙江经济社会发展具有重要影响,也是当代浙江社会经济发展的思想资源。本文试图从叶适功利主义经济思想的来源、主要内容以及对浙江经济、浙江精神的影响三方面进行梳理,以探寻叶适的功利主义思想对当代浙江经济发展以及浙江精神内涵提升的重要价值。

110.[期刊]

题　名:物·势·人——叶适哲学思想研究

出　处:南京大学学报(哲学·人文科学·社会科学版);2011;第 2 期;第 100 页至第 105 页,第 160 页

作　者:杨国荣(华东师范大学)

摘　要:叶适之学,以事功为主导。就内在哲学趋向而言,事功之学包含两个基本之点,即关注现实的世界和现实的社会生活,强调实际的践行并注重践行的实际结果。在叶适那里,以上两个方面通过物、道、势与人的关系以及成己与成物之辨,得到了具体而多层面的展开。物作为对象,其存在不依赖于人,然而,物所具有的价值意义,却是通过人的活动(极其劳)而呈现,并在人的活动过程中获得现实的形态。在人与势的关系上,一方面,"势"表现为一种"不知其然而然"的必然趋向;另一方面,人又可以因"势"利导、顺"势"而为,通过自身的实践以实现价值理想和价值目标。在顺势而为的过程中,"以物用而不以己用"与"势在己不在物"呈现了某种统一性。就人与己的关系而言,个体的"果行而育德"与社会历史领域的循道而行、顺势而为的"振民"过程也合而无间。对以上问题的阐述,既包含了多重的理论意蕴,又展示了儒学演进中不同于心性之学的

历史趋向。

ISSN：1007-7278

111.［期刊］

题　　名：金儒赵秉文与宋儒叶适的比较研究

出　　处：文艺评论；2011；第 2 期；第 124 页至第 127 页

作　　者：王昕（黑龙江大学文学院）

摘　　要：赵秉文与叶适的生活空间及社会环境不同，却都是同一时代背景下的著名学者，俱享年七十四岁。赵秉文字周臣，自号"闲闲居士"，磁州滏阳人。大定二十五年（1185）中进士，官至翰林学士承旨、礼部尚书。南渡后为北方文坛领袖，《金史》称之"金士巨擘"。一生著述颇丰，达二十余种，涉经史子集，现存《闲闲老人滏水文集》二十卷和《道德真经集解》四卷。

ISSN：1003-5672

112.［期刊］

题　　名：叶适与浙东学派：近世早期政治思维的开展

出　　处：政治思想史；2011；第 2 期；第 60 页至第 81 页，第 200 页

作　　者：任锋（中国人民大学国际关系学院政治学系）

摘　　要：叶适晚年的欧阳批判体现出对于近世士大夫政治的深刻反省，非理学批判所能范围。在思想渊源上，他接续薛季宣、陈傅良、吕祖谦和陈亮等儒者的事功思路，与其说是宋代浙东学术的集大成者，更准确地说是将其间的政治性逻辑推向了极致。水心批判儒学"待经以为治"的教条心智，提倡直面政治世界的实践经验，发展出以皇极为中心的秩序正义论，注重政治体制与政治素养，从而显示出近世新儒学政治维度的成熟化。

ISSN：1674-8662

113.[期刊]

题　名:孝悌与功利：谈谈叶适的孝道观念

出　处:中共宁波市委党校学报；2011；第 2 期；第 115 页至第 121 页

作　者:舒大刚（四川大学历史文化学院）

摘　要:作为南宋"永嘉学派"的突出代表,叶适的孝道观念有其独特之处,具体可以归结为以下几个方面:其一,德为人之干,孝为仁之本;其二,称赞孝德,表彰德行;其三,重德尊孝,归于实效。

ISSN:1008-4479

114.[期刊]

题　名:叶适讲学大旨略论

出　处:上饶师范学院学报；2011；第 31 卷；第 2 期；第 9 页至第 14 页

作　者:杨柱才（南昌大学江右哲学研究中心）

摘　要:基于事功之学的立场,叶适揭明讲学大旨,以为儒家道统由尧舜发其端,至孔子而完备,其意蕴是人事与天行相合,体现在现实政治上则是道德义理与治教名物相统一。以此为据,叶适提出道无所谓三代与汉唐之分,而是贯穿于历史的全部过程。叶适关于道的具体看法及对于道学的批评,也都与其讲学大旨一脉相承。

ISSN:1004-2237

115.[期刊]

题　名:叶适与南宋反理学思潮

出　处:西华大学学报（哲学社会科学版）；2011；第 30 卷；第 2 期；第 18 页至第 21 页，第 94 页

作　者:陈国灿（浙江师范大学中国历史研究所；浙江师范大学江南文化研究中心）

摘 要:叶适的学术思想经历了由推崇理学到反对理学的重大转变,其晚年对理学的批判系统而深刻。他否定了理学的儒学正统地位,揭示了理学的本质,指出了理学的虚妄,批判了理学的极端化倾向,驳斥了理学的经义,又以完整的事功学说与理学抗衡。经过叶适的发展,南宋反理学思潮不仅在理论上走向成熟,而且在社会上也产生了广泛影响。

ISSN:1672-8505

116.[期刊]

题　名:论叶适的形上学

出　处:中州学刊;2011;第 3 期;第 156 页至第 160 页

作　者:崔海东（南京大学哲学系）

摘　要:叶适素被视为专主经制事功而无形上建树,事实上他在批判、解构思孟、道学一系义理的同时,又依托《周易》等建构了自己特点鲜明的形上学体系,其中包括以乾代道之乾论、刚习并重之性论,以及溯源体乾、循流用刚的上达与践履兼备的工夫进路。综观水心的乾论、性论以及工夫理路,其予破予立的特色非常鲜明,整体规模与精密程度与其他流派相比毫不逊色,实可谓在宋儒中孤峰突起,独此一家,况且水心明体更是为了达用,其形上学的建树又引生了他在经制事功方面的卓越成就,故我们评价他疏忽于形上学是不公允的。

ISSN:1003-0751

117.[期刊]

题　名:叶适的虚实观及其对理学的批评

出　处:中国社会科学院研究生院学报;2011;第 3 期;第 34 页至第 40 页

作　者:向世陵（中国人民大学哲学院）

摘　要:虚实关系是宋代哲学的重要理论课题。理学家曾以自己的

"实"学对佛老的空虚观展开深入的批判。但在叶适眼中,理学之"实"实际是虚。叶适通过对《易传》文本的梳理和观点的重新阐释,否定《彖》《象》以外其他各篇为孔子所作,认为从根本上支撑起理学理论的《易传》诸说,实际与佛老的专以心性为宗主走到了一起,从而泯灭了尧舜以来作为学术正途的内外交相成之道。叶适的揭示和批评对"实"学和理学本身都具有重要的意义。

ISSN:1000-2952

118.[期刊]

　题　名:叶适文集版本源流考

　出　处:图书馆理论与实践;2011;第 4 期;第 57 页至第 62 页

　作　者:李建军(台州学院中文系)

　摘　要:叶适作为南宋的著名学者和散文大家,其部分文章在生前即已结集流传,而整个文集在其去世不久也已编辑刊行。不幸的是,叶适文集宋代以后曾经散佚,之后经过明代黎谅的重新纂辑,清代孙衣言的校注补遗及其弟子李春龢的校刊,再加上近几年《全宋诗·叶适诗》《全宋文·叶适文》编辑者的穷搜博采,叶适的诗文已经大致齐备。但直到今天,叶适的佚文都还时有发现。叶适作为南宋的一代文宗,其文在中国文学史上举足轻重。这些文章的聚散存亡,结撰而成的文集的版本源流,确有必要系统清理。

ISSN:1005-8214

119.[期刊]

　题　名:传统发展思想的典范——论叶适及永嘉学派的发展思想

　出　处:中共宁波市委党校学报;2011;第 4 期;第 105 页至第 109 页

　作　者:董根洪(中共浙江省委党校)

　摘　要:南宋时以叶适为代表的永嘉学派其主要的思想观点围绕着如何实现当时社会发展和百姓生存而展开,从而形成了独具特色又颇具价值的发展思想,其主要内容包括计财的发展论、拯民得民的民本论、中庸协调的方法论。

ISSN:1008-4479

120.[期刊]

  题 名:叶适的道德修养论及其意义

  出 处:高等农业教育;2011;第 9 期;第 39 页至第 42 页,第 76 页

  作 者:向康文(温州大学)

  摘 要:叶适的道德修养论是一种"义利合一"的事功主义修道观,它以"性无善恶"的人性论为基础,以"习学成德"为途径,以"实德""事功"为目标。在道德修养方法上,主张"学思兼进""内外交相成"。在道德修养过程中强调循序渐进,反对一蹴而就。这种道德修养观对如何处理道德修养中的义利动机、道德知识与道德实践,以及个体道德修养与社会道德机制建设的辩证关系具有现实的指导意义。

ISSN:1002-1981

121.[期刊]

  题 名:论叶适思想的创新特征

  出 处:神州;2011;第 11 期;第 10 页,第 23 页

  作 者:李景凤(鹤岗师范高等专科学校)

  摘 要:叶适是南宋中后期著名的思想家。叶适的思想以功利主义为核心,唯物主义自然观是他思想的理论基础,强调"道"存在于一切事物之中。在政治上倡导以民为本,强调重势分权。在经济上倡导实行宽民政策,强调以利与人,主张本末并兴。叶适思想最突出的特点就是创新性,他的很多思想都是对传统思想的创新、对现实思想的突破。

ISSN:1009-5071

122.[期刊]

题　　名:叶适"集本朝文之大成者"刍议

出　　处:文学遗产;2012;第2期;第4页至第15页

作　　者:沈松勤（杭州师范大学人文学院）

摘　　要:叶适赢得"集本朝文之大成者"的隆誉,原因是他在北宋以来文道分裂乃至对立的情况下,提出了既能弥补文章之士因好文而及道带来的义理不足之失,又能药救道学之儒因好道而及文带来的质朴拙野之病的文道观;并在"经欲精,史欲博,文欲肆"的知识结构的基础上,将自己的文道观落实到具体的创作实践中,达到了"德艺兼备"的境界。不过,叶适的文道观及其散文是永嘉学术的一种表现形态,在题材内容与审美功能上缺乏"集大成者"的宏大格局,但其融会文道的理论思想和创作实践,在宋代文学史上却有着举足轻重的地位,具有重要的文学价值与意义。

ISSN:0257-5914

123.[期刊]

题　　名:叶适对孔子"道一"思想的继承与发展——兼对叶适学说性质的探讨

出　　处:孔子研究;2012;第2期;第77页至第84页

作　　者:林孝瞭（中国计量学院中国哲学研究所）

摘　　要:叶适在孔子"道一以贯之"的基础上,进一步提出了"道原于一而成于两"的命题。"道"在叶适这里并非实体性的物,而是最高的统一性原理。与此相应,叶适强调的是"道"的实践意义,反对将"道"作为实体性的认识对象来加以把握。从实践的层面来说,"道"具体表现为义理与事功、知道与行道等的统一。

ISSN:1002-2627

124.[期刊]

　　题　　名:淳熙十五年从叶适上疏看叶适与朱熹的思想

　　出　　处:剑南文学（经典阅读）;2012;第 3 期;第 167 页

　　作　　者:董淼（湖北大学历史文化学院）

　　摘　　要:淳熙十五年,朱熹与林栗政治学术上的观点存在着分歧,林栗心怀怨恨,对朱熹的道学思想进行诽谤,在此时叶适上疏提出,"谓之道学"是"阴废正人"的手段。本文分别从叶适与朱熹身世、生平、师承来论述分析,叶适与朱熹在学派思想上并非一体,叶适上疏是维护自己在内的"稍慕洁修"的士大夫,而非思想一致。

　　ISSN:1006-026X

125.[期刊]

　　题　　名:试论叶适的道统论与文学思想

　　出　　处:古籍整理研究学刊;2012;第 5 期;第 91 页至第 94 页,第 83 页

　　作　　者:郑慧（东北师范大学文学院）

　　摘　　要:叶适集学者、士人、文人于一身,他的文学思想是在其学术思想的基础上形成的。叶适在批判理学家的同时建构了自己的道统观,从而形成了"为文不能关教事,虽工无益"的文道观,将宋代文道之争的文与道关系融合了起来,得到了"集本朝文之大成者"的美誉。

　　ISSN:1009-1017

126.[期刊]

　　题　　名:叶适易学哲学体系管窥

　　出　　处:东岳论丛;2012;第 33 卷;第 6 期;第 18 页至第 22 页

　　作　　者:王长红（山东大学哲学与社会发展学院易学与中国古代哲学研究中心）

摘　要:南宋永嘉事功学派的集大成者叶适信守象数、义理兼顾的治易方法,在疑古思潮的浸染下,秉承了薛季宣、陈傅良等人所倡导的道不离器观,对一些道学家将"形上""形下"机械割裂的观点进行了反驳,以《彖》《象》为基点,并假以前贤学说,形成了独特的宇宙本体论和发生论,提出了"形上"与"形下"合一方能谓之"道"的独特观点,主张理论与实践相结合的践行观,营构了一个较为完整的易学哲学体系。

ISSN:1003-8353

127.［期刊］

　題　　名:内圣与外王:论牟宗三对叶适的批判

　出　　处:暨南学报（哲学社会科学版）;2012;第 34 卷;第 9 期;第 139 页至第 144 页

　作　　者:郭庆财（山西师范大学文学院）

摘　要:牟宗三继承了明道、象山、阳明的反身逆觉以证本体的路子,将心的自觉视为人类摆脱物化状态的关键,因而反对叶适的"物本"说。叶适在"物本"说基础上建构的外王哲学,以"皇极"为中心,以三代尤其是周公为治道的楷模,而对于有德无位的孔子难免抑而下之。针对叶适的"皇极一元论",牟宗三拈出"人极",关注每一个体生命的觉醒,并称扬孔子的"仁教"是社会秩序的价值依据和心理本源,使个体德性人格得以挺立;而叶适片面强调了统治者的治术,忽略了个体精神的觉醒,看不到孔子对于"道之本统"的再建。牟宗三对叶适外王说的批判,体现了牟氏所受的黑格尔历史哲学的影响和叶适历史经验主义的分歧。

ISSN:1000-5072

128.［期刊］

　題　　名:叶适思想对现代商业的批判价值

　出　　处:中国商贸;2012;第 21 期;第 250 页至第 251 页

　作　　者:杨光安（中国计量学院人文学院）

摘　要:叶适思想是我国传统文化思想中的一支奇葩,叶适的思想在南宋的历史上有着很重要的理论地位,他提出功利、事功之说,提出了许多有价值的经济思想。我国改革开放以来,现代商业有了很大的恢复和进步,叶适的功利思想、提倡政府放松对商业的钳制和建造廉价政府的思想无疑对于现代商业的发展有着一定的借鉴作用。

ISSN:2096-0298

129. [期刊]

题　名:叶适墓志铭浅论

出　处:青春岁月;2012;第 21 期;第 295 页

作　者:朱鹏飞(四川大学)

摘　要:叶适是南宋时期永嘉学派的集大成者,他所写的墓志与韩愈、欧阳修并称,历来为世人所推重。在《叶适集》中,墓志的数量几乎占到四分之一,他的墓志往往能在继承前人的基础上有所创新。本文立足于叶适的墓志创作,对它的特点进行阐述,以期对叶适其人、其文有一个更加深入的了解。

ISSN:1007-5070

130. [期刊]

题　名:论叶适墓志文创作的新变与成就

出　处:浙江大学学报(人文社会科学版);2013;第 43 卷;第 4 期;第 135 页至第 145 页

作　者:沈松勤[1],楼培[2](1.杭州师范大学人文学院;2.浙江大学中国语言文学系)

摘　要:自东汉以后,墓志成为一种常见的文体,也是一种出于"四方之邀乞"的"世俗应酬文字"。叶适却从其经验论德性之学出发推尊墓志,首次将它提升到"文章家大典册"高度,改变了以往世俗化的墓志文体观,并"大肆力于碑铭"创作。在具体的创作中,叶适既注重墓主的个性,"随其资质与之形貌",各肖其人,甚至突破墓志的体制,运用了"并志二公"的双重墓主叙事方式,别具一格;又贯彻其"为文不能关教事,虽工无益"的文学主张,体现了"有补世教"的价值取向,拓展了墓志的功能,取得了令人瞩目的成就,在宋代文章学和散文发展史上具有不可小觑的地位与意义。

ISSN:1008-942X

131.[期刊]

题　名:浙东事功学的集成——叶适思想综论

出　处:地方文化研究;2013;第 3 期;第 6 页至第 20 页

作　者:张立文(中国人民大学哲学学院)

摘　要:本文从"生存命运""学术命运""生命价值"和"价值理想"四个方面对叶适思想展开了深入、全面的讨论,认为叶适对人生存的社会环境、学术的功能与特性、生命价值的落实以及价值理想的终极关切等方面提出了具有浙东事功学派特点的思考与主张,从而对浙东事功学术进行了结。

ISSN:1008-7354

132.[期刊]

题　名:墨子与叶适的义利思想比较研究

出　处:太原大学教育学院学报;2013;第 31 卷;第 4 期;第 14 页至第 16 页

作　者:王建敏(大连外国语大学)

摘　要:墨子与叶适在时间上相去久远,但是他们的哲学思想中有着相近的义利观,这又把他们之间的距离拉近了。通过比较两者的义利观,可以厘清义利思想在中国哲学史上的逻辑发展。

ISSN:1673-7016

133.[期刊]

   题　名:叶适自然观初探

   出　处:湖北广播电视大学学报；2013；第33卷；第9期；第53页至第54页

   作　者:唐银华（浙江财经大学）

   摘　要:叶适自然观强调"道在物内"，认为万物的本原是五行八卦，并把五行八卦归结为气,万物化生是阴阳二气"相摩相荡"的结果。叶适主张"极"是物自身的一种状态,否定"太极"的存在,叶适注重天人有别,倡导人类应在认识自然规律的基础上适应自然、与自然和谐相处。

   ISSN:1008-7427

134.[期刊]

   题　名:叶适经济思想研究现状评述

   出　处:前沿；2013；第22期；第16页至第18页

   作　者:王彦禛，王卫东（中国计量学院人文社科学院）

   摘　要:对于叶适经济思想的研究,目前的研究内容主要集中在农业、商业和货币三个方面,也有一些学者涉及了叶适经济思想与现代浙江地区商业模式关系的研究,但总体来说,对于叶适经济思想的研究依然存在两个问题,一个是缺乏对叶适的经济思想与其哲学思想的内在联系的研究,二是叶适经济思想和现当代浙江经济模式之间存在关联的证据不足。

   ISSN:1009-8267

135.[期刊]

   题　名:叶适的道统与学统

   出　处:思想政治理论教育新探索；2014；第421页至第431页

   作　者:蒋伟胜（浙江工商大学马克思主义学院）

摘　要：叶适认为儒家历史上既存在一个道统，也存在一个学统。他理解的道统精神是儒家的现实关怀，要求做制度建构，积极开展外王事业；他理解的学统上起于《诗》《书》，因孔子而显明，是包含了历史传统、学习对象、学习方法等内容的完整体系。道统与学统又是一而不二的，道统显示了儒家的外王精神，学统则体现了儒家的内圣理想，道统与学统的统一要求在外王事业中通过"习学"的方式致道成德，实现内圣。

136.[期刊]

题　名：叶适事功视域下的易学思想之蠡测

出　处：人文杂志；2014；第 1 期；第 6 页至第 11 页

作　者：王长红（曲阜师范大学文学院）

摘　要：南宋永嘉事功学派的集大成者叶适治易与刘牧的图书易、邵雍的数学易及程颐等人的理学易有很大差异；其易学研究具有强烈的疑古和独阳无阴色彩，形成了以"物"为本、"理"出于"物"的"物—理—物"的认识论；在治易方法上，既注重义理，又不废象数，在由象数入手阐发易道的过程中以事功为落脚点，将义理阐释与社会现实相融合，为初步建构以《象》《象》二传为基础、以形上与形下合一谓之道为指导思想、以事功为目的、以知行合一的践行观为主体内容的哲学体系找到易学层面的理论基础，在宋代易学史和思想史上占有非常重要的地位。

ISSN：0447-662X

137.[期刊]

题　名：叶适门人孙之宏及其《周礼说》考述

出　处：中共宁波市委党校学报；2014；第 36 卷；第 6 期；第 112 页至第 118 页

作　者：张如安，杨未（宁波大学人文与传媒学院）

摘　要：南宋永嘉学派宗师叶适门人孙之宏，著有《周礼说》。孙之宏研究《周礼》，采宋人以议论解经的路子，探讨《周礼》所设计的国家政权模式,重在发挥其治官、治民、理财等思想,有着非常强烈的现实意义。孙之宏特别着意于抉发先王制度设计的深层用意,处处显示"先王虑事之周",想方设法论证其合理性所在。孙之宏解说《周礼》,文字流畅,意义明晰,有自得之见,不失为南宋研究《周礼》的重要一家。

ISSN:1008-4479

138.[期刊]

题　名:叶适"史法"论探析——以《习学记言序目》为例

出　处:史学理论与史学史学刊;2015;第1期;第88页至第101页

作　者:宋馥香(福建闽江学院历史学系)

摘　要:"史法"是中国古代史学批评的一个重要范畴,叶适较早使用这一范畴开展史学批评。但其所言的"史法",既不同于唐人刘知幾的"史例",也有异于章学诚的"史意",而是包括史书外在的编纂形式和内在的书法、史笔等内容,并把"义理"作为历史编纂的最高原则,反映了南宋时期史学求变的要求和浙东史学的突出特色。

139.[期刊]

题　名:叶适《论语》记言分析

出　处:琼州学院学报;2015;第22卷;第1期;第60页至第64页

作　者:侯本塔(华南师范大学文学院)

摘　要:叶适在《习学记言序目》中对《论语》的分析带有鲜明的永嘉学派特色,他主张"仁礼合一"的仁学思想,并指出"践礼以知仁"的成仁道路,表现出"集诸儒之大成"的倾向。在此基础上,他对朱熹等道学家以曾子继道统的做法提出质疑,旨在"推见孔氏之学以上接圣贤之统",而非自继道统,亦非"皇极一元论"。他的"论语学"观念和对"道统论"的批评具有重要意义。

ISSN:2096-3122

140. [期刊]

　　题　　名:叶适《诗经》研究释论

　　出　　处:安徽农业大学学报（社会科学版）；2015；第 24 卷；第 2 期；第 96 页至第 99 页

　　作　　者:陈光锐（滁州职业技术学院职教研究所）

　　摘　　要:叶适的学术思想不同于正统的道学派,他的学术思想融合了事功和义理,他对《诗经》的研究和解读多有独特见解,立论新颖,论据充分,论证严密。他力辩孔子删诗说;关于《诗经》小序,也不盲目遵从和反对;主张以《诗经》立教。叶适的《诗经》学研究是宋学精神张扬的典型表现。

　　ISSN:1009-2463

141. [期刊]

　　题　　名:道因其乐而常存——叶适"乐道"思想发微

　　出　　处:九江学院学报（社会科学版）；2015；第 34 卷；第 3 期；第 71 页至第 74 页

　　作　　者:肖芬芳（南京大学哲学系）

　　摘　　要:叶适的"乐道"思想主要表现在以下三个方面:一是指出孔子首发乐道精神,并从历史的角度给出了孔颜之乐的原因,认为自尧舜以来,君子忧道而不乐,以至孔子之世,世衰道坠,孔子为了重振这衰亡之道,就"常自求其所以为乐者,而教学者以可乐之地,于是而有孔颜之乐焉";二是认为君子虽然言忧不言乐,但是乐却在其中,对忧乐的关系进行了辩证的分析;三是阐发了乐道的重要作用,认为"道因其乐而常存",乐道精神可以让道得以永恒存在。

　　ISSN:1673-4580

142.[期刊]

题　名:叶适的学术批判及其学术造诣

出　处:兰台世界;2015;第 12 期;第 122 页至第 123 页

作　者:管明清[1],周薇[2](1.南京工程学院汽车与轨道交通学院;2.南京理工大学)

摘　要:叶适是一位开创了学术批判的人,同时他又非常善于开展学术批判。他是我国历史上著名的思想家、文学家。叶适集永嘉事功学派的大成,他的永嘉之学与朱熹的道学、陆九渊的心学,成为南宋学术界三大学派。

ISSN:1006-7744

143.[期刊]

题　名:论叶适的和合思想

出　处:语文学刊;2015;第 22 期;第 48 页至第 49 页

作　者:庞二建(温州大学人文学院)

摘　要:叶适是南宋永嘉学派的集大成者,一生积极入世,体现了他的事功精神。在其思想中,和合这一思想无疑成为其晚年的重要思想,叶适的和合思想是在继承了传统儒家的中和思想的基础上形成的,本文对这一思想的形成和体现进行了考察论述。

ISSN:1672-8610

144.[期刊]

题　名:叶适《大学讲义》(外二种)辑考

出　处:北京大学中国古文献研究中心集刊;2016;第 1 期;第 28 页至第 49 页

作　者:桂枭(北京大学)

摘　要:叶适是南宋时期的重要学者,身后文集散佚,后世多有辑补。

作者从南宋卫湜所编《礼记集说》中辑出叶适《大学讲义》(外二种),是叶适经学佚著的首次发现。本文在校勘、公布这批佚说的基础上,对其文献来源进行了考辨,并对所有佚文间的关系做出了初步推测。

145.[期刊]

题　名:叶适墓志文创作的文学功用化

出　处:盐城师范学院学报(人文社会科学版);2016;第36卷;第5期;第77页至第82页

作　者:苏菲(南开大学文学院)

摘　要:墓志文体自出现以来就确定了其用于丧葬礼仪的实际功用和文化内涵,唐宋时期成为一种常见文体,而叶适则依托其功利的学术思想,基于改变士风和记录道义的现实目的,延续韩愈、欧阳修等人以来的古文运动传统,充分挖掘了墓志文体史录和教化的功用性,提出了"文章家大典册"的理论概括,明确了碑志序记等记体文的正统文学地位,揭示了唐宋古文运动以来散文发展的新趋向。

ISSN:1003-6873

146.[期刊]

题　名:叶适佚文《古今水利总论》考校

出　处:保定学院学报;2016;第29卷;第6期;第70页至第75页

作　者:陈开林(盐城师范学院文学院)

摘　要:叶适作品散佚较多,历代整理者对其佚文时有发见。《群书考索》《古今源流至论》《水利集》《荆川稗编》《图书编》《古论大观》均载有叶适《古今水利总论》一文,然《叶适集》、新修《全宋文》及相关订补文章均失载。作为叶适的一篇鸿文,佚文的发现对研究叶适及永嘉学派具有重要意义。

ISSN:1674-2494

147.[期刊]

題　名:略论叶适的义利观

出　处:山西青年;2016;第 14 期;第 107 页

作　者:武亚南(河北大学宋史中心)

摘　要:叶适,永嘉功利之学的集大成者,他对于义利观的看法来源于自身所处之社会历史环境。义利双行、两者并重是叶适功利之学的特征。

ISSN:1006-0049

148.[期刊]

題　名:叶适功利主义与密尔功利主义对比研究

出　处:科教导刊(上旬刊);2017;第 1 期;第 134 页至第 136 页,第 162 页

作　者:鹿健岚(云南师范大学)

摘　要:功利主义自古就是各家学派重点关注的思想,无论是在东方还是在西方都有功利主义的集大成者,本文以叶适和密尔的功利主义思想进行对比研究是重新对中西功利主义思想的疏导,也是中西伦理思想的一次碰撞。二者的功利主义思想是当时社会发展的思想武器,同时也缓和了不同利益集团的矛盾,稳定了社会思想秩序,促进了当时社会的发展,他们的功利主义思想亦为中西方社会所普遍认同和倡导。

ISSN:1674-6813

149.[期刊]

題　名:论陈亮、叶适的事功之学

出　处:河南科技大学学报(社会科学版);2017;第 35 卷;第 6 期;第 43 页至第 47 页

作　者:王壮壮,赵炎峰(河南大学哲学与公共管理学院)

摘　要：陈亮、叶适的事功思想以"道不离器"为理论基础，在政治层面要求当政者行实政实德，并以"义利双行"作为其学派的道德伦理标准，看重史实，希望能从史学的研究中寻找到通变救弊的具体途径。事功学派的特点在于追求实用主义，着力解决现实问题，其强烈的爱国主义精神、学以致用的治世之道以及古为今用的治学态度，对南宋政治、经济、军事等领域均产生了积极影响。

ISSN：1672-3910

150.[期刊]

题　名：叶适女性墓志探析

出　处：六盘水师范学院学报；2018；第 30 卷；第 2 期；第 7 页至第 10 页

作　者：郑玲（池州学院文学与传媒学院）

摘　要：作为南宋散文大家，叶适所创作的女性墓志展现出与前人极为不同的特点。叶适在女性墓志中着力描写女性性格之"异质"，即不同凡俗之处，包括女性步出闺阃直接参与外事、才华气度为当世男性所不及的性格特征。在写作手法上，叶适突破前人窠臼，极力创新，采用了间接叙述、侧面描写以及多用议论等方式，刻画女性形象。叶适的女性墓志创作对后世创作产生深远影响，且有助于全面深入把握叶适的文学思想及女性观。

ISSN：1671-055X

151.[期刊]

题　名：以文辅史——论叶适的碑志文

出　处：温州大学学报（社会科学版）；2018；第 31 卷；第 6 期；第 65 页至第 71 页

作　者：陈光锐（安徽师范大学文学院）

摘　要：叶适碑志文创作主动追求"辅史而行"，是其"经""史""文"并重的学术思想的实践。叶适的碑志文涉及各阶层人物,塑造了南宋宁宗以前的人物群像,体例和写作方法均有创变。他还在碑志文创作中记录和评论重大历史事件,客观上留下珍贵的历史材料,主观上借碑志文的创作表达自己对时政的见解。其碑志文艺术上呈现出富赡、典重的艺术特色,是对韩愈和欧阳修碑志文创作的继承和创新。

ISSN:1674-3555

152.[期刊]

题　名:王安石与叶适管理的区别及与现代经济理论的比较

出　处:现代企业;2018;第 8 期;第 55 页至第 56 页

作　者:陈思(苏州大学)

摘　要:在了解了宋元时期的管理思想后,笔者发现这一时期的管理思想主要体现出改革国家管理体制、调整治国方略的特点,尤其表现在北宋的范仲淹、王安石和南宋的叶适身上,然而王安石和叶适二人提出的管理思想又存有诸多不同,这些都丰富了国家经济管理的思想,其中的一些内容对于现代经济理论都有着超越时代的前瞻性和实用性。宋代丰富多彩的思想学说和格调迥异趋同的观点主张,汇集而成精神文化的五彩长河,蕴积而为传统社会文化发展的又一高峰。

ISSN:1000-9671

153.[期刊]

题　名:叶适墓志铭中女性形象研究综述

出　处:北方文学;2018;第 12 期;第 57 页至第 58 页

作　者:朱鹏飞(合肥职业技术学院)

摘　要:在传统的墓志铭研究中,研究对象主要集中在文章学领域,而对其中所包含的特定人群,如士人、隐士以及女性生活、形象等的研究实属凤毛麟角。不可否认,墓志铭作为一种纪实文体,对当时社会条件下的社会生活进行了广泛记述,为研究当时社会生活提供了丰富的资料。

而特定人群中的女性在创造人类文明、推动社会发展中具有极其重要的作用,她们与男性同是人类历史前进的推动者,所以注重女性研究也是人文学科各领域的应有之义。

ISSN:0476-031X

154.[期刊]

题　名:随其资质　与之形貌——叶适碑志文写人艺术探微

出　处:温州大学学报(社会科学版);2019;第 32 卷;第 1 期;第 86 页至第 93 页

作　者:郑玲[1],钱建状[2](1.池州学院文学与传媒学院;2.厦门大学中文系)

摘　要:叶适碑志文中描写了名臣良吏、文士儒生、布衣处士等人物形象。叶适能够根据人物不同的身份行迹,突出人物的主要个性。在碑志文写作中,叶适或者以事述人,突出人物主要事迹与个性,具体表现为:围绕同一历史性大事件描写多位墓主,以史写人;选取墓主一生的典型事迹或品格,以事述人;旁见侧出,未见其传已识其人。或者以景写人,烘托人物品行与操守,即在碑志文中创造性地以墓主生前优美的居地环境来烘托人物的高尚德操。总之,这种"随其资质,与之形貌"的写人技法,使得叶适的碑志文呈现出丰富多彩的艺术风格,在宋代散文发展史上具有不可小觑的地位和意义。

ISSN:1674-3555

155.[期刊]

题　名:天人观视域下对叶适思想的考察

出　处:温州大学学报(社会科学版);2019;第 32 卷;第 2 期;第 42 页至第 49 页

作　者:肖芬芳(南京大学马克思主义学院)

摘　要:叶适在面对佛老之学对儒学的挑战这一现实问题时,并不在儒学外部与佛老角胜负,而是通过判别儒学中驳杂的佛老概念,来坚守儒学的纯粹性。叶适对驳杂概念的判别方法来自对儒学本源的历史呈现。他通过溯源儒学发展之历史本源,将三代以来的儒学原始精神确定为儒学的根本精神,并在延续上古传统的基础上确立"人道立则鬼神可安,人职尽则生死为一"的天人观。而叶适对旧说的坚持,在新说流行的宋代儒学中,呈现出接续儒学纯粹原始精神的文化保守主义的特质。

ISSN:1674-3555

156.[期刊]

题 名:叶适: 实德实才 实干救世

出 处:文史天地;2019;第 5 期;第 35 页至第 39 页

作 者:刘隆有(陕西省汉中市文史学者)

摘 要:叶适(1150—1223),字正则,浙江温州永嘉人,自号水心居士,世称水心先生。历仕南宋孝宗、光宗、宁宗三朝,和同时的大词人辛弃疾一样,是南宋一朝难得的既富于政治远见,又天赋实战统率能力的文武兼备的奇才大才。杜甫有诗感叹"古来材大难为用",怀赤子之诚,秉国士之具,却人生坎坷,难为世用,历朝历代,都有不少背时英杰,或仰天长啸,或拍遍栏杆,怨时运不济。叶适却不。他终生不怨人,不怨时,勇于做事,敏于用世,生于极贫之家,却高中进士第二名;小小郎官,却为王朝定下帝位交接的扶危大策;一介书生,却于朝廷大军惨败之际,淡定从容,力退金兵,于"不能"处释放大能量,于"不用"时生发大辉煌。仰鉴叶适的人生轨迹,懦弱者有以刚强,怨悱者有以振起,于怎样活出生命的精彩,增几许超乎寻常的感悟。

ISSN:1671-2145

157.[期刊]

题 名:叶适美育思想及其实践研究

出 处:美与时代(下);2019;第 12 期;第 50 页至第 51 页

作　者:李正柏[1]，王路[2]（1.温州商学院传媒与设计艺术学院；
2.《人民艺术家》编辑部）

摘　要:南宋时期官学风气败坏,选拔人才制度混乱,教育异化为追名逐利的工具。叶适从永嘉学派事功思想出发,强调后天教育对人性塑造的作用,并且重视教育实践的检验作用,他从教育的制度层面和具体方法层面提出了系统的改革措施,意在重振儒士"内圣外王"之精神内涵,为国培养可用之才。

ISSN:1003-2592

158.[期刊]

题　名:叶适的道器观略论

出　处:温州大学学报（社会科学版）；2020；第 33 卷；第 2 期；第 33 页至第 39 页

作　者:陈仁仁（湖南大学岳麓学院）

摘　要:浙东事功学派代表人物叶适有较明确的道物观,这也是他的世界观。在叶适看来,世界的根本存在是"物","物"是"道"存在的前提,"道"不能独立于"物"之外纯形而上地存在,即所谓"物之所在,道则在焉",这是叶适对于"道"与"物"之根本关系的总体看法。万物之存在表现的是一种多样性的存在,而"物之理"则表现为一种统一性的存在,于是"物之理"就成为沟通"道"与"物"的中介,或者说"理"就是"道"在"物"中的表现。叶适的道物观为其事功思想奠定了世界观和认识论上的理论基础。

ISSN:1674-3555

159.[期刊]

题　名:义利合一与国家治理——叶适功利主义思想研究

出　处:青岛农业大学学报（社会科学版）；2020；第 32 卷；第 2 期；第 76 页至第 80 页

作　　者:允春喜[1]，陈林昂[2]（1.中国海洋大学国际事务与公共管理学院；2.乔治城大学麦考特公共政策学院）

摘　　要:南宋思想家叶适基于时代背景形成其独具特色的本体论、认识论和方法论的政治哲学理论体系，否定以朱熹为代表的南宋理学道统观，提出了"义利合一"的国家治理理念。叶适反对传统儒家的重农抑商观念，支持工商业发展，提倡土地私有制，提出稳定纸币币值，主张社会应理财而不能敛财，并将财富藏于万民。这种富有前瞻性的经济发展与国家治理理论，主张本末并举的思想逻辑，具有鲜明的时代特征与现实意义。

ISSN:1674-1471

160.[期刊]

题　　名:公平正义与功利关系的再阐释——以朱熹、叶适义利之辩为进路

出　　处:甘肃理论学刊；2020；第 3 期；第 84 页至第 89 页

作　　者:辜俊君（上海财经大学人文学院）

摘　　要:从古至今，公平正义与功利二者关系的问题一直是学界的争论焦点，到了市场经济全球化的今天，如何合理处理二者关系直接影响到社会的和谐与进步。公平正义与功利的关系在儒家理论视域中即义利关系，南宋时期儒家义利思想趋于成熟，出现了以朱熹为代表的"融利于义"（义理论）义利思想与以叶适为代表的"成利致义"功利主义义利思想两大思潮，二者围绕义与利何者更具优先性的问题展开了激烈论辩。以此义利之辩为思想进路，可为公平正义与功利二者关系的现代诠释提供来自中国智慧的思想借鉴。

ISSN:1003-4307

161.[期刊]

题　　名:叶适：不唱杨枝唱橘枝

出　　处:温州人；2020；第 13 期；第 94 页至第 97 页

作　　者：张声和（政协温州市委员会文史资料委员会）

摘　　要：叶适是位学问家，永嘉学的集大成者。叶适擅诗，其诗存丰富。作诗虽是他的学问之余事，却留下了他在著述中所没有的广泛的信息。从研究永嘉学的角度来说，叶适的诗歌，有叶适学术轨迹、师友交往最真实的文字遗存。在《东瓯诗存》中，录叶适诗 34 首。《叶适集》中，收录叶适诗 2 卷，有古诗、律诗、绝句等，计 400 多首。

ISSN：1673-6443

162.［期刊］

题　　名：叶适历史学说研究

出　　处：读天下；2020；第 12 期；第 3 页至第 4 页

作　　者：秦文（平顶山学院政法学院）

摘　　要：叶适是南宋有名的学者，史学造诣很高。在历史发展学说方面，他主张教化定风俗、人决定国家存亡、人性皆有善恶、联系的观点和发展的观点看问题；在历史编纂方面，他坚持"为文关事教"的史学目的论、五经皆史的史学性质论、提倡"古史法"的写作论。

ISSN：2095-2112

163.［期刊］

题　　名：还理于《象》——叶适易学的破与立

出　　处：周易研究；2021；第 1 期；第 20 页至第 27 页

作　　者：何俊（复旦大学哲学学院）

摘　　要：宋代理学以易学为理论架构，但各家立论不同决定了对易理的不同阐扬。叶适集永嘉事功学之成，与朱、陆鼎立。陆学以心为本，故叶适于易学尤以破程朱理学为主。叶适从文本与思想两方面否定《系辞传》与《序卦传》，主张以《象》为依据，兼及《彖》，还理于"象"，于事上呈现义理的丰富性，从而为事功学确立易学论据。

ISSN：1003-3882

164.［期刊］

　题　　名:叶适天论及其政治观照新探

　出　　处:船山学刊；2021；第 1 期；第 105 页至第 112 页

　作　　者:肖芬芳（湖南大学岳麓书院）

　摘　　要:学界之前认为叶适的"天"仅仅是物质自然之天,事实上,叶适思想中的"天"更为首要的是其宗教超越性和道德性的内涵。叶适的天论思想继承了上古敬天、畏天的传统,主张顺着宗教超越意义的"帝、天"而敬天、畏天、奉天、法天;其"天德"思想及其将"德"视为天命归属之唯一根据的论断,鲜明地体现了天的道德性。此外,不同于宋代理学以"道德"统合天人时注重个人之心性与"天"相贯通的作圣之学的理论和工夫,叶适以"道德"架构的天人关系,主要是落在政治视域下"君""臣""民"与"天"的相互沟通。但这种沟通并不是民众心性的上达于天,而是在君臣共治的政治实践中,通过政治事业来传达的。因此,叶适的天论思想承接了上古以天论为现实政治之基础的传统,表达了君臣在保持对宗教超越之天的敬畏下,以"德"为纽带,共同构建王道政治的意涵。

　ISSN:1004-7387

165.［期刊］

　题　　名:盖棺定论若为谁——叶适的墓志铭撰写

　出　　处:书城；2021；第 1 期；第 109 页至第 114 页

　作　　者:周松芳（南方都市报）

　摘　　要:宋代的大思想家中,二程和朱熹之不重文或曰不能文,以及永嘉学派集大成者叶适之重文能文,钱钟书先生曾有评:"朱子在理学家中,自为能诗,然才笔远在其父韦斋之下;较之同辈,亦尚逊陈止斋之苍健,叶水心之遒雅。晚作尤粗率,早年虽修洁,而模拟之迹太著,如赵闲闲所谓'字样子诗'而已。"(《谈艺录》二三《朱子书与诗》,中华书局 1984 年)

　ISSN:1005-5541

166.[期刊]

  题   名:儒者之心 义利之合——叶适兵学思想刍议

  出   处:孙子研究;2021;第 3 期;第 83 页至第 91 页

  作   者:王密密（浙江安防职业技术学院）

  摘   要:永嘉学派代表人物叶适不仅在儒学上成就非凡,而且于兵学研究方面亦建树颇丰。他于强兵之策上反思纪纲过专、冗兵冗费的制度之弊,提出分权与精兵措施;又于兵学实践上坚持兵民共守,通过砍营劫寨,建立堡坞,取得开禧北伐期间的战役胜利。然而,他在晚年著作中反对兵家诡道的兵学观点,颇有兵儒不同道的意味。叶适一边实践奇袭取胜的兵法策略,一边驳斥兵法诡道,看似存在矛盾,究其内核乃是永嘉学派义利结合的事功精神的体现。

  ISSN:2095-9176

167.[期刊]

  题   名:水心文脉近三台：叶适之学在南宋台州的传播

  出   处:湖北理工学院学报（人文社会科学版）;2021;第 38 卷;第 5 期;第 51 页至第 56 页

  作   者:熊恺妮[1],柏濠[2]（1.湖北第二师范学院文学院;2.湖北理工学院）

  摘   要:叶适被视为"台学渊源所自"。据统计,叶适台州籍门人共 22 位。由于叶适"一代文宗"的身份与台州学术格局的影响,台州门人推崇叶适文章之学,而不认可叶适的学术思想,整体呈现出"流于辞章"的趋势。

  ISSN:2095-4662

168.[期刊]

  题   名:叶适事功学的自我疏证——《习学记言序目》札记

  出   处:学术界;2021;第 9 期;第 5 页至第 29 页

作　者：何俊（复旦大学哲学学院）

摘　要：叶适是永嘉学派的集大成者，其代表作是《习学记言序目》。永嘉学派以经制言事功，在南宋思想界成为与程朱理学、象山心学鼎足而三的学派。由于《习学记言序目》成书晚，事功学的思想概念与陈述形式都不同于主流的理学与心学，因此永嘉事功学一直以来因朱熹的贬斥而未得真正理解。现代研究囿于学科分类，对《习学记言序目》缺乏系统的研究，故叶适事功学终亦未得彰显。叶适在《习学记言序目》中根柢六经、折衷诸子、考诸史事，最终表征于对北宋一朝文献的评判，从而完成了永嘉事功学的自我疏证。分析这一疏证，不仅推进了对叶适事功学的系统理解，而且有益于探索现代中国学术话语从传统中的转出。

ISSN：1002-1698

169.[期刊]

题　名：叶适兵学思想脉络探析

出　处：文存阅刊；2021；第 27 期；第 25 页至第 26 页

作　者：王密密（浙江安防职业技术学院）

摘　要：叶适的兵学思想主要集中在三个时期，第一时期为三十六岁，入仕不久的叶适凭借《外稿》四十余卷，详述治国治军、节财精兵的措施，不仅有着深厚的学术功底，而且所提之策务实而又高瞻远瞩；第二时期为五十七岁时打赢开禧北伐期间的建康保卫战，以江北为守，建立堡坞等措施最终退金兵，定江淮，功勋卓著；最后一个时期是六十岁隐居永嘉水心村，写作《习学记言序目》，写尽一生对兵学之理解。叶适不同时期的兵学文章，不仅是他思想的凝练，而且是南宋的时代缩影。

ISSN：2095-8633

1.[学位论文]

题　　名：论叶适的教育思想

学位名称：硕士

出　　处:华东师范大学；1987

作　　者:王伦信（华东师范大学）

摘　　要:叶适是南宋一位著名的政治家、思想家,是南宋事功学派的代表人物之一,也是一位很有影响的教育家。对于叶适的教育思想,人们只限于为了反映事功学派在教育上的态度,而把他与其他事功派人物（主要是陈亮）的教育思想并列介绍,来做独立、全面、系统的研究,因此很难反映叶适教育思想的个性特点。

2.［学位论文］

题　　名:叶适的唯物主义和他的事功学说

学位名称:硕士

出　　处:东北师范大学；1995

作　　者:赵光（东北师范大学）

摘　　要:叶适是南宋时期著名的政治家、哲学家。其唯物主义事功学说在中国哲学史上占有重要的地位。本文着重论述了叶适的事功之学及其理论基础。本文由三部分构成:第一部分着重写叶适事功之学的哲学基础;第二部分论述了叶适的事功学说;最后论述了叶适学说对后世的影响及其学说的局限性。

3.［学位论文］

题　　名:叶适经济思想研究

学位名称:博士

出　　处:云南大学；1998

作　　者:吴松（云南大学）

摘　　要:本文以"叶适经济思想研究"为题,主要从宋代经济文化的发展与永嘉学派的衍成,叶适的功利主义思想,叶适的农商并重论,叶适的理财思想,叶适的人口、土地、货币思想,叶适的精神遗产及其历史回应等六个方面分别进行分析和探讨。

4.［学位论文］

题　　　名：叶适思想的中和特征

学位名称：硕士

出　　　处：河北大学；2003

作　　　者：刘燕飞（河北大学）

摘　　　要：叶适是南宋永嘉学派的代表人物。其思想以经世致用为主，而"中和"特征贯穿始终。"中和"作为传统中国哲学的概念，有两层意思：其一，是对立性或是多样性的统一，体现着辩证法思想；其二，强调的是这种统一的最佳状态，是"好"的完美典型，是最高理想。几乎所有的中国哲学家都有中和思想，而叶适是其中较突出的一个。本文分哲学思想、治学思想、经世思想三部分，以中和特征为线索，论述了叶适的大致思想。

5.［学位论文］

题　　　名：叶适社会政治思想论

学位名称：硕士

出　　　处：湖南大学；2003

作　　　者：贺晨辉（湖南大学）

摘　　　要：有宋一代，是我国历史上学术繁荣时期。众多的思想家探究天人之际，覃思心性义理，禀承儒家治国平天下传统价值观，提出了各自的为政之道和治国之术，为中国古代社会政治思想增添了新的内容。南宋思想界的活跃程度，比北宋有过之而无不及。面对尖锐的阶级矛盾和民族矛盾，思想家们站在各自的立场，揭露矛盾，提出了自己的方法和理论，以解决现实的社会政治问题。叶适是南宋永嘉学派的集大成者。他的功利主义的社会政治思想，寄希望于通过"修实政"和"行实德"，来改变南宋政府在政治、经济和军事上的积弊，达到富国强兵、恢复故土的目的。为此，他不仅在理论上提出了自己的政治理想，以及理想的为政之道，而且还提出了具体实施这些理论的政治措施。他将自己的视野放在诸多现实的社会政治问题上,力求革故鼎新,改弱就强,革除政治、经济和军事上的种种弊端,以期利国利民,维护封建统治。他在充分肯定功利的前提下,提倡道德与事功相统一、功利与义理相兼顾。在此基础上,他提出了一系列有关政治、经济和军事的治术。通过实行这些治国之术,最终形成政治清明、国富民强的和平盛世。他的这些关于政治、经济和军事方面的理论,不仅在当时对朝政有良多裨益,而且在现在仍有重大的现实意义。

6.[学位论文]

题　　名:叶适事功思想研究

学位名称:博士

出　　处:南京大学;2004

作　　者:孙金波(南京大学)

摘　　要:叶适(1150—1223),南宋永嘉学派的集大成者,是与朱熹(道学代表)、陆九渊(心学代表)"鼎足而三"的思想家。本文以叶适的事功思想为研究中心,力图把事功思想放在纵向考察与横向分析交合而成的坐标上加以研究。既探索其历史渊源,又把握其时代背景。

7.[学位论文]

题　　名:叶适史学思想初探

学位名称:硕士

出　　处:山东大学;2004

作　　者:孟晓彬(山东大学)

摘　　要:叶适(1150—1223),南宋著名的政治家、思想家、史学家,是南宋永嘉事功学派的代表人物,其事功思想在南宋学术界独树一帜,其中包含很多值得后人思考的内容。在叶适著作中所体现出来的史学思想贯穿着中国传统史学所一直秉承的诸如求真、会通、经世致用的优秀传统,叶适对于这些传统的坚持和延续在他所处的时代环境中具有非常的意义,且余泽深远,很有研究的必要。但是有关叶适的研究,以往的学者多着眼于他的哲学、政治、伦理、经济、教育等方面的思想,对其史学思想关注甚少。而且,从现在的研究成果来看,学者们对于叶适的史学思想,并没有形成系统的结论,多为点状的总结,还欠缺将其关于史学各方面的观点作为一个整体联系起来进行研究的工作。作者以散见于叶适著作中有关于历史史实和史学这一学科的议论文字为基础,进行分析、总结,通过对永嘉学派学术渊源的追溯,叶适史学思想所具有的特点、叶适史学思想在当时及后世的意义等方面的探讨,初步得出该作者对于叶适所持有的史学思想体系的一种认识。全文共分三部分:第一部分介绍了叶适生平及永嘉之学与洛学、关学的渊源,为叶适的史学思想提供了一个简明的时代背景与学术背景;第二部分为文章主体,作者通过对原始资料的分析,从变化、随时的历史观,义利合一的史学价值观,经世致用的史学目的论及史书编纂思想等四个方面,对叶适的史学思想体系进行了多层次的论述;第三部分是对叶适史学思想的简单评论,认为叶适的史学思想上承"经世致用"的优良史学传统,遗荫于"六经皆史"思想,在南宋当时与道学"荣经陋史"的史学观点相角力,对历史学的发展及南宋史学界产生了一定的影响。

8.[学位论文]

题　　名:叶适功利主义思想之再探索
学位名称:硕士
出　　处:暨南大学;2004
作　　者:徐志刚(暨南大学)
摘　　要:本文首次提出"文化能量动态均衡理论",并在此理论的背景下,尝试对叶适功利主义思想体系进行再阐释;在肯定叶适功利主义思想本身以及在反理学上的学术价值的同时,对其思想的社会价值给予了重新定位和探索。最后对叶适功利主义思想并没有战胜理学而成为官学的种种因素做了进一步探索。

9. [学位论文]

题　　名: 叶适的人格理论

学位名称: 硕士

出　　处: 华东师范大学;2005

作　　者: 范明静（华东师范大学）

摘　　要: 文学是人学。每一位有个性的文学家,都会以自己的主体方式,接受时代文化的影响,形成对人的独到理解。这些理解凝缩成对理想人格的追求,默默地诉说着人的尊严和智慧。宋代文化是儒、释、道三家合流的文化,交汇点正是在天人关系上,即对人在宇宙间的主体地位的确立,对人的精神世界的探索和把握。具体而言,就是以人为本位的人文精神的高扬,表现出对吸纳天地、囊括自然的理想人格的追求。南宋散文家叶适就是在这样的文化大环境中成长起来的,他在三家文化的影响下,凭借对"道"的独特思考及对人性与人道的理解,建构了自己的人格理想,表达了对人的价值追求,并为这种追求设计了相应的实现路径,从而形成了自己的人格理论。他的人格理论,也在他实际人生的各个方面反映出来,如:士的人生价值认定、学术批评及文章等。叶适的人格理论虽不脱离儒家"内圣外王"的基本人生设计,但以同时代的理学为参照,却迥然有别。这种特别之处在于:叶适与理学家相比,把作为价值诉求的"道"安放在"物"内,从而使"道"具备了与理学家所言之"理"不同的本体意义。道以"无"的形态存在于器物之中,具有超越和内在的双重品格。道的这种品格既维持着叶适价值诉求的崇高,同时,又使他坚定地认为,这种崇高的价值必须要以实有的形态呈显出实际效用,才能转换成真正的价值。因此,虽然叶适从来不乏崇高的价值诉求,但他的关注点和着力的方向始终在"有"和"用"上。他把价值诉求的实现过程称为"自有适无"。叶适把"自有适无"的认识理路纳入了自己对人性和人道的认识,并以对人性和人道的认识为起点,形成了自己的人格理论。叶适人格理论的主要内容是:他以"圣贤之德"的崇高追求在内圣与外王之间找到了平衡,"中和"与

"治道"成为追求圣贤之德的一体两面。但在人格实现的路径上,他却走向"学"和"事功"的务实之途,"学"与"事功"成为他的人格价值所系。与理学家所走的"内在超越"之路相比,叶适走的是于实在处获得超越的道路,叶适以自己的人格理论和人生实践,对"内圣外王"的儒家人格做出了富于个性的演绎。

10.[学位论文]

题　　　名:叶适儒学思想研究——德与利统一的哲学试探

学位名称:博士

出　　　处:华东师范大学;2008

作　　　者:沈尚武(华东师范大学)

摘　　　要:本文以德与利统一的观点为中心来展开叶适的儒学思想研究。首先探析叶适的德与利统一的哲学意蕴即天行健,君子自强不息。天行健即乾道大化、大用流行,生生不息。人们靠学与思体悟之,效法之,致道成德,继道承善,即君子自强不息(劳作),表现为仁德之生命力即仁。同时,利(劳作创造价值即利)与命与仁,人们遵循义即中道而行(实践)之,在其中,礼协调人们的欲求,从而达到道德和功利的真正统一和双丰收,并可持续地发展下去。围绕上述思想具体地考察了叶适的乾道的哲学意蕴,叶适的人性思想,包括人性与道的合一性、人性的自然性和生成性。分析了德与利各自的深刻含义。成德之功在于学与思,德利之间在于行动。考察了社会的不利状况,叶适本人立义行善与务实求事功,表现为为国为民的公利主义思想和爱国主义精神。德与利统一的思想表现为仁德之爱与呵护其生:顺民;天下之势在己:利民利国。德与利统一的方案是行实德、修实政,表现为为民谋福利、富民富国。德与利的统一同样在叶适的经济思想中彰显,表现为批判重本抑末,主张扶持商贾;重视富民,反对抑兼并,以天下之财与天下共理之。其中体现为公平、公正和效率、利益较大化的思想。进一步探讨了德与利统一的内部机制,分析了人之在的特性,表现为人之在的需要性、人之在的精神性、人之在的实践性以及它们的辩证统一,决定了德与利的统一性。理欲的辩证统一和义利的辩证统一,是德与利统一的重要环节和内容,它们是一体的、过程性的,其辩证性表现为"义,利之和"与"既无功利,则道义者乃无用之虚语尔"。由以上可以看出,叶适儒学思想大体上包括三个环节和步骤。首先是对形上之道的探索和追寻,即对乾道或天道的把握,是叶适儒学的重要任务和逻辑前提,但不是他的最终目的。就叶适的儒学来说,认识道只是其思考宇宙和人生的第一步。如何进一步把外在之道转化为内在之性,即"化理论为德性"(借冯契先生语),从而使人掌握人与自然界的本质特征,实现外部世界之理(道)与人的内在之性(德)的统一,是他的第二个基本步骤。只是走到这一步还没有完成,只有到了治国安邦、经世济民的社会实践这一层次和境界,才是他的最高要求。因此他的第三个环节,也是最重要的一个环节,即如何把内在于人的德性对象化于人类的生活和实践活动中去(道德与功利的统一)。叶适肯定人的修德和重事功、求实治是一体的,是一个完整的过程。这种价值观,并非只求片面、一时一地的功利,而是站在时代和历史的高度,提出儒家应该关怀的目标所在,是修身与经世济国的统一。在这种终极关怀下,所谓事功、功利和实德、实治,是知识分子(君子)的责任与担当,而非小人所认为的只求结果的功利主义的想法。他通过建构自己的德与利统一儒学思想,除去肤浅的"功利"目的,代之以知识分子(君子)的责任和贡献,用来论述所谓事功学派的终极关怀。此时的事功实治、经世济国是大德的表现,更是大道呈现。

11.[学位论文]

题　　名:叶适社会思想研究

学位名称:硕士

出　　处:重庆师范大学;2009

作　　者:于华(重庆师范大学)

摘　　要:南宋时期,虽然由于宋金和议的达成,使得江南免遭金朝蹂躏,经济得以继续发展,但是总体而言,南宋政府仍然一直面临着一系列严重的社会问题。例如民族矛盾尖锐，北宋延续下来的"冗兵""冗官""冗费"等三冗问题一直没有得到解决，造成财政紧张；宋政府某些不当的措施引起下层民众反抗，阶级矛盾日益尖锐；等等。正是在这社会危机日益加深的严峻时刻，宋王朝先后涌现出一批关心国家前途、民族命运的政治家、思想家和进步学者。他们具有强烈的忧患意识，先后提出了各式各样的解决社会危机的方案，叶适正是其中的佼佼者之一。本文主要围绕叶适针对南宋政府面临的各种社会问题所提出的一系列主张，来对叶适的社会批判思想、君主观念以及社会理想进行深入分析探讨。主要分为以下几个部分：一、绪论。主要对有关叶适思想的前人研究成果进行回顾、分析，并探讨本文的选题意义。二、对现实问题的批判和解决方式的设计，共分两节。第一节是对社会弊端的批判及解决方式的设计。叶适对南宋社会弊端的批判主要包括三个方面：一是批判君主高度集权制度造成国家积贫积弱；二是对土地集中现象及国家实行经济管制制度进行批判；三是对国家不合理的选官制度进行批判。同时，叶适也对这些弊端提出了自己的解决途径，包括将君主集权下的兵、民、财赋等一部分权力，划分给地方大臣和军事将领，以及"让利于民"等。第二节是对"重本抑末"经济结构的思想批判。主要包括两个方面：一是否定"重本抑末"的传统教条，提出要重视工商业的发展，认为农工商协调发展，是稳固统治的重要前提，进而主张工商业者参政议事；二是对传统理财观也有所批判，叶适把"以不言利为义"的空言和行"聚敛"以"刻剥"百姓之实二者联系起来，以揭露仁义道德的虚伪性，主张义和利应统一起来。三、叶适的君主观，共四节。第一节是君主应该具备的内外素质。叶适认为一个"明君"必须要内具"德"、外具"势"，德势俱备，才能统治好国家。第二节是君主的治国思想。叶适主张的君主治国思想主要包括四个方面：一是"去清谈、讲实用"的治国思想；二是"选才、礼臣"的治国思想；三是"重财政、善理财"的治国思想；四是君主分权思想。第三节是君主的治国基本方式。在治国方式方面，叶适主要强调的是君主应该肩负起养民和治民的义务和责任、施行"恤刑"的仁德之政、进行军事改革等等。第四节是叶适君主思想的时代特征和意义。相对于同时期的其他思想家而言,叶适更加注重对社会问题的解决,从这个角度看,叶适的君主观具有重要的社会意义。四、叶适的社会理想,共分四节。第一节是叶适社会理想产生的背景,主要是对叶适生活时期的社会现状及其成长背景进行分析。第二节是叶适理想社会的特点,叶适理想社会的一个显著特点就是以理想的君主形象为主要内容,在新型君主统治下的新的社会形式。第三节是理想社会的模式,叶适构筑的理想社会是一个和谐的社会,其特点是君民一家,农商并举,各阶层、各成员之间关系融洽。第四节是理想社会的意义,叶适的理想社会代表了广大劳动人民及中下阶层的强烈愿望,有它积极的一面。但由于其具有很大的不可实现性,因而这种理想社会模式也终成泡影。通过研究可以发现,叶适继承了中国古代以托古的形式反映个人社会理想的传统,同时又恰如其分地掺入了商品经济出现以后的生活方式和利益观,因此具有否定和批判现实社会的思想启蒙意义,使其社会理想更具有时代的超越性。叶适的社会理想在当时的南宋社会背景之下,是缺乏实现基础的。但他以此为目标所进行的对南宋社会现实的批判,反映了宋代思想家们在当时商品经济发展的前提下,以新的思维方式对当时社会进行反思与批判的举动,则是引人深思的。

12.[学位论文]

题　　名:叶适事功思想研究

学位名称:硕士

出　　处:杭州师范大学;2009

作　　者:林玉碧(杭州师范大学)

摘　　要:叶适作为永嘉学派集大成者,在南宋思想学术史的发展历程中占有极其重要的地位。这主要是因为叶适在南宋交错复杂的思想激荡中独辟蹊径,通过长期的实践和思考,批判了当时的主要社会思潮,发展出独立的事功思想体系,与理学、心学"鼎足而三"。叶适"事功"始终以当时社会问题的解决为出发点,"务实而不务虚"、反对道学"高谈远述性命,而以功业为可略"的价值取向,于哲学、经济、政治等各个方面均有论述。叶适的许多见解,直到今天仍然有重要的思想价值。本文正是立足于此,对叶适事功思想展开研究。本文第一章考察了叶适事功思想的社会文化背景,分别从南宋内忧外患的政治危局、理学思潮、永嘉地域文化三个角度论述了其思想产生的必然性。第二章着重探讨了叶适事功思想的主要内容:"道不离器"的唯物观点和"学思并进"的认识方法为事功思想奠定了基础;"以利和义,不以义抑利"的"义利观"将事功思想做了推进。落实到"经世"的层面,叶适力求革故鼎新、改弱就强,为此,他不仅在理论上提出了自己的政治经济构想,而且还提出了具体实施这些理论的改革措施。其中涉及了"固外宜坚,安内宜柔""分权疏法""理财非聚敛""许民自理财"等制度层面的问题。第三章则对叶适事功思想进行了评价,笔者认为叶适的务实和批判精神使其在总结永嘉学术、批判南宋理学以及下启明清浙东实学上具有重要的价值。第四章研究了叶适事功思想的现实意义,认为叶适事功思想与温州精神具有文化上的同源性,即同样渊源于海洋文化、农商文化和移民文化。叶适事功思想的精髓在今天已经转化成一种以实利主义为特征的实践型文化,从而构成了当代温州人的文化心理和"文化基因"。

13.[学位论文]

题　　名:叶适功利哲学研究

学位名称:博士

出　　处:安徽大学;2010

作　　者:刘漪(安徽大学)

摘　　要:叶适是永嘉学派功利思想的集大成者。在薛季宣、陈傅良那里,功利思想从一种思想体系的角度来看,还未成形;或者说,仍然受到传统儒家话语的影响。但是到了叶适那里,已然成为一种让朱熹深表忧虑的地方性学说。并且从思想体系的角度来看,尽管仍然并不是无懈可击,但是叶适已经大体上利用传统儒家的思想传统、核心价值、语言体系对功利学说进行了成系统的构建。他首先从《周易》入手，否定了孔子做《易》的传统说法，只认为孔子完成的是其中的一小部分；接着又否定"伏羲画八卦""演为六十四卦"，最终得出结论"义理"是出于物象和卦象的，而不是反之。这样的厘清，显示了永嘉学派重名物、制度的传统，也使他的思想获得了道统内的合法性。在此基础上，他继续论述了"道"的层次，厘清了儒家之"道"受到佛教和道教的影响，指出"天自有天道，人自有人道"，把人从先验观念的束缚中解放了出来，提高了人的理性能力。在这个基础上，他对"性"之动静、"伪""情"之来源做出了不同于儒家传统的辨析，认为人性本动，"伪""情"亦是本于人性。这样在形而上学的基础上，叶适论证了人求利的合理性。另外一个方面，虽然叶适把人的理性从先验观念的束缚中解脱了出来，但在这个问题上他做得并不彻底。受到时代和思想本身的限制，他仍不断地回到儒家传统的语言体系中，寻求一种人的理性和先验观念的关系。为此，他论述了关于"皇极""中和"的理论，实际上就是一种关于历史本体论的学说。在这样一种历史本体中，观念、制度、思想是混杂一体、无可分辨的。他试图用这样一种混杂一元、二元的本体来代替儒家传统的"道"，但是他的这种模糊的本体学说，最终让他的门人都无法正确地理解和把握他的"内圣"的含义。由于他在本体建设上的不彻底和模糊，在进入认识论的层次时，他所主张的"复礼"缺乏依据，最终还是回到了"敬"的出发点上。叶适的学说最终没有发明开去，被朱学所湮灭，虽然有政治上的原因，但是在理论上，叶适关于哲学本体建设的失语是其中最重要的原因。叶适的功利学说，发表于外，即是他关于事功的丰富思想和实践。在经济上，他辨析了理财、聚财的区别，认为政府应该重视富人的作用；在军事上，他提出军事不仅仅是"用兵"，针对当时的冗兵状况提出了具体的解决办法；在政治上，他主张从制度建设上来解决选拔官吏的问题。这些丰富的事功思想正是他的义利学说的最好体现。叶适作为南宋时期伟大的思想家，其关于义利的学说、丰富的事功思想和实践，是一个巨大的思想宝库。其意义是多方面的：作为地方学，它对浙东，尤其是温州经济的超前发展起到了潜移默化的作用；作为儒家学说的一种,它展现了儒家学说的生机和活力,尤其是在全球一体化的背景下,面对西方资本主义话语的挑战,这种生机和活力,给予我们的不仅仅是启发,更是一种信心,而这种信心发明开去,是一种我们在未来对于中国文化的信心。

14. [学位论文]

题　　名: 叶适经济思想研究

学位名称: 硕士

出　　处: 兰州大学;2010

作　　者: 欧阳华英(兰州大学)

摘　　要: 叶适是中国经济思想发展史上的一个重要人物。他的通达与明智、远见和卓识非一般人可比。他的经济思想继承和发展了儒家传统的经济观点,在某些问题上,突破了传统思想的局囿,顺应历史发展和顺乎自然趋势,批判了"贵义贱利"的传统经济教条,第一个公开提出反对"重本抑末",认为政府不但不应该干预工商业,反而应促使其发展,主张让工商业者参政;反对恢复井田制,认为应"分闽浙以实荆楚",解决人地矛盾;在财政思想上厘清了理财与聚敛的区别,应该以"量入为出"作为财政平衡的原则,由此对赋税等问题中出现的弊端提出了具体的解决措施。另外,对两宋"钱荒"问题的成因做出了比较合理的解释,由此提出了一些对策。虽然叶适的经济思想在理论上不够深刻,但仍然开启了新思潮的步伐。可以说,叶适的经济思想既源于历史又基于现实,决非闭门造车之论。研究叶适的经济思想,不仅具有学术价值,而且对于我们了解该时代的社会历史以及经济思潮均有启示意义。

15. [学位论文]

题　　名: 论叶适的修己安人思想

学位名称: 硕士

出　　处: 复旦大学;2011

作　　者:沈剑超（复旦大学）

摘　　要:本文以修己安人思想为主线,展示了叶适对何为道、外学和内求、立己与成物、知与行、手段与目的、义和利、内圣与外王等重大哲学问题的思考和解答,并通过比较叶适与其同时代其他哲学家的异同,来显现他们之间的内在联系。本文主体分上下两部分。上部分修己中,叶适将道解释为寄存于典章器物中的圣人立教安邦的用意。要认识这个"道"必须做"蓄德"的工夫,"蓄德"包括对外格物和对内诚意两个方面,格物又分为"耳闻"的间接知识和"目见"的直接知识,诚意又有"诚心"和"会意"两个内容。做到"蓄德"也仅是知"道",并非修己的完成,修己还需行"道",行"道"首先在于端正身行,端正身行就要做到"复礼"和"寡欲",前者规范了行为的手段,后者规范了行为的目的。下部分安人中,叶适提出了王道功利论,认为欲要安人,必先分清义利原则。居下位者,义利相和,养生送死终是利,也是义;居上位者,去利从义,去的是私利,从义即是谋求公利。分清义利原则之后,安人便由齐家、治国、平天下一路进行。安人也包括安自己,人生活于天地之间,天下不安,人何以安,安百姓之后才能安自己,安自己也即是能致知和正心。对于叶适来说,安人是由修己推出的,基本架构是修己—安百姓—安人,但外王不是由内圣推出的,外王与内圣在水心眼里是交织一体的,蓄德(格物和诚意)、修身、齐家、治国、平天下、安己(致知和正心)。本文最后将叶适哲学的特点归纳为:在道器观上讲"以器明道",在为学方法上讲"内外交相成",在义利观上讲"王道功利",在工夫论上讲内圣外王交织一体。叶适的哲学建立在对宋代多方学派观点进行剖析的基础上,是宋代儒学的总结者。

16.［学位论文］

题　　　名:试论陈亮、叶适道统思想

学位名称:硕士

出　　　处:山西大学；2011

作　　者:张燕（山西大学）

摘　　要:传统作为中华文化的价值来源和精神基础,一直以来都扮演着为社会提供精神取向和价值规范的重要角色。而中华文化的这种传统取向的最好体现之一就是儒家的道统意识。道统问题由唐代韩愈首创,集大成者为宋代朱熹,朱熹在继承前人思想的基础上,建立了能够与王霸之辩相适应的、超越于社会历史之上永恒的道统,并且提出了所谓"虞廷十六字",将其作为道统的内容和实质。朱熹并不承认韩愈在道统传承中的地位,他认为道统自伏羲、尧、舜、禹、文王、周公、孔子、孟子后就"不得其传了",直到"二程"出世,儒家道统以及不传之学才得以接续,而他本人也是所谓"绝学"的继承者。朱熹继承道统的地位,由于《宋史》撰《道学传》而得到了官方的认定。但是朱熹的道统理论中排斥了与其意见相左的其他学派。对于道统问题的争论也一直没有停止过,而以陈亮、叶适为代表的南宋事功学派与朱熹之间的争论则非常具有代表性。本文从道统这一问题出发,首先介绍了陈亮、叶适道统学说提出的具体背景。紧接着对陈亮、叶适道统学说的主要内容进行了介绍。之后,本文着重讨论了陈亮、叶适关于道统问题与朱熹之间展开的争论。朱熹认为,道是可以脱离具体事物、超越时代而独立存在的,认为义理是评判价值的标准,所谓儒家的道统就是对这一"圣人之道"的传续,并且这一道统中断于汉唐。而陈亮作为事功学派的代表人物,站在自己学派的立场上,坚持认为道行于事物之间、道不离日用,儒家圣人所传之道同样体现在汉唐诸君的霸业之中,将道与功利结合在了一起,并以此与朱熹展开了争论。如果说陈亮对于朱熹的挑战还是处于相互讨论的层面,叶适则把这种挑战推到理论化和系统化的程度。他质疑程朱理学的地位,进一步从根本上否定了其所宣扬的"道统论"。叶适首先肯定了从尧直到孔子,以及从曾参到子思,再到孟轲,以至两宋道学家这一传承关系。但是,他对于曾参所传之道承接于孔子这一点却并不认可,在他看来,从曾参到两宋实际上是对由尧到孔子所论之"道"的一种背离。叶适用他的推断,直接从关键部位对程朱所宣扬的"道统论"进行了腰斩。最后,本文还对陈亮、叶适二人对朱熹进行挑战所产生的历史意义及影响进行了讨论。实际上,道统虽然在观念上是表现为一组圣人互相传道的传道意识,但从更深层意义上说它其实是儒家本身意义的生成方式。朱熹作为有宋以来中国儒家学派的执牛耳者,其道统思想得到了更多的关注与研究;不过作为南宋时期有着极大影响的事功学派,其道统思想也是儒家道统理论中一个非常重要的组成部分,但是却一直没有得到应有的重视。本文正是希望通过对陈亮、叶适二人道统思想进行探讨,能够对儒家传统的道统思想有一个更为全面的把握。

17.[学位论文]

题　　名:叶适功利主义思想述评

学位名称:硕士

出　　处:西南大学;2011

作　　者:李继富(西南大学)

摘　　要:叶适是南宋著名的政治家、哲学家。他是一名儒家学者,但却试图从功利主义的角度为南宋的政治、经济、社会危机寻求最有效的实践根据,这种努力使他一度遭受理学家的批评,并被排除在儒家正统之外。儒家心性之学到了宋代登峰造极,并以正统自居,挤压了宋代思想的自由空间。理学的过度封闭与自负必然会引起反抗,加上南宋内忧外患的政治现实,在这种理学禁锢与现实呼唤的双重作用下,功利主义经过先秦以来长达千余年的沉寂,再次应运而生,并在浙东商品经济发展的大背景下,逐渐兴盛起来,最终经由叶适,成为南宋一个蔚为大观的学术思潮。怀着强烈的忧乐情怀和救国意愿,叶适丰富和发展了功利主义思想,成为功利主义思想的集大成者。叶适的功利主义思想以对道统论的批判为切入点,以自然人性论为哲学基础,涵盖了政治、经济、军事、教育、法治诸方面,成为我国古代思想史上的一朵奇葩。但梳理叶适的思想内容并不是本文的目的所在。第五章对叶适功利主义思想哲学基础的考察、对人性论进行的讨论,并由此延伸到对道德与法治的深入探析,才是本文试图突破的地方。最后,本文的论述努力向这样一个观点靠拢:自然人性论只能解释功利主义的合理性,而只有人性恶论的假设,才能走向法治,并反过来对功利主义从理论上进行有效的保护。

18.[学位论文]

题　　名:休谟与叶适功利思想之比较

学位名称:硕士

出　　处:江西师范大学;2011

作　　者:袁浩(江西师范大学)

摘　　要:休谟与叶适是中西方哲学史上两位十分重要的哲学家,他们二人同时又是中西方对之前功利思想的总结性人物,都在吸取前人功利思想的基础上,开启了后世功利思想研究的高潮,他们在各自的时代扮演着功利思想承上启下的重要角色。正是基于此,本文尝试对西方的休谟与中国的叶适的功利思想进行比较,以此来深入地探究二人在此思想上形成的碰撞,做出详尽对比,找出其中的异同,进一步挖掘功利思想在今天的意义,以及对我们中国特色社会主义建设的指导作用。本文首先阐述了休谟与叶适所生活时代的历史背景与二者主要的哲学思想。他们所处生活中的政治、经济、文化背景,无疑对他们功利思想的产生有很大的影响,是他们功利思想产生的现实源泉。而他们在其他方面的哲学思想也渗透进了他们的功利思想之中,为功利思想的产生提供了正确的哲学思维。对于他们生活背景与哲学思想的阐述,就是为以后详细论述他们的功利思想做好铺垫。第二章为本文的主题所在,主要对休谟与叶适在功利思想阐述上的异同进行详尽比较。结合不同的历史背景深入分析他们二者在此思想上的相似之处,比较他们在一些论述上的差异之处,真正形成他们在功利思想上碰撞的火花。不同的时代、不同的国度、相差甚大的文化背景,却在同一思想点上形成了有趣的交叉。通过深层次的比较更能了解到功利思想在中西方发展的道路,以及所蕴含的不同内涵。第三章为本文的点睛之笔,将休谟与叶适功利思想所产生的影响延伸至后世,论述二者功利思想给后世带来的道德

伦理上正反两方面的启发,这又包括理论与实践两方面。另外结合我
国道德伦理的发展现状,提出休谟与叶适功利思想给予我们的现实指
导意义。这种现实性的思考无疑又给他们二者的思想注入了新鲜的血
液,让功利思想重新焕发出青春。

19.[学位论文]

题　　名:叶适的士风观

学位名称:硕士

出　　处:中国计量学院;2012

作　　者:杨光安(中国计量学院)

摘　　要:士风是指一个时代士人群体的精神风貌和行为方式。宋
代崇尚文治,士人主体意识高涨,南宋承北宋中后期的变化,士风呈现出
时代特性。叶适作为永嘉事功学派的集大成者,对南宋士风做出批评,并
对如何塑造理想士风、士风化导风俗提出了自己的思考。具体而言,叶适
对南宋士风的批评,主要围绕公私、学用、虚实等核心问题展开。在反思
的基础上,他认为净化士风,首先要从理想之士的塑造开始,进而塑造"学
以致用""先公后私""义利并举"的理想士风,最后借助道德实践,用士风
来化导民俗,促进社会的开明进步。对叶适士风观的深入研究,有助于推
进对叶适和永嘉学派的思想研究。

20.[学位论文]

题　　名:叶适功利思想研究

学位名称:硕士

出　　处:河南大学;2012

作　　者:周文雅(河南大学)

摘　　要:南宋时期,政治形势稳定,经济繁荣,但同时,朝廷也面临
着一系列严重的社会问题和外患危机。学者们提出了解决内忧外患的各
种方法和理论,叶适认识到当时危机的严重性,深知朝廷弊政所在。他在

功利思想的指导下,冷静、理性地分析了现实情况,指出了政治上的腐败、经济上的贫困、军事上的柔弱、教育制度上的不合理等弊端,并向朝廷提出了改革这些弊端的具体措施,力图改变这种积贫积弱的现象,达到富国强兵、恢复故土的目的。本文除了阐述他的功利思想外,还试图从整体上来把握叶适功利思想产生的原因,包括外在条件和内在因素,以及在学术和政治上对当时和后世产生的影响。主要分为以下几个部分:一、绪论。主要分析了有关叶适功利思想的前人研究成果,及功利思想产生的外在因素和内在条件,包括社会政治文化基础、出生地域、学术传承以及人生阅历等。二、叶适功利思想产生的哲学理论基础。叶适是唯物论者,他的认识论有唯物色彩,认为只有将外界客观对象与人的思维二者结合起来,才能全面地了解事物。对于传统的义利关系问题,叶适提出了崇义以养利的观点,这也成为叶适功利思想的出发点和立足点。三、叶适功利思想在政治、经济、军事、教育等方面的具体体现,以及功利思想指导下相应的改革措施。四、叶适功利思想在当时产生的影响以及历史上的地位。客观评价了叶适功利思想的利弊,找出这种思想最终衰落的原因。叶适的功利思想在当时独树一帜,他抨击当时占据主流的理学,认为他们空谈性命、于实际无用,提出"务实不务虚"的功利主张。叶适的哲学思想丰富,其中对义利关系的见解十分深刻。这种功利道义兼顾的理论,使后人对功利的概念有了全新的认识,为我们了解宋代儒学的全貌也提供了一个新的角度。但是由于时代原因和叶适功利思想本身存在的缺陷,功利之学并没有成为当时学术的主流。叶适的功利思想对后世的影响很大,清初经世致用思想的产生与此有一定的渊源关系。

21.［学位论文］

题　　名:叶适政法思想研究

学位名称:硕士

出　　处:青岛大学;2014

作　　者:李文兰(青岛大学)

摘　　要:南宋王朝在我国历史的发展过程中延续时间只有百余年,但是在我国历史上发挥的作用却很大,尤其在经济、文化、科技方面都取得了辉煌的成就。在思想领域,南宋时期是程朱理学发展的鼎盛时期,以叶适为代表的永嘉学派与理学、心学并称,三者成鼎足之势。叶适思想的形成与发展深受当时南宋社会状况的影响,叶适在哲学、功利主义思想等方面成就突出,其哲学思想与功利主义思想构成了其思想体系的基础。法律思想作为叶适思想的重要组成部分,有其独特性,以政治思想为依托。所以本文从叶适对法的认知,南宋法律存在的弊端方面以及叶适任人行法的行政法思想方面对叶适的法律思想进行了探讨,希望对叶适的政法思想进行全面了解。

22.[学位论文]

题　　名:叶适义利观研究

学位名称:硕士

出　　处:中山大学;2014

作　　者:魏卓敏（中山大学）

摘　　要:义利观问题是儒学思想史上的核心问题之一,历代思想家们都十分重视对它的研究。叶适在继承前哲义利思想的基础上,对我国古代“义利之辨”发展中的理论问题进行了深入的探讨,对传统义利观进行了全面的、辩证的分析,并给予了批判性的总结,反映了当时的时代精神。论文从道器观、欲望观、格物观三方面讨论了叶适义利观的理论基础。在道器观上,叶适主张充盈在天地之间的只是物,物为气所役使,而道在物中。在欲望观上,叶适不赞同“天命之性”的观点,也反对将天理和人欲对立。叶适反对以礼抑情,同时认为“欲”和“无欲”都是人的自然状态。在格物观上,叶适主张以实际为根据,反对主观臆断,并强调实践的重要性,同时认为在认识问题上需兼顾思维与感官。在义利观上,叶适认为对求利不应该一概禁止,如果追求的是合乎义的利,则这种追求并不会对义的纯洁性产生伤害。在如何看待个人私利的问题上,叶适区分了普通民众和圣贤的不同,认为圣贤付出不求回报而普通民众相反,因此不可一概加以相同的要求。叶适认为就利远害是一种人人皆有的客观倾向,因此在对人的私利追求上,只要不违反道义,皆抱以宽容的态度。叶适反对董仲舒"正其谊不谋其利,明其道不计其功"的观点,追求义不可以脱离功利,否则义将有陷入空言的危险。叶适虽然主张重视功利,但仍与传统儒者一样将仁义视为最高价值,反对通过违反道德、牺牲原则而追求个人私利。在如何合乎道德地追求利的问题上,叶适反对以道德为名压抑对利的追求,认为应该广开利路,帮助民众求利,同时用义来规范、引导人们的求利行为:一方面建立一套礼仪秩序,规定每人应得之利,并按名分进行分配;另一方面,根据民众的特长进行合理的分工。叶适的义利观既反对脱离利而空言义,也反对通过伤害义的方式追求利,主张义利合一,在合乎义的规范下对利进行追求。

23.[学位论文]

题　　名:叶适事功法律思想研究

学位名称:硕士

出　　处:重庆大学;2014

作　　者:刘冬梅(重庆大学)

摘　　要:永嘉学派,又称"事功学派""功利学派"等,是南宋时期在浙东永嘉(今温州)地区形成的、提倡事功之学的一个儒家学派,是南宋浙东学派中的一个重要分支,因其代表人物多为浙江永嘉人而得名。永嘉学派继承并发展了传统儒学中"外王"和"经世"的一面,使儒家的学说不至于完全陷入纯讲求个人的心性修养之境地,从而使它成为南宋儒学的一个重要侧面。社会主义法治现代化的建设,不仅要学习西方先进的法治理念,为我所用,更应该反观传统,从传统中寻找根基。叶适(1150—1223)作为南宋哲学家、文学家,永嘉学派集大成者,在哲学、史学、文学以及政论等方面都有贡献。因此,现阶段,对于叶适的法律思想进行探索,具有重大的现实意义。本文将通过四章内容来论述叶适的思想,分别是:

第一章,叶适与永嘉学派。主要讲述叶适生平、永嘉学派的发展历程及叶适在永嘉学派中的重要地位。第二章,叶适的义利观。之所以论述叶适的义利观,主要是因为叶适的法律思想表现出对其伦理思想的强烈依附性,其中叶适的义利观是对叶适事功主义法律思想产生具有决定作用的伦理思想,所以第二章将重点论述叶适的义利观。该章中,将对儒法两家传统义利观进行梳理,探寻"义""利"本源,在此基础上,对叶适的义利观进行梳理总结和论述。第三章,叶适的事功法律思想。该章将对叶适具体的法律思想进行论述,主要是叶适变法的思想和主张、立法为公的思想、以民为本的思想、法律执行中重视人的作用等方面。第四章,叶适法律思想的时代意义。该章主要讲述叶适的法律思想对南宋王朝的影响及对当代社会主义建设的启示。

24.[学位论文]

题　　名:叶适社会控制思想研究

学位名称:硕士

出　　处:重庆师范大学;2014

作　　者:郑亮（重庆师范大学）

摘　　要:叶适是南宋时期功利主义学派的代表人物之一,他的事功义利的学说具有很强的批判性。本文系统地研究其社会控制思想。从定义上讲,社会控制就是社会组织利用社会规范对其成员的社会行为实施约束的过程。根据不同的划分标准可以分为不同的类型。本文是从社会控制是否依靠外部力量来划分,即外在控制和内在控制两个方面,进而论述叶适的社会控制思想。在社会学上,内在控制即自我控制,指社会成员自觉把社会规范内化,用以约束和检点自己的行为。而外在控制是社会依靠外在力量控制其成员就范。通过分析,笔者认为,南宋时期的社会矛盾和统治危机是叶适社会控制思想产生的现实依据;叶适的成长经历和学术渊源是其社会控制思想产生的前提条件;永嘉学派唯物论的道器观、"克己以尽物"和"内外相交成"的认识论是其社会控制思想的哲学依据。

叶适的肯定物欲人性论和主张"义利结合"的义利观是其内在的控制手段。而叶适的外在社会控制主张包括三个方面:一是主张分权改制、重"德""势"、合理选材和积极抗金的政治统治措施;二是重视理财、鼓励商业和富民等经济控制思想;三是重视战争和百姓、积极进取的军事防御思想。社会控制的基本作用在于保证社会成员的价值观和行为方式的一致性,使社会系统能够稳定、有序地持续运行。通过分析,得出叶适的社会控制思想具有鲜明的时代特征和现实意义。它基于南宋尖锐的阶级矛盾和民族矛盾的统治危机,其目的是希望君主和时人能接受他的主张,实现南宋统治的安定、社会的稳定和百姓的富足,以及在抗击金兵上有所作为。

25.[学位论文]

题　　名:叶适经济伦理思想初探

学位名称:硕士

出　　处:浙江财经大学;2014

作　　者:唐银华(浙江财经大学)

摘　　要:本文立足于叶适作为南宋永嘉学派的集大成者的特殊地位,在整体把握叶适经济伦理思想的理论架构,揭示其经济伦理思想以人为本、经世致用之主旨的基础上,较为系统地论述叶适思想中经济与伦理的通约之径及理论价值,进而在对温州区域经济崛起的现状与文化命脉的探析中,揭示叶适经济伦理思想的实践价值。叶适经济伦理思想的社会文化背景是,南宋王朝通过屈辱和议换来短暂和平,宋室南移促进了永嘉地区商品经济的高度繁荣,面对朱子理学重视心性的现实,叶适结合事功思想的传承,提出其经世致用的经济伦理思想。叶适把人从先验的束缚中解放出来,以自然人性论为基础,倡扬引导百姓追求合理求利行为的"崇义以养利"义利观。叶适以民本作为根本导向,以济世救民为目的,认为政府的主要职能在于促进国民经济的正常发展,倡导政府实行"藏富于民"的富民政策和"以天下之财与天下共理之"的理财观。在商业伦理方面,叶适明确反对政府为崇本而抑末,提倡"农商并重"的商业伦理观。叶适的经济伦理思想具有以下三个基本特征:其一,叶适经济伦理思想以经史相通为基础,以"弥纶以通世变"为导向,体现了"务实而不务虚"的功利主义取向;其二,叶适主张士农工商地位平等,四民应自由发展不受外力干扰,反映了"四民交治其用"的理想追求;其三,叶适的经世理论离不开当时的社会体制,叶适倡导君主为政以德,"使民有蒙自活之利",体现了"为国之要,在于得民"的民本特色。务实致功的功利主义取向是叶适经济伦理思想的重要体现,对后世影响颇深。叶适经济伦理思想虽然有其不足之处,但其以人为本、务实变通、经世致用的文化精髓与今日温州区域文化不谋而合,本文的研究力图为温州区域经济的崛起提供注脚。

26.[学位论文]

题　　名:叶适分权观研究

学位名称:硕士

出　　处:中国计量学院;2015

作　　者:王彦禛(中国计量学院)

摘　　要:叶适的分权观形成于集权思潮盛行的南宋时期,他对于分权的认识主要包括形而上的理论分析和形而下的制度设计。他认为国家处于弱势的根本原因在于政府长期奉行的集权政策,集权理论有其自身无法克服的内在缺陷,必须通过分权对其进行修正,才能改变国家积弊的现状。叶适用"建极"与"实德"两个方面阐述了分权的合理性与必然性,他认为"极"是政治的最理想状态,能够把一切统一于国家这个大整体,但又能保证各自独立运行,要达到这种理想政治就必须通过合理的制度设计来完成,也就是"建极"。同时,叶适认为能够主动进行分权是统治者内在的道德要求,统治者在执政的过程中应当注重"以道服天下",用道德来遏制自身的权力欲望,让国家的各个部门与地方可以相对独立地行使权力而不加以挟制,这种对统治者的道德要求即是"实德"。这两点构成了叶适对分权的理论认识,也是其分权观的理论基础,他认为分权是国家社会发展的必然趋势,也是达到完美政治的唯一途径。基于这种分析,叶适认为应该对现行的国家制度进行分权改革,主张通过这种分权的改革挽回日益衰弱的国家形势。叶适分析了权力过分集中给国家带来的种种弊病,从当时国家所处的实际情况出发,提出了通过推行自上而下的以分权为目的的改革来实现理想政治,扭转不利时局的主张。他认为必须从制度层面入手,在法度、军权、财政三个维度重构国家的权力分配体系,使原本集中于中央的权力下放到地方。叶适在分权改革上的建议也完全符合其对分权理论的分析,充实和加强了叶适的分权观,这两部分共同构成了叶适分权观的主体。

27.[学位论文]

题　　名:南宋叶适法律思想探析

学位名称:硕士

出　　处:上海师范大学;2015

作　　者:陆凤观(上海师范大学)

摘　　要:"崇义以养利,隆礼以致力"是叶适思想的核心所在,故叶适的法律思想带有强烈的功利主义倾向。本文通过论述,深度分析叶适的法制思想、行政法律思想、人法共治思想、经济法律思想等四个方面的内容,凸显叶适法律思想的特征,并在此基础上探讨叶适法律思想的历史和现实意义,从而展现叶适法律思想的价值体系。第一章分别从叶适生活的时代、他的生平经历两方面分析其法律思想形成的背景。叶适出生在一个"三世贫匮"之家,早早便辍学以教书来贴补家用,因此叶适对南宋时期民间百姓的贫穷和困苦是极为感同身受的。南宋的政治、经济、文化发展之间的相互促进作用,使得叶适所生活的温州地区在文化教育方面占得优势地位。发达的文化使得叶适很早就受到了陈傅良等前人的永嘉之学新兴思想的熏陶,而叶适本人又非常勤勉和善于思考,最终造就了他集永嘉学派之大成的成就。第二章主要探讨了叶适法律思想的理论渊源,叶适是一位儒学思想者,所以他的思想中包含了儒家思想的渊源。然而与南宋其他儒学大家不同的是,叶适坚持以传统儒家学说为基础,来构建自己的法律思想。此外永嘉学派前人的思想也是叶适法律思想渊源的重要组成部分,叶适的功利思想是对这一些思想的继承和发展。第三章主要阐释了叶适法律思想的主要内容,从叶适的立法思想、行政法思想、人法共治思想、经济法思想四个方面阐述了他带有功利主义色彩的法律思想。不同于同时代的道学家们从"天理大义"出发,用"内圣"的思维为"王道"划定一个框架,一切的法律政策不能跳脱这个圈,叶适法律思想的功利倾向非常突出。"崇礼以养利,隆礼以致力"虽是他的思想内核,但叶适的法律思想并没有被"礼"所束缚,他批判被扭曲的"礼义",并试图将南宋的"法害"变为"法利",使民众不再受法度过密之害。第四章结合历史意义和现实意义来评析叶适的法律思想,展现其思想中的时代价值。叶适的法律思想渗透在其政治、经济等思想的方方面面,因而是叶适功利主义思想中非常重要的组成部分。对叶适法律思想的研究,不仅可以丰富其整个学术体系建构,对我们重新认识南宋时期永嘉学派思想家也有深远的意义。

28.[学位论文]

题　　　名:任人之责而当天之心——叶适天人观研究

学位名称:硕士

出　　　处:南京大学;2016

作　　　者:肖芬芳(南京大学)

摘　　　要:本文以叶适的天人关系为切入点,力图展示叶适独特天人观背后的原因和内容,并试图展示在天人关系架构下的叶适的思想面貌。全文共分为四个部分:第一部分是导言,指出叶适是在解决思想背景中的新问题时提出了他的天人观。此种思想背景是指唐宋之际,社会发生了重大变革,此种变革的发生必然伴随着新问题的产生,或者说人们是在解决新问题时导致了变革的发生。而在思想领域,宋儒们共同面对的问题是:在佛老思想泛滥的时代,性情倾向不一的人们为什么会选择儒学作为他们的处世依据？宋儒都是通过重新确立儒家价值的终极根源，即重构天人关系来解决这一问题。从而儒家价值的终极根源在唐宋之际，发生了从"上古"和"天"到"理"和"心"的转变。叶适则在延续传统的脉络中，在历史的方法中，与与道家学说相胜的互动中，依然坚持"天"作为儒学价值的终极根源，并拒绝将"天"义理化，反对"天人合一"之说，呈现出独特的天人观的面貌。第二部分阐述了叶适天人关系的理论架构。叶适思想中的天有四层含义，包括物质之天、皇天之天、天命之天和天道之天。叶适溯本正源，上溯至羲和的星官传统，以此物质之天作为起点，进而在敬天畏天的情感下转化为宗教意义和人文意义的天。天命之天所降之命对于人和物来说，是没有分别的，人物同受之命；而皇天之天所降之衷则独降于人，人受此"衷"就能致中和之道，达天下之大本。因为皇天之天是主宰的，具有神圣性、超越性和宗教性的天，此"衷"落在人心，转为人职，表达了人对于天的一种内在的责任。又因为天道是隐匿的、静默的、不可知的，所以人和天的关系就在这种责任中建立。第三部分阐述了叶适天人关系的逻辑开展。人对天的内在责任是以人对于天道的观察从而展开对生活世界的治理来体现的。中庸是天道在生活世界的呈现，中庸是一种诚然的状态，是每一个准则或者儒家价值成立的依据，人们通过建皇极来保证多元准则或儒家多元价值的正当性。而圣人确立学习的程序，让人们学习如何认识到自己被赋予的潜能和所应承担的责任。只有意识到自己所应承担的责任，才能对天人关系有一内在的认识。只有儒者是能自觉意识到天所赋予人之所当然的人，儒者自觉承担起人文化成的责任，是儒道的实行者。而儒道正是天人关系落实在生活世界的面貌，儒道在关注生活世界的同时依然保持"天"的超越性，因为儒道是贯通"有""无"、以"有"来适"无"的。第四部分阐述了叶适天人观的独特性。叶适的天人观从坚持使用传统概念，拒绝将"天"进行义理转化，依然将"上古"和"圣人"作为其天人观的价值根源上来说，呈现出一种文化上的保守主义。这种保守的天人观具体表现为对天作为儒学价值的终极根源的坚守和一种从人之有限性出发的道德工夫论上的经验主义。而这种保守的天人观与当时克艰厥后、夕惕若厉、力求恢复的政治文化息息相关。叶适认为通于天理、达于性命是圣人之事,就是因为他看到了政治文化中的天命人心相遇合即有德之人君和贤臣之遇合只存于圣人之事迹中。这是叶适的天人观在政治文化中的呈现。但叶适的天人观也可以从历史性的政治文化中抽离出来,以宗教超越性的特点,呈现在更具有普遍性和延续性的伦理秩序中,成为支撑儒家伦理生活的理论架构。另外,叶适的天人关系是以人对天的内在责任来展开的,这种责任意识让叶适的天人观更具有理性的精神和人文的担当。

29. [学位论文]

题　　名:叶适历史盛衰论研究

学位名称:硕士

出　　处:河南师范大学;2017

作　　者:陈忠正(河南师范大学)

摘　　要:历史盛衰论即是对国家何以兴,又因何而衰的反思与概括。通过对"前事"的总结,为"后事"提供治世之道。纵观古今,历代学者均对历史盛衰问题进行了思考。叶适作为南宋时期事功学派的集大成者,亦就这一问题从君德、人才、民本等不同方面提出了自己的看法。叶适的历史盛衰理论以"君德"为基石,强调"有德则兴,无德则衰而亡",以自身之"德教"培养人才,以"名实相符"的标准选拔人才,能者上,庸者下,从而与君主共守天下。以"民重君轻"的准则施政于民,主张从"田地"入手,解决当时"民"的问题,通过"修身明势"规避导致国家衰亡的潜在因素。在"君德"层面,叶适认为"君德"不仅是君主个人的修养品德,也是得天下、治天下的衡量标准和尺度。他反对君主利用权力威令治理国家,认为君主应当"为政以德",同时强调"蓄实德"。以君主之德治理天下,使天下之人真正归附。在"人才"层面,叶适认为君主应该"进人以礼",针对南宋当时的选官任官制度的诟病,叶适希望制定合理的人才培养和选拔制度,同时君主应当给予所用之人以充分的信任,分权给臣下。在"重民"层面,在叶适看来,民之数量多少、财富多寡,是国家盛衰的直接反映,应该通过以官养之和使民自养的"养民",通过制定合理制度的"富民",通过轻徭薄赋的"治民"等方面对立国之本的"民"进行治理。从"势"的角度方面来看,所谓"势",即是指历史发展之规律。通过对"势"的把握,规避施政上的潜在问题。叶适强调在把握"时势"的基础上,适当地使用"权势"来顺应历史发展的"趋势"。通过对"势"的把握并能适时调整政策治理天下,是叶适对君主的期望。叶适历史盛衰理论具有明显的经世致用的事功性,他反对理学的空谈,重"实德",同时,注重用发展的眼光看待历史的盛衰。

30.[学位论文]

题　　名:论叶适的功用思想及其审美表现

学位名称:硕士

出　　处:宁波大学；2017

作　　者:严媛（宁波大学）

摘　　要:叶适被后人誉为永嘉学派的集大成者,他承袭并发展了薛季宣、陈傅良等人的事功思想,形成了自己更为深刻的事功学说。作为事功学派的坚定旗手,叶适不仅在学术思想上发扬壮大了永嘉学派,而且对文学进行了深入的考察,将事功思想积极体现在其文学思想及实际文学创作当中,有的放矢,使之具备一定的理论高度与文学实践指导意义。叶适在政治上、学术上始终坚持功用立场。政治上,叶适主张"务实不务虚",主张恢复中原并积极寻求救国图强之路。他的功用思想与其文学创作、文学思想之间关联甚深。叶适在文学思想上强调文学之功用。在文学创作中,叶适要求诗文本身能具有反映现实的功用性,从其文学创作的内容与风格中均能窥见其功用思考。本文通过了解叶适文学思想的内涵,爬梳其实际创作,借以深化对叶适功用思想的理解。第一章着重探析叶适现实情怀的具体内容并对叶适的功用观做了简单概述。作为永嘉学派的主力,叶适坚持该学派"务实不务虚"的传统,试图从功用的角度为发岌可危的南宋朝廷寻找救世兴国之道。叶适对南宋的政治、经济、军事、人才等问题进行了深刻分析,积极寻求有效的解决方法,体现了其治国安邦的人生理想,现实情怀浓厚。第二章论述叶适功用思想对其文学思想的影响。由于叶适对功利的极度重视,其文学思想在其主张实用的功利性观念影响下,在文章风格上呈现出"质实"的特点,尚平易反浮艳;叶适以永嘉学派学者的身份参与到文学理论活动中,在注重经世致用的学术思想下,形成了明义理、益治教的文用观与诗用观;叶适大谈文学之功用,但并不否定文学本身所具备的艺术价值,在不废诗"艺"的前提下提倡"矩于教",形成了"德艺兼成"思想。第三章探讨叶适功用思想对其具体创作的影响。受功用思想的直接影响,叶适的文学创作体现出其强烈的济世精神,他在对诗歌主题的选择上呈现出一定的功利性思考,诗歌的思想主题主要包括:关心国事、针砭时弊,关心民生、体恤民瘼,力主抗金、恢复中原,仕途蹭蹬、坎壈咏怀四个方面。在文章风格方面,叶适对当时志意不得伸的士人给予颇多关怀,借不遇者志意难伸之苦抨击社会弊端,情绪激昂,使得此类文章呈现出慷慨不平之风格。另外针对当时南宋诗坛上另一盛行的江西诗派所呈现出的奇险雕琢之诗风,叶适持反对意见。他反对在内容上空洞、形式上浮靡的诗歌,倡导具备"刺美"现实效果的平易诗风,因而其诗歌有一部分呈现出真切平易的特点。

31. [学位论文]

题　　名:叶适的民本思想探析

学位名称:硕士

出　　处:贵州师范大学;2018

作　　者:张玉(贵州师范大学)

摘　　要:在中国传统社会,民本思想是中国传统文化中极其重要的治国理政思想。叶适作为永嘉学派的集大成者,其民本思想在继承和发展儒家传统民本思想的基础上,从事功的角度出发,结合南宋社会实际,提出了创新性的观点,将"民"视为治国理政的根基,重视民众在国家和谐稳定和历史发展中的地位和作用。这种功利的民本思想在历史发展进程中产生了深远的影响。本文论述了叶适民本思想的时代背景和思想渊源。从叶适所处时代背景切入,追根溯源,对南宋政治危机,冗官、冗兵、冗费问题突出,土地兼并及赋税征收越来越严重以及商品货币关系对社会生活的渗透等内容进行了分析;也探讨了叶适民本思想的思想渊源,包括儒家传统民本思想和永嘉学派的事功之学。本文还探讨了叶适民本思想的主要内容。从"王道"与"治势"、政治上"君民一体"、经济上以利与民以及教育上"恢圣业共治功"等方面展示的叶适的民本思想,体现了以"仁"为核心的民本理念。叶适的民本思想始终贯穿着这一理念。另外,本文分析了叶适民本思想的进步性及局限性。本文认为,我们既要看到其肯定民众在国家中的地位与作用,力图发挥富人在经济发展中的积极作用,尽力缩小贫富差距,促进社会稳定;也要看到由于封建社会的局限性,在其基础上的民本思想带有明显的理想主义色彩。最后,本文从政治方面、经济方面挖掘了叶适的民本思想对完善民主政治、关注民生的借鉴意义。

32. [学位论文]

题　　名:叶适史论研究——以叶适《春秋》观为中心

学位名称:硕士

出　　处:兰州大学;2018

作　　者:王欣(兰州大学)

摘　　要:叶适的《春秋》观是建立在对释《春秋》各家的批判上的。叶适批评孟子等人拔高《春秋》之地位,亦不满于公羊、穀梁二派的传授方式与解经方式;但叶适极为推崇《左传》,并因杜预深研《左传》而提倡以杜预之释作为《左传》之进路,但同时批评杜预《春秋左传集解序》中的观点。基于此,叶适提出了自己的《春秋》观,其《春秋》观的特点有以下两点:一是阐述《春秋》的诸多问题从大处着眼,不拘小节;二是认为《春秋》书法是以旧史法为主,并以《左传》之实事为依据建立其《春秋》书法观。此外,叶适还将"尊王攘夷"作为《春秋》之大旨,并由春秋时事阐发了其自身的"尊王攘夷"观念。总地来说,叶适的《春秋》观是针对当时宋儒尊奉《春秋》、以例解经的风气提出的,与陈傅良、朱熹等人的《春秋》观点有相似之处。由叶适的《春秋》观可以看出,叶适的史论具有重实事与义理阐发相结合的特点。

33.[学位论文]

题　　　名:叶适事功经世论研究

学位名称:硕士

出　　　处:中共中央党校;2018

作　　　者:黄鹏(中共中央党校)

摘　　　要:在中华优秀传统文化复兴的大时代下,本文作者对于事功学进行了初步的研究和探索,发现里面许多经世致用的理论和思想对于现今社会有着重要的借鉴意义,并且对叶适这位功利主义大家产生了极大的兴趣,从而对他的哲学思想进行了研究。本文的写作目的在于使对事功经世论在现今意义的思考成为中国哲学研究中的一个新的方向,进而帮助我国传统文化和当代发展相结合的课题进行深入分析和发展。本文通过使用相关资料分析法、归纳法、整体研究和对比法来进行研究。从陈、薛二人传下来的功利思想里面,叶适作为集大成者,已经把功利思想发展成一门成体系的包含语言体系、思想传统、核心价值的儒家学说。通过对《易》的理解,以及永嘉学派对于义理的认识,他强调了唯物的道器观,否定了道学家的道统之说,使自己的功利思想学说得到了儒学道统上的认可。叶适提出的对于"两"的认知,蕴含着丰富的辩证思想,树立了功利性的义利观,提出人道之说。本文不仅仅论述了叶适事功经世论的哲学基础,更把他的思想与理学、新学以及国外的功利思想做了比较,让读者形成对比,从而更好地理解功利思想的真谛。其后从四个方面概述了事功经世论的主要内容,对于他的爱国思想和情操给予了高度肯定。在文章最后一部分,得出结论并论述了事功经世论的当代启示,肯定了事功经世论的积极作用,并要坚持发扬优秀的传统文化。叶适的功利主义哲学思想并不仅仅在当时是一股新风,而且对于浙东地区产生了长时间的影响,在现今看来他的思想仍然具有值得肯定和推崇的价值。对自然人性论的肯定,这对于我国经济的增长是非常有帮助的。他所推崇的以法治国和使国家强大、人民富裕的理论对于如今我国的进步和发展具有十分深远的意义。要让人民明白功利主义是符合时代发展的,澄清对功利主义的种种误解和肤浅理解,让人们自觉意识到功利主义在市场经济中的作用,以事功经世论捍卫市场经济,追求法治的自觉,并以这种法治的设计和推动,来达到现代政治文明,推动和明确我国的发展路线,最终我们能够达成中华民族伟大复兴的目标。

34.[学位论文]

题　　　名:叶适孟学思想研究

学位名称:硕士

出　　　处:四川省社会科学院;2020

作　　　者:王莉(四川省社会科学院)

摘　　　要:两宋时期,孟子其人其书其思想地位急剧上升,孟学逐渐成为一门显学。但在"孟子升格运动"中,始终伴随着疑孟、"非孟"等现象。虽然这并非主流,但无疑是两宋孟学发展史上不可或缺的组成部分。叶适是南宋著名事功学派的主要代表人物之一,永嘉学派的集大成者。后世学者普遍认为叶适属于"非孟"学派,但通过对叶适本人的生平经历、学术文献的梳理可知,叶适在其思想体系形成过程中对孟子实际存在批判和称赞两种态度。目前,有关叶适孟学思想的全面研究的成果较少。有鉴于此,本文拟从叶适生平著述、道统论、心性论以及仁政论等方面,分析探讨叶适对于孟子思想的肯定、批判与发挥。如他在道统论方面,秉承尊孔重儒的原则,明确指出孟子不能续道统的问题,凸显叶适秉承孔子道统思想但又与程朱道统论颇不相同;在心性论方面,叶适持"内外交相成"等观点,认为程朱在诠释孟子心性论上存在与时代脱节之弊端,与南宋面临的时代困局尤其与以富强为目的的治国之道并不相干。为此,他从事功与南宋面临的严峻现实出发,在批判程朱道统论的基础上发展了孟学思想,建构了以事功为核心的思想理论体系,亦对明清"实学"的发展产生了一定影响,成为"非孟"潮流中具有鲜明特色的重要组成部分,表现了叶适希望通过著书立说引导南宋朝廷致力政治、社会、经济建设以走出危机的人生愿景。这正是叶适孟学思想研究之价值所在与显著特点。

35.[学位论文]

题　　　名:纪纲与法度:叶适政治制度学说研究

学位名称:硕士

出　　　处:武汉大学;2020

作　　　者:尚振扬(武汉大学)

摘　　　要:叶适政治思想中的制度思维特色已经得到了广泛的关注。既有研究较为笼统地分析叶适的制度思考,对政治制度的具体含义不加辨析。在此基础上,本文把政治制度具体细化为纪纲和法度两个概念,指出叶适提出了一套包括制度释义、制度归因和制度改革三部分在内的政治制度学说;并且在历史语境主义方法论的启示下,认为政治制度学说不仅是叶适对宋朝积弊丛生的现实做出的回应,也是他与理学家进行话语斗争的产物。第一章从政治背景、社会文化和个人生平三方面考察叶适所处的时代。宋朝对外屏弱无力、对内集权冗杂的政治环境塑造了叶适的所思所想;士大夫回向三代、以天下为己任的精神面貌和较为宽松的文化环境,特别是永嘉学派的治学传统和以朱熹为代表的理学家开出的正心诚意诉求,成为叶适借鉴、对话的学术资源;叶适求学、入仕的活动经历标志着政治制度学说可以划分为萌芽、成熟和中落三个阶段。第二章从制度释义、制度归因和制度改革三个方面梳理叶适政治制度学说的主要内容。纪纲和法度作为两种不同层次的制度性规定,具有得失属性,在社会政治生活中发挥着重要的作用。宋朝内忧外患的制度性根源在于纪纲过专和法度过密。纠偏的办法在于遵循借鉴古制、因时损益的基本原则

和采取重势分权、疏简法度的改革方案。第三章对叶适的政治制度学说
做出评价。一方面,叶适的政治制度学说在中国传统政治思想史上具有
丰富经世思想、奠定事功学派的制度本位思考和遥起后人思绪的独特贡
献,能够与新制度主义政治学展开对话,助益当下的政治发展和国家治
理。另一方面,叶适的政治制度学说深受君主专制制度的束缚,所提出的
改革建议不切实际、流于空想。以叶适的政治制度学说为研究起点,我们
能够得出中国政治思想史研究的几点心得。

1. [图书]

　书　　名:叶适评传

　出　　处:南京：南京大学出版社；1994；389 页

　作　　者:张义德

　摘　　要:本书依据马克思主义基本理论,系统、全面地介绍和评述了
叶适务实的唯物主义思想、功利主义的伦理思想,主张改革政治、经济、军
事上的积弊,以求裕民强国,实现抗金、恢复故土的深刻思想和宏图大略,
以及在危难之际守土抗战的杰出功绩,如实地再现了这位南宋的改革思
想家和爱国主义者的形象。本书从横向比较和纵向联系中肯定了叶适在
我国古代思想发展史上应有的地位。

　ISBN:7-305-01868-6

2. [图书]

　书　　名:叶适年谱

　出　　处:杭州：浙江古籍出版社；2006；208 页

　作　　者:周梦江

　摘　　要:本书按年月编排了叶适事迹和有关当时大事,考订叶适著作
的年代,钩沉和辑录叶适的佚文、佚诗,纠正史籍和前人的一些错误记载,
并评述叶适在抗金中的功绩及其历史地位。

　ISBN:7-80518-346-5

3.［图书］

 书 名：叶适研究

 出 处：北京：人民出版社；2008；267 页

 作 者：周梦江，陈凡男

 摘 要：《叶适研究》为"南宋史研究丛书"之一，对叶适做了深入的研究。叶适，南宋哲学家、文学家。叶适在哲学上是永嘉学派的代表，他持唯物主义观点，反对空谈性理，提倡"事功之学"，重视商业，主张提高商人地位，观点与朱熹、陆九渊对立。在诗文创作上，继承韩愈"务去陈言""词必己出"的传统，从观点到文字均力求新颖脱俗，提倡独创精神，主张"片辞半简必独出肺腑，不规仿众作"。其文雄赡，才气奔逸，尤以碑版之作简质厚重而著名当世。本书主要内容包括：叶适生长于动荡的社会、叶适的成长历程、金榜题名走上仕途、召赴临安、拥立宁宗与庆元党禁、叶适在北伐中的贡献、叶适的晚年、叶适的经学思想、叶适的经济思想、叶适的政治思想、叶适的文学思想、叶适的教育思想、叶适的史学思想和永嘉学派的兴起、衰落、影响等十四章内容。

 ISBN：978-7-01-006801-5

4.［图书］

 书 名：叶适的习学之道

 出 处：北京：中国社会科学出版社；2009；295 页

 作 者：蒋伟胜

 摘 要：本书首先从事功与成德两个维度把叶适的经学思想梳理出一个体系；而后在此基础上阐述叶适的外王内圣哲学，为正确了解叶适其人、其学提供了扎实的依据。本书不仅对于全面认识宋儒、正确评价宋儒各派思想长短优劣有价值，而且更重要的是对于今日继承儒学遗产有价值。如果沿着宋明理学路数发展下去，设定人生而备有仁义礼智，因而天性神圣，就会助长宗教化倾向；如果采用叶适路数，解释天命之性为心智能力而非天理,仁义礼智乃后天养成,就能与当今的知识体系相防调。儒学现代化恐怕要采纳叶适。

ISBN:978-7-5004-7853-9

5.[图书]

书　　名:叶适事功思想研究

出　　处:哈尔滨：黑龙江人民出版社；2009；272 页

作　　者:孙金波

摘　　要:叶适(1150—1223)是南宋永嘉学派的集大成者,是与朱熹(道学代表)、陆九渊(心学代表)"鼎足而三"的思想家。本书以叶适的事功思想为研究中心,力图把事功思想放在纵向考察与横向分析交合而成的坐标系上加以研究。既探索其历史渊源,又把握其时代背景,再分析其主要思想和基本观点,意欲对叶适事功思想进行全面、系统、深入的探讨和研究。叶适事功思想在政治、军事、经济、教育方面皆有具体表现:在政治思想方面,叶适对君臣之德提出了"务实不务虚"的原则,主张"实德"与"实政"双修;在军事思想方面,叶适主张"实谋",反对空谈;在经济思想方面,叶适提出了具有鲜明反传统特色的新"本末"论、新"四民"论,主张"本末并重",鼓励发展工商业,叶适区别了"理财"与"聚敛"之异,提倡"理财",反对"聚敛",主张为富人辩护;在教育思想方面,叶适提出教育要以经世为目的,反对死板的科举制度,重视士人价值。对事功思想的理论分析是本书研究的重点。关于道统及其精神实质,叶适与理学家有明显分歧。叶适否定了曾子、子思、孟子在道统中的作用,认为他们对原始儒学的真正精神未能全面传承。道统的内容应该是措物以成治,而不只是心性义理之学。叶适以全面的姿态对理学思想的各个方面进行批判,不但提升了事功思想的理论高度,而且深化了事功主旨,使永嘉事功之学最终成为系统的理论体系。这个体系呈现出既重体、重用又有明显事功倾向的特色。叶适事功思想的影响:永嘉学派在宋代命运不济,一方面是自身理论体系未臻于化境,同时,朱熹弟子对其思想的阐释以及在温州的传播,剥夺了永嘉学派的"地盘"。但永嘉学派的思想在后世影响颇著。本书作者阐释了晚明至清初诸儒与叶适事功思想之间的密切关涉,比较详细地分析了黄宗羲、戴震、王夫之、颜元等大儒对永嘉学派的态度以及现实诠释,发现每当社会面临整合重建等主题之际,学者们自觉应用的便是叶适的事功思想。对温州地区的影响也更加明显,具体表现在对"东瓯三杰"经世思想的影响方面,主要是对陈虬、宋恕、陈黻宸等人的经世思想的直接影响。同时,本书作者也着力阐发了叶适事功思想与温州人精神之间的"对应"关系,认为是叶适等永嘉学派思想家的主张成为温州人精神的源头活水,是温州人的"文化基因"。事功思想对我国社会主义市场经济条件下经济发展具有一定借鉴和启示意义。

ISBN:978-7-207-08381-4

6.[图书]

书　　名:叶适思想论稿

出　　处:合肥:黄山书社;2015;291 页

作　　者:俞　雄

摘　要:叶适集永嘉学派之大成,是永嘉学派的代表人物。他所代表的永嘉学派,与当时朱熹的理学派、陆九渊的心学派并列为南宋三大学派。深入研究叶适思想,可看出叶适从理论基础、根源上进一步批判理学,构筑了永嘉学派的理论框架。本书阐述了叶适对"道统"说、"心性"说的批判,总结揭示了叶适思想的理论价值。同时,阐述了晚清孙衣言重倡永嘉之学的历史意义,以及叶适经济思想的创新价值和他关于治国与经世的主张。

ISBN:978-7-5461-5033-8

7.[图书]

书　　名:叶适文学研究

出　　处:合肥:安徽大学出版社;2018;204 页

作　者:陈光锐

摘　要:本书结合叶适的家世和生平经历,探讨了他从一名游学四方、钻研时文的青年,成长为文坛盟主的历程;探讨了叶适的文学观和他为继承北宋古文传统所做的努力;讨论了关于叶适文学批评,叶适批评诗歌意在引导诗歌健康发展,破除因对《诗经》和孔子的过分尊崇而产生的一些不够客观的论点,并运用义理评判和艺术批评双重标准衡量历代散文的价值,以平视古今的眼光审视诗歌发展轨迹;阐明了叶适散文创作的宗旨——文关政教的实用观,其表现为构成支撑叶适散文创作宗旨的三根柱石的政论散文,以文化俗的记、序散文和以文辅史的碑志文。本文还从题材特点和艺术风格两个方面对叶适诗歌展开讨论。儒家的诗教观对叶适影响颇深,略显平淡的题材寄寓他的忧世情怀。艺术风格既不拘一格又内在统一,既具备宋诗雅洁的格调,又学习唐诗遒劲的风貌。

ISBN:978-7-5664-1620-9

三、永嘉学派衰落阶段

(一)陈耆卿

1.[期刊]

题　　名:论水心辞章之学的大众化和异化

出　　处:学术界;2006;第 3 期;第 137 页至第 141 页

作　　者:陈安金(浙江大学人文学院)

摘　　要:当永嘉学派在南宋晚期日益衰微时,叶适及永嘉学派的"永嘉文体"并没有被排斥出科场场域。水心辞章之学在朱学成为显学之后,仍然能够不绝如缕地传承下来,这就是从永嘉学派到永嘉文派的演进发展过程。其中陈耆卿、吴子良、舒岳祥、戴表元、车若水等在这一水心辞章之学的大众化和异化过程中扮演了主要角色。

ISSN:1002-1698

2.[期刊]

题　　名:宋代名志《嘉定赤城志》的历史价值

出　　处:中国地方志;2010;第 7 期;第 58 页至第 64 页,第 5 页

作　　者:李建军(台州学院中文系)

摘　　要：陈耆卿的《嘉定赤城志》与宋代其他方志相比，具有自己的独特价值，被誉为一代名志。一是体例更加完备，该志分 15 门，门下又设目，将地方的自然山川、历史沿革、赋役军防、风土人物等内容网罗殆尽，其中有的门如冢墓门、纪遗门、辨误门出于作者的创造，他志几乎没有，更是可以看出该志在体例上的完整。二是作者作为南宋岿然为世宗的文章家，其文学才华运用于该志的撰写中，使得该志词旨博赡，笔法精严，叙述咸中体裁，章法更加严谨，文笔也更加优美。三是作者作为一代英儒，其借古鉴今、经世济民的意识非常强烈，其微言大义贯注于该志的撰写中，使得该志的资鉴色彩更为浓厚。鉴往知来，《嘉定赤城志》的历史经验可以为当下的志书编纂提供借鉴。

ISSN：1002-672X

3.［期刊］

题　　名：陈耆卿六论

出　　处：台州学院学报；2013；第 35 卷；第 1 期；第 5 页至第 12 页

作　　者：林晖（临海市人大常委会）

摘　　要：陈耆卿是南宋末期重要的文史学家、永嘉学派最主要的传薪继焰者、浙东文派第一代传人。在我国历史上第一个把士、农、工、商四业皆为百姓之本业的观点，载入志书。由于《宋史》无传，其事迹只能从其作品及时人的文集中考证出一个粗略的轮廓。由于得到叶适的亲炙，其思想观点赫然刻上经世事功的烙印；其文学作品鲜明地标示文以载道、平易恣肆的特征；其史学成就，更以积十年之功，纫千岁之缺的一代名志《嘉定赤城志》为代表，从而奠定了在方志学上不可动摇的历史地位，"卓然为学者所宗"。

ISSN：1672-3708

4.［期刊］

题　　名：陈耆卿儒学思想述要

出　　处：台州学院学报；2021；第 43 卷；第 1 期；第 36 页至第 41 页
作　　者：路永照（温州大学哲学与社会发展研究所）

摘　　要：陈耆卿是南宋时期台州的著名文人，儒学家叶适的弟子。陈耆卿以文章行世，他工文字，善属文，践履文以载道，其文章透露的基本价值是儒家的尊德性与道问学精神。陈耆卿的作品，惯于从天人关系、道气流行推衍人之所当为，反映了他浓厚的整体生命观意识；而重视德性修养的自觉与践行，以及为官者以百姓生计为大计则是儒家治学精神在他一生经历中的切实表达。研究陈耆卿儒学思想有助于从整体上更详细地考察南宋时期浙东知识分子的政治主张与精神追求。

ISSN：1672-3708

1.[学位论文]

题　　　名：《嘉定赤城志》的历史地理学价值及其特点研究

学位名称：硕士

出　　处：华中师范大学；2019

作　　者：武超（华中师范大学）

摘　　要：《嘉定赤城志》成书于宋宁宗嘉定年间，由齐硕组织修纂，陈耆卿主笔编写完成。因台州境内有赤城山，南朝萧梁时期曾在台州地区设立赤城郡，故以赤城代指台州。本书是浙江台州地区现存最早的一部方志，具有非常高的史料价值。历代学者对本书均评价极高，但系统性的研究却寥寥无几。本文主要采用文献研究法、图表法与对比研究法，从三个方面对《嘉定赤城志》进行研究。第一部分对《嘉定赤城志》的基本情况进行概述。《嘉定赤城志》是在台州的政治地位有所提升、经济文化持续发展、方志编纂风气盛行的背景下由陈耆卿编写完成的。陈耆卿是台州临海县人，虽长期在外任职，却心系家乡，《嘉定赤城志》便是他为家乡留下的一部重要的文献成果。本书采用了纲目体的形式进行编纂，引用了正史、方志、文集、小说等众多文献，其中以地理类书籍的引用数目最多。第二部分对《嘉定赤城志》的历史地理学价值进行分析。在历史政区地理方面,本书对台州的政区进行了详细的梳理;在历史经济地理方面,本书详细记载了宋代台州的户口、土地面积、工商业发展等内容;在历史文化地理方面,本书主要记述了台州地区科举文化的兴盛,以及佛道文化在民间传播的状况;在历史城市地理方面,本书详细记载了宋代台州城垣的建制规模以及城内的街坊布局,为我们了解宋代台州的城市发展提供了重要的史料;在地名学方面,本书记述了台州各处地名的由来,并对部分存在讹误的地名源流进行了考证。第三部分对《嘉定赤城志》的文献特点进行分析。本书具有鲜明的文献特色:在思想方面,本书具有经世务实、注重儒家名教、希望后世以志为鉴的特点;在体例方面,本书具有体例条理清晰、图文并茂、注释内容丰富等特点;在内容方面,本书具有时代与地域特色鲜明、叙人简约传神、写景淡雅别致的特点;在史料考证方面,本书具有考证方法多样与考证材料详实的特点。虽然在体例安排与考证方面,《嘉定赤城志》仍有不足之处,但瑕不掩瑜,它仍是一部极为优秀的宋代方志。

(二)项　乔

1.[期刊]

题　名:朱王之间　融通心理——生活哲学视域下的项乔哲学思想研究

出　处:理论界;2013;第 7 期;第 141 页至第 143 页

作　者:张永路(天津社会科学院哲学所)

摘　要:在生活哲学的视阈下,理学与心学之间的论争深刻影响了当时的生活世界。如何化解理学与心学的对立、调和朱子之学与阳明之学的差异,这个问题引起了明代中后期学者们的极大关注。而永嘉后学项乔就是这些学者中的重要代表。他上承永嘉学派的事功思想,通过对"心"的重新考察,将生活哲学落实在"实行"上,最终达到了融通心学、理学的目的。

ISSN:1003-6547

2.[期刊]

　　题　名:项乔民政思想探析

　　出　处:浙江工贸职业技术学院学报；2019；第19卷；第2期；第69页至第73页

　　作　者:黄丹丹（温州大学）

　　摘　要:项乔民政思想产生于读书期间，成形于仕官阶段，受到永嘉之学、朱子之学、阳明之学的影响，重视"事功"，强调"以义为利"，认为利益的追求必须符合道义。项乔重视民生，打破"四民观念"，促进泸州等地商业的发展。他提出安民需践行儒学，选贤举能，轻徭薄赋，与民生息，虚心纳谏。项乔在其施政过程中也贯彻了民政思想，为地方经济的发展做出了贡献。

　　ISSN:1672-0105

3.[期刊]

　　题　名:温州家风家训现代传承路径探究——以《项氏家训》为例

　　出　处:兰台内外；2019；第10期；第74页至第76页

　　作　者:王密密（浙江安防职业技术学院）

　　摘　要:温州地区家风家训文化不仅孕育了温州历代英杰，同时对于现代家庭教育也具有极其重要的指导作用。《项氏家训》是温州地区家训文字的代表作之一。家训中重视德育与仪态养成，遵循子孙身心发展的规律，提倡分阶段教育，并营造读书崇德的家族氛围，提倡寒士之风的培养。这些内容对于目前温州地区出现的诸多家庭教育困境，指明了一条解决问题的途径。本文以《项氏家训》作为切入点，阐释其有关家庭教育的内涵，期望为温州教育发展提供一些有益的借鉴。

　　ISSN:1007-4163

四、永嘉学派重振阶段

(一)孙衣言

1.[期刊]

题　　名:谈孙衣言著《叶适年谱》的问题及其他

出　　处:温州师范学院学报（哲学社会科学版）；1997；第 4 期；
第 82 页至第 83 页

作　　者:周梦江（温州师范学院）

摘　　要:温州市图书馆所藏孙衣言《叶适年谱》抄本，近人陈谧怀疑非
孙衣言所著。但从此年谱内容来看，似有值得怀疑之处。

ISSN:1674-3563

2.[期刊]

题　　名:李鸿章等致孙衣言手札浅释

出　　处:收藏家；2005；第 5 期；第 39 页至第 43 页

作　　者:谢作拳（温州博物馆）

摘　　要:温州博物馆藏有清末大臣李鸿章、沈葆桢、郭柏荫等致孙衣
言的信札五则，共十二桢。这些信札是同治二年（1863）孙衣言任庐凤颖

兵备道时收到的,内容涉及清军与太平军交战的细节,是清兵镇压太平天国的真实记录,是研究后期太平军不可多得的文献资料。

ISSN:1005-0655

3.[期刊]

题　名:孙衣言及其《永嘉丛书》研究

出　处:东吴中文线上学术论文;2008;第1期;第165页至第180页

作　者:吴佩娟

摘　要:孙衣言(1814—1894)为晚清著名学者和古文辞家,毕生致力于乡邦文献之整理与研究,其藏书楼"玉海楼"为浙江四大藏书楼之一。著有《逊学斋集》,辑有《永嘉内外集》《瓯海轶闻》《永嘉丛书》传世。其《永嘉丛书》辑录永嘉学派重要著作13种,校勘精细,于文献学上具有珍贵价值。此书的出现,掀起了温州地区一场搜集整理乡先哲遗著的文化运动,踵接其后的《永嘉诗人祠堂丛刻》《敬乡楼丛书》与之具有一脉相承的紧密关系。

ISSN:2075-0404

4.[期刊]

题　名:孙衣言、成林、杨昌濬、蒋益澧致朱学勤手札

出　处:历史文献;2014;第1期;第115页至第143页;第6页至第7页

作　者:邹晓燕(上海图书馆)

摘　要:孙衣言(1814—1894),字琴西,号逊斋、颐斋,浙江瑞安人。道光三十年进士,官至太仆寺卿。辑有《永嘉丛书》《瓯海轶闻》。成林(? —1879),字竹坪,满洲镶白旗人。咸丰五年举人,累官光禄寺卿,总理衙门大臣,工部、吏部侍郎。杨昌濬(1826—1897),字石泉,湖南湘乡人。咸丰间先后随胡泽南、左宗棠征安徽、江西,屡有战功,累官浙江盐运使、布政使,浙江巡抚,漕运总督,闽浙、陕甘总督。蒋益澧(1833—1874),字

芗泉,湖南湘乡人。咸丰二年入湘军,以镇压太平军军功累官广西、浙江布政使,浙江、广东巡抚。本辑所录手札原件均藏于上海图书馆。

5.［期刊］

题　名:孙衣言与曾国藩的交往

出　处:温州职业技术学院学报;2015;第15卷;第4期;第5页至第8页,第35页

作　者:谢作拳(温州博物馆)

摘　要:孙衣言致力于复兴永嘉学派,致仕后投身乡里教育事业,促进温州文化教育的发展。他一生交游广泛,尤其在仕途上的成长得曾国藩的帮助最大,为曾国藩门生,又是幕僚。孙衣言与曾国藩会面及书信往来涉及奇闻逸事、诗词文章、时政等,两人交往密切。

ISSN:1671-4326

6.［期刊］

题　名:孙衣言师生与近代浙江方志

出　处:温州职业技术学院学报;2015;第15卷;第4期;第9页至第13页

作　者:徐逸龙(永嘉县地方志编纂委员会办公室)

摘　要:晚清学者孙衣言出经入史,期求表彰乡贤、弘扬学术,潜心方志编修事业;与弟孙锵鸣积极呼吁浙江及温州各地地方官编修方志,并广泛搜集分类整理史料,奠定近代浙江修志规模。孙衣言子孙诒让继承方志编修事业,修志博极群书;弟子王棻编修浙南各地县志和杭州府志;弟子徐定超和孙衣言孙孙孟晋先后担任《浙江通志》提调和重修总纂,再传弟子刘绍宽编纂《民国平阳县志》等。他们都延续孙衣言的方志编纂思想,形成浙南修志名家群体,推出一批名志、佳志,闻名全国方志界。

ISSN:1671-4326

7.［期刊］

　　题　　名：“温州学”研究的先驱——纪念孙衣言先生诞辰 200 周年

　　出　　处：温州职业技术学院学报；2015；第 15 卷；第 4 期；第 1 页至第 4 页

　　作　　者：洪振宁（温州市社会科学界联合会）

　　摘　　要：孙衣言是晚清特立之儒,在重振永嘉学术、培养经世之才和留存文化遗产等诸多方面,为晚清温州文化建设做出了巨大贡献。他对温州学术的重视史无前例,面对内忧外患,力图将区域遗产转变为面对现实的活的文化。他的努力,彰显了南宋永嘉学术的繁荣景象,并为近代温州文化发展奠定了基础。

　　ISSN：1671-4326

8.［期刊］

　　题　　名：孙衣言与曾国藩交游考

　　出　　处：蚌埠学院学报；2015；第 4 卷；第 6 期；第 156 页至第 159 页

　　作　　者：刘雪平（湖南图书馆）

　　摘　　要：以孙衣言与曾国藩交游为着眼点进行梳理,瑞安孙氏是温州地区的文化望族,开启孙氏家学、让孙氏声名始著的人当属孙衣言;孙衣言出曾国藩门下,在其政治生涯中曾国藩的影响甚巨,自清道光年间结识以来,两人诗文互动和召饮宴游不断。从两人的交游过程中可以看出曾国藩和孙衣言在学术倾向、文学主张和政治理想方面都具有共同的特性,并可从中解读分析曾国藩幕府的思想文化状况,为研究当时的社会历史提供珍贵的原始史料。

　　ISSN：2095-297X

9.［期刊］

　　题　　名：论孙衣言与越南贡使的《太仆公与安南行人笔谈问答

长卷》

出　　处:温州大学学报（社会科学版）；2020；第 33 卷；第 6 期；第 10 页至第 18 页

作　　者:张侃（厦门大学历史系）

摘　　要:孙氏家藏文献中的《太仆公与安南行人笔谈问答长卷》,是关于孙衣言与越南贡使裴文祀笔谈活动的珍贵史料。从笔谈的内容看,其主要为孙衣言评点裴文祀等人的诗作,与裴文祀等人就诗歌创作进行交流,询问越南的诗集刊刻以及科举制度、职官制度等方面的情况。此外,孙衣言还与裴文祀等人进行诗文唱酬。这些事例说明,在清朝朝贡体系之下,与周边地区交往所开展的诗文唱和、互赠文集、题字等活动,成为两国或多国之间进行文化交流和塑造文化认同的重要手段。这是东亚社会建构国际秩序的重要内容。然而,此时东亚国际格局已发生了较大的转变,朝贡体系已趋于瓦解,故孙衣言与裴文祀等人的会面酬唱凸显出了强烈的现实针对。

ISSN:1674-3555

1.[学位论文]

题　　名:孙衣言研究

学位名称:硕士

出　　处:华中师范大学；2015

作　　者:杨猛（华中师范大学）

摘　　要:孙衣言是晚清一位很有名望的学者,他在诗词、文章、辑佚、藏书、校勘以及书法等方面都成就斐然,其著作、辑刻有《瓯海轶闻》《永嘉丛书》《逊学斋文钞》《逊学斋诗钞》等传世,可谓著作等身。孙衣言一生轨迹是很明了的,早年勤治举业,中年游宦多方,晚年醉心于永嘉学术,其以儒者自命,立身行事皆有依据,道德学问颇具根柢。他的诗歌师法古人,而能自成一家,时人争相传诵;所作文章自然朴实,义理充足,考据精审,敦一郡文风;大张永嘉经制之学,致力于搜求永嘉诸先贤之遗著、轶事,著书表彰之,瑞安整理乡贤遗著之风遂起。关于孙衣言的研究目前差不多仍停在整理与认识阶段,由于孙衣言许多著作未系统地整理出版,且其手稿搜讨不易,所以欲对其做全面研究和评价殊为困难。孙衣言身处晚清,当时风云突起,中西互相激荡,学者们所受冲击巨大,反应不一,以致思想纷杂多元,亟待对学者中个体学术思想进行全面探讨,以裨益于整个晚清学者群体的研究,孙衣言既为晚清学者之一份子,对晚清局势的影响无法规避,这些自然出现在其学术关注之中。本文拟主要通过梳理其生平事迹及学术活动的轨迹,在此基础上明其主要治学旨趣,并对其主要方面的特点给出评论,为以后对其全面评价与探讨添砖铺石,也间接为晚清学者群体的研究稍尽绵薄之力。

1.[图书]

书　　名:孙衣言孙诒让父子年谱

出　　处:上海:上海社会科学院出版社;2003;491 页

作　　者:孙延钊撰;徐和雍,周立人整理

摘　　要:孙氏父子生活在同一个时代,父子二人的政治观、文化观、道德观和价值观多有相同之处,存在着继承和发展的关系,尤其是在学术上,他们紧密相连,不能断然分开。孙衣言平生以振兴永嘉学派为己任,在游宦中不忘学术研究,编纂出版了《永嘉丛书》,为重振永嘉学派呕心沥血,被誉为"晚清特立之儒"。孙诒让秉承家学,继承父志,毕生从事学术研究。他承前启后,"开新造大",写成了《周礼正义》《墨子间诂》等巨著,并在经学、史学、文字学、方志学及考据、校勘、目录等众多学科中都取得了显著成绩,成为晚清的朴学大师。20 世纪 30 年代,孙延钊出于对桑梓历史文化的深切关怀,同时为了搞清其父祖的生平事迹及学术成就,长达数载埋头于玉海楼案桌上,阅读和清理孙衣言、孙诒让的著作、函牍、书批、札记,并一一加以摘录。正如章炳麟所说:"其散在筐箧者,非其子姓莫能理。"作为儿孙的孟晋终于把家藏有关孙衣言、孙诒让的大量文稿资料清理出来,经过爬梳和排比,编纂成两部年谱手稿,约 80 万余字。《孙衣言孙诒让父子年谱》的整理编辑,为人们研究孙氏父子提供了极为重要的资料。其中收录在年谱附录里的孙衣言 5 部日记,更是首次问世,弥足珍贵。同时,从谱中还可以了解到晚清振兴永嘉学派的基本过程和温州的优良文化传统,对促进温州学的创建也大有裨益。

ISBN:7-80681-175-3

(二)孙锵鸣

1.[期刊]

题　名:孙锵鸣致林鹗信札二通考释

出　处:温州文物;2016;第 1 期;第 26 页至第 31 页

作　者:谢作拳(温州博物馆)

摘　要:2013 年人民文学出版社出版的陈烈主编的《小莽苍苍斋藏清代学者书札》一书中,收录了孙锵鸣的信札二通,据考证均致林鹗。现加以整理考释,并述及二人之间的交往,重温二人之间几十年的情谊。

2.[期刊]

题　名:孙锵鸣、李鸿章师生交谊考

出　处:温州职业技术学院学报;2017;第 17 卷;第 4 期;第 12 页至第 16 页

作　者:谢作拳(温州博物馆)

摘　要:晚清重臣李鸿章誉满天下、谤满天下,是我国近代史上极具争议又极有影响力的人物。道光二十七年(1847),李鸿章参加会试,得同考官孙锵鸣的举荐后考中进士,从此两人有了师生交谊。两人见面的机会虽然不多,但李鸿章非常看重这段情谊,一直保持与孙锵鸣的联系,甚至极为关注孙锵鸣后辈的成长。两人师生交谊延续近一个世纪,有重要的文化意义。

ISSN:1671-4326

3. [期刊]

题　名:清末士绅与书院教化——以孙锵鸣兴贤育才实践为中心的考察

出　处:温州职业技术学院学报;2017;第17卷;第4期;第17页至第21页

作　者:王兴文,曹瑞冬(温州大学人文学院)

摘　要:孙锵鸣是清末士绅群体的代表,先后主讲苏州、南京、上海、温州等地书院,他站在永嘉学派的立场上积极倡导实学教育,并落实于书院讲学中,实际反映了地方精英回应时代风潮的能力和方式。清末士绅在书院教化的过程中实际经历了权力及利益的迁移、重组和授予。孙锵鸣对"兴贤育才"这种传统教化路径的依赖和批评凸显出群体权力和利益的变化,以及关于身份与现实冲突的调适。

ISSN:1671-4326

4. [期刊]

题　名:孙锵鸣与金钱会——孙锵鸣致吴一勤佚信考释

出　处:温州大学学报(社会科学版);2019;第32卷;第1期;第94页至第99页

作　者:潘猛补(温州市图书馆古籍部)

摘　要:发生在咸丰十一年(1861)的金钱会事件,其实乃是金钱会与孙锵鸣所组建的白布会之间的武装冲突。金钱会"革命"是一个"美丽"的谎言,孙锵鸣由于金钱会事件被罢官也不完全是冤假错案。《瓯海谱牒文献汇编》据光绪己丑年(1889)《瑞安榘溪吴氏宗谱》收录的文献中有孙锵鸣致吴一勤佚信六通,事关金钱会,为《孙锵鸣集》所未收,本文特予刊布并略做考释。

ISSN:1674-3555

5.[期刊]

题　名:俞樾与孙锵鸣交游考

出　处:浙江档案；2019；第12期；第47页至第49页

作　者:赵丹[1]，陈盛奖[2]（1.平阳县图书馆；2.平阳县方志研究办公室）

摘　要:俞樾与孙锵鸣是近代浙江文化史上两位重要的人物，他们分属浙北、浙南，人生本无太多交集，然而二人遭逢际遇颇为相似，又通过孙衣言、宋恕二人沟通，将他们紧紧联系在一起。本文初步考述俞樾赴闽探亲往返经过瑞安途中与孙锵鸣的晤面过程，以及通过孙锵鸣女婿、俞樾弟子宋恕，考察孙锵鸣与俞樾交游关系，以管窥近代文化世家之间的互动。

ISSN:1006-4176

1.[学位论文]

题　名:孙锵鸣行实著述考绎

学位名称:硕士

出　处:杭州师范大学；2019

作　者:张时雨（杭州师范大学）

摘　要:孙锵鸣是晚清温州地方一位颇具声望的学者、教育家、政治家。他出身于晚清著名的学术家族——瑞安孙氏。孙氏一族人才辈出，先有其兄孙衣言官至太仆寺卿，辑刻《永嘉丛书》，后有其侄孙诒让潜心研究经学、校勘学、考据学，于墨学尤多发覆，成为晚清一代巨儒，获得章太炎"三百年绝等双"之美誉。学界有关瑞安孙氏的研究的确不少，但主要集中于大儒孙诒让一人身上，或对其父孙衣言进行研究。由于孙诒让父子二人的光芒过甚，以致遮蔽了孙氏家族其他学者的光芒，使得相关研究不够深入。孙锵鸣一生的经历颇为不凡，他身处清末时期，正是清廷内忧外患、风雨飘摇之时。他的人生轨迹可分为求学、入仕、教书三个阶段。他为官时历任广西学政、武会试副考官、侍讲学士、侍读学士等职，历经太平天国运动、鸦片战争、金钱会起义等近代重大历史事件,参与时政,具有一定的政治、历史地位。而他罢官返乡之后则致力于著书立言、教书育人,辗转于浙江、江苏、上海三地的多个书院,为清末书院教育事业贡献颇多。此外,孙锵鸣在诗词文章、辑佚校勘、经史研究、搜集乡邦文献等方面也颇有成就,其著述亦留存颇多,有诗文集《海日楼遗集》,有保存和评论温州地方诗人作品的《东嘉诗话》,有《吕氏春秋》注释校正成果《吕氏春秋高注补正》,也有搜集温州地方史料书写温州地方史的《东瓯大事记》。孙锵鸣作为晚清时期温州地方有一定政治、历史地位的学者与教育家,具有重要的研究价值,但是学界目前关于他的研究并不多。本文通过搜寻查阅各类孙锵鸣所撰写之文献材料以及与之相关的文献资料,先是对他的家世、生平以及交游情况进行详细梳理,再对他的多本著述进行考略,以期能以其生平、交游、著述三方面完整展现孙锵鸣的个人经历、历史形象及其学术贡献,为温州地方历史人物和清末传统士人群体的研究做出贡献。

(三)孙诒让

1.[期刊]

题　名:孙诒让传

出　处:国粹学报;1908;第4卷;第7期;第14页至第17页

作　者:章太炎(《民报》杂志社)

摘　要:孙诒让,字仲容,浙江瑞安人也。父衣言,太仆卿,性骨鲠,治永嘉之学。而诒让好六艺、古文。

2.[期刊]

题　名:孙诒让传

出　处:亚洲学术杂志;1921;第2期;第1页至第7页

作　者:章梫（北京女子师范学校）

摘　要:孙诒让,浙江瑞安人,同治六年举人,报捐刑部主事,签分未久,引疾归。穷经著书,垂四十年,光绪二十九年,开经济特科,吏部尚书张百熙、工部左侍郎唐景崇、两湖总督张之洞交章荐之。

3.［期刊］

题　名:清孙诒让先生传：永嘉耆旧传儒林之一

出　处:燕大月刊；1930；第 6 卷；第 3 期；第 72 页至第 73 页

作　者:董允辉（浙江化工学校）

摘　要:孙先生诒让,字仲容,别号籀颐,瑞安人,太仆公衣言之子也。太仆以治永嘉学闻名当世,而先生则好六艺、古文。

4.［期刊］

题　名:孙诒让之政治思想：为仲容先生百岁诞辰纪念作

出　处:浙江学报；1947；第 1 卷；第 1 期；第 1 页至第 8 页

作　者:张其昀（浙江大学）

摘　要:孙仲容先生在清道光二十八年(1848)八月十九日(阳历 9 月 16 日)诞生于浙江温州沿海的瑞安县。1949 年适为先生百岁诞辰纪念。清代中叶,是考证学派全盛时期,在政治上却是海疆多故、世变日亟。

5.［期刊］

题　名:我对朴学大师孙诒让先生的认识

出　处:图书展望；1947；第 5 期复刊；第 10 页至第 11 页

作　者:李笠（复旦大学）

摘　要:孙先生诒让,字仲容,是清代经古文学家强有力的殿军,又是晚近研究殷墟甲骨文字的开山祖。

6. [期刊]

题　名: 试论孙诒让的生平及其思想

出　处: 温州师范学院学报（人文科学）；1963；第 1 期；第 59 页至第 69 页

作　者: 胡福畴[1]，洪震寰[2]（1. 温州师范学院，2. 温州师范学院）

摘　要: 孙诒让(1848—1908)，字仲容，别号籀廎，浙江省瑞安县人。生平精研经、史、子学和文字学，遗著已刊及未刊者凡三十余种，多精审绝伦。近世国内外研究甲骨文字，以孙氏为第一人。自来以迄晚清，对金文的探索，以孙氏的创获为特多。孙氏的《墨子间诂》，俞樾以为"自有墨学以来，未有此书也"。他的另一部重要著作《周礼正义》，章太炎说是"古今言《周礼》者，莫能先也"。文章对孙诒让的生平及其思想进行了论述。

ISSN: 1674-3563

7. [期刊]

题　名: 孙诒让著述考略

出　处: 温州师范学院学报；1980；第 2 期；第 72 页至第 79 页

作　者: 董朴垞（浙江工学院）

摘　要: 瑞安孙诒让(1848—1908)，学问渊通，潜心经术垂四十年，著纂宏博，为世所称。其书已成者二十六种，未成者七种，别有题跋书牍之属，不在著纂者，不可胜记。顾其书内容，未有简明记述，兹考其著述，分内编，属于自己所著各书的，曰经术类、小学类、诸子类、文献类、结集类；外编，属于批校他人所著各书的。如此，则孙先生一生著书成绩约略尽矣。

ISSN: 1674-3563

8. [期刊]

题　名: 孙诒让和他的玉海楼藏书

出　处：图书馆研究与工作；1981；第 1 期；第 2 页

作　者：杨渭生（浙江大学）

摘　要：孙诒让作为晚清的经学大师，杰出的古文字学家、考据学家、著名的藏书家、校勘目录学家、卓越的教育家，在清代以至于整部中国学术史上都有重要的地位，是应当各有专门研究的。本文仅就孙诒让的生平简历、学术成就及其"玉海楼"藏书做点介绍，挂一漏万，谬误之处，请读者指正。

ISSN：2096-2363

9.[期刊]

题　名：孙诒让的《光不灭说》

出　处：中国科技史杂志；1982；第 3 期；第 84 页至第 85 页

作　者：洪震寰（温州师范学院）

摘　要：孙诒让（1848—1908），字仲容，号籀庼。浙江省温州瑞安县人。晚年，他认识到西方自然科学之体精用博，如饥似渴地进行学习、钻研。像《亚泉杂志》《科学世界》和《格致须知》等科技书刊，他几乎是每天必读的。他自修英文，直接阅读原著。孙氏不但在办学活动中特别重视自然科学教育，而且还曾主持创办或参与创办务农学会瑞安支会和瑞安天算学社等两个科学团体，倡导科学技术试验活动。孙氏还撰写过几篇自然科学方面的专门文章，例如《续〈明鬼〉篇下》和《以太篇》等。其中最精彩的是《光不灭说》。

ISSN：1673-1441

10.[期刊]

题　名：杭大藏孙诒让《经迻》稿本略说

出　处：杭州大学学报（哲学社会科学版）；1982；第 3 期；第 97 页至第 99 页

作　者：雪克（浙江大学）

摘　要：瑞安孙诒让(1848—1908)是晚清一位对经学、诸子学以及古文字学都有重要贡献的著名学者。他一生著述繁富，已刊定者有二十余种。未刊行的尚有数种，《经迻》盖其一。以其未经刊定，学人未见，故各家著述多无言及是书者。孙氏玉海楼藏书，和孙氏手校、手稿本，现多由杭州大学图书馆收藏。在他诸多的手校、手稿本中，有关《经迻》一书的，笔者见到过两个本子。一是孙氏以江西刻阮元校勘的《十三经注疏》为底本，通校全经，多有朱墨校语于书眉。这个本子，共一八四册，杭大图书馆编《馆藏善本书目》(下简称《书目》)著录作："经迻手稿不分卷。"这部分孙氏校经的成果，笔者已依例选录、整理，汇成专著，题作《十三经注疏校记》，并撰文介绍，此不详述。另一个本子，就是这里要说的"《经迻》稿本"。该稿本，《书目》著录作："经选节本不分卷，清孙诒让撰，手稿本有玉海楼藏印。"今按：这个稿本，小三十二开，十六页，中有空白数纸，原题"经迻"二字于册端，册中夹有浮笺。

ISSN：1000-2081

11.[期刊]

题　名：孙诒让诗文遗稿补辑（上）

出　处：文献；1984；第 1 期；第 179 页至第 199 页

作　者：孙延钊[1]，张宪文[2]（1.浙江省图书馆，2.温州市图书馆）

摘　要：瑞安孙诒让(1848—1908)，字仲容，号籀庼，是晚清著名学者。所著《周礼正义》《墨子间诂》《古籀拾遗》《名原》《札迻》《契文举例》等书，在经、子、古文字学方面，均成就卓著。章炳麟誉其学为"淹通今古"(《孙仲容先生年谱叙》)，"三百年绝等双"(《章氏丛书·文录卷二·孙诒让传》)，曾给予高度评价。至其单篇学术论著，孙氏曾手订《籀庼述林》八卷，所有诗文之类均摒而不录。此书生前未及行世，迨身后，乃由其从弟诒棫续辑笺、书、记、状等文，合前手订者都为十卷，刊行于 1916 年。

ISSN：1000-0437

12.[期刊]

题　　名：试论孙诒让的书目工作实践及其目录学思想

出　　处：江苏图书馆学报；1985；第 3 期；第 37 页至第 39 页

作　　者：朱静雯（武汉大学图书情报学院）

摘　　要：孙诒让（1848—1908），字仲容，号籀庼，浙江瑞安县人，清同治六年举人。光绪三十一年，被聘为京师大学堂教习，三十三年，征为礼部礼学馆总纂，为晚清著名的经学家及金石学家，同时也是一位很少被人注意的目录学家。

ISSN：1672-514X

13.[期刊]

题　　名：孙诒让《札迻》之校勘学研究

出　　处：社会科学战线；1985；第 4 期；第 307 页至第 315 页

作　　者：王世伟（华东师范大学）

摘　　要：在晚清的学术舞台上，孙诒让可以说是荟萃前贤、雄视当代，他与俞樾、黄以周被称为晚清浙江三先生，然以学术成就而论，俞、黄显然不能与孙氏相颉颃，所以章炳麟称赞孙诒让是"三百年绝等双"的学术巨人。孙诒让一生校书近百种，其最有代表性的著作就是《周礼正义》《墨子间诂》和《札迻》。俞樾《札迻序》谓：孙诒让"其好治间事盖有甚于余矣。至其精熟训诂，通达假借，援据古籍以补正讹夺，根柢经义以诠释古言，每下一说辄使前后文皆怡然理顺。阮文达序王伯申先生《经义述闻》云，使古圣贤见之必解颐曰，吾言固如是，数千年误解今得明矣。仲容所为《札迻》大率同此"。此非过誉之词。因此章炳麟和马其昶都曾将《札迻》比之王念孙的《读书杂志》。

ISSN：0257-0246

14.[期刊]

题　名:孙诒让序跋辑录

出　处:文献;1986;第 1 期;第 174 页至第 198 页

作　者:孙延钊,张宪文（浙江省温州市图书馆）

摘　要:余既据孟晋先生所辑《经微室遗集》(稿本,藏温州市图书馆)举孙诒让氏诗文遗著之未传世者,为《孙诒让诗文遗稿补辑》刊之于《文献》,兹复取孟晋先生编述之《孙征君籀庼公年谱》(抄本,藏温州市图书馆)所录及别见之孙氏遗文,择要钩稽标点,集为一编,委《文献》刊之,并申述数事如次。

ISSN:1000-0437

15.[期刊]

题　名:孙诒让《札迻》校点前记

出　处:杭州大学学报（哲学社会科学版）;1987;第 1 期;第 94 页

作　者:雪克（浙江大学）

摘　要:《札迻》是晚清著名学者孙诒让的校勘、训诂名著。孙氏一生,博览群籍,无意仕宦,刻意治学,长于训诂,勤于校勘,覃思精研,著作等身。光绪十九年癸巳,时年四十六岁,他集三十年来校读七十八种古籍札记之所成,择其要者,而撰成《札迻》一书,于次年刊成,成为他校勘、训诂群籍的代表作之一。

ISSN:1000-2081

16.[期刊]

题　名:孙诒让普及教育思想述评

出　处:教育评论;1987;第 4 期;第 54 页至第 57 页

作　者:童富勇（杭州师范大学）

摘　要:孙诒让(1848—1908)是晚清经学大师,也是著名的教育家。

从甲午战争之后至 1908 年逝世,他在瑞安、温州等地先后创办了瑞安学计馆(1896)、温州蚕学馆(1897)、瑞平化学堂(1898)等国内最早的专业学校。1905 年后,他又被推为温州、处州(丽水)两府学务分处总理。在短短三年时间里创办各级各类学校 300 余所。他对当时的教育提出了一系列发展计划,并产生一定的影响。与他同时代的许多学者名士对他的教育活动和思想都有很高的评价。辛亥革命后,他作为著名教育家被列入《第一次中国教育年鉴》。他的教育思想丰富,自成一体。下文就他的普及教育思想做些阐述和评价。

ISSN:1004-1109

17.[期刊]

题　名:孙诒让教育思想评述

出　处:杭州大学学报(哲学社会科学版);1988;第 1 期;第 131 页至第 138 页

作　者:童富勇(杭州师范大学)

摘　要:孙诒让作为清末的一位著名经学大师,他在文字训诂学上的成就得到了学术界的高度评价。但迄今很少有人把孙诒让作为一个有影响、有成就的教育家,对他的教育活动和教育思想进行系统的研究。事实上,孙诒让的毕生活动可以甲午战争为标志,分作两个阶段。甲午战争前,他以经学上的成就扬名海内;甲午战争后,他受梁启超、黄绍箕等资产阶级改良派的影响,认为他多年潜心研究经学"刍狗已陈,屠龙无用",深悔生平所习"与现时不相应",毅然放弃"矻矻治经生之业",转而走上教育救国的道路,成为清末著名的教育家。

ISSN:1000-2081

18.[期刊]

题　名:论孙诒让

出　处:杭州大学学报(哲学社会科学版);1988;第 18 卷;第 4 期;

第 32 页至第 40 页，第 83 页

作　　者：徐和雍（浙江大学）

摘　　要：孙诒让（1848—1908），字仲容，号籀庼，浙江瑞安人，以巨大的学术成就名垂青史。1988 年是孙诒让诞辰一百四十周年，逝世八十周年。当我们怀着崇敬心情，隆重纪念我国历史上这位文化名人之际，有必要首先搞清他是一位什么样的人物，有哪些成就和贡献，应如何继承和发扬。本文试图就此谈谈看法，不当之处，请专家学者和同志们指正。

ISSN：1000-2081

19.［期刊］

题　　名：杭州大学与孙诒让学术研究——纪念孙诒让诞辰 140 周年、逝世 80 周年

出　　处：杭州大学学报（哲学社会科学版）；1988；第 18 卷；第 4 期；第 30 页至第 31 页

作　　者：徐规（浙江大学）

摘　　要：孙诒让（字仲容，号籀庼）先生（1848—1908）是清季朴学大师，他的学术成就早已有口皆碑，其著述曾经启迪和引导众多青年学子走上成材的道路。四川大学著名教授徐中舒先生回忆说，他在 20 世纪 20 年代初读到孙诒让的《名原》《契文举例》等书，使他眼界一新，从而认识到掌握古文字知识是研究古代历史文化必不可少的工具。孙先生又是我国近代教育的开拓人，对兴办乡邦各类各级的新式学校做出了重要贡献。他的业绩是值得后人永远纪念的。

ISSN：1000-2081

20.［期刊］

题　　名：纪念孙诒让学术讨论会在瑞安市举行

出　　处：温州师范学院学报（哲学社会科学版）；1988；第 4 期；第 100 页

作　者：如元

摘　要：纪念孙诒让诞生 140 周年大会与学术讨论会于 10 月 27 日至 29 日在孙氏故乡瑞安市举行。学术讨论会由温州师范学院、杭州大学、浙江省社会科学院联合召开。筹备过程中，得到了许多学者和瑞安市人民政府的热情关注和支持。讨论会收到的 32 篇论文分别就《周礼》《周礼正义》《墨子》《墨子间诂》，孙氏的学术思想与治学道路，孙氏在古文字学、校勘学、目录学方面的成就和贡献，孙氏的教育思想、经济思想及其实践活动，进行了深入的探讨。

ISSN：1674-3563

21. **[期刊]**

题　名：孙诒让的经济主张及其实践

出　处：浙江学刊；1989；第 2 期；第 43 页至第 51 页

作　者：林树建（浙江省社会科学院）

摘　要：孙诒让（1848—1908）是晚清著名学者。他不仅对经学、诸子学、古文字学有开新造大的贡献，还好为匡时救国议论。特别在中年以后，外祸日迫，内政日非，他目睹清廷蠹朽，曾提出一整套改革经济、变法图强的主张。

ISSN：1003-420X

22. **[期刊]**

题　名：孙诒让和墨学研究

出　处：杭州大学学报（哲学社会科学版）；1990；第 20 卷；第 4 期；第 45 页至第 52 页

作　者：朱宏达（浙江大学）

摘　要：十多年前，笔者从王焕镳师习治墨学，读《墨子》书，每每听到老师对孙诒让《墨子间诂》的赞美之辞，誉之为墨学研究中的旷代之作。1988 年 10 月，笔者随杭大代表团参加了在瑞安举行的孙诒让诞生 140

周年、逝世 80 周年暨学术讨论会,参观了玉海楼藏书和纪念馆,瞻仰了孙
诒让的故居和墓地,访问了他当年在浙南创办的学校,目睹这位近代教育
家兴学育才的流风遗韵,比较具体地认识到:孙诒让之所以在晚清学术史
上有如此崇高的地位,不仅跟他博览群籍、淹通各种学术而不依傍门户有
关,也跟他具有经世致用、维新爱国的思想是分不开的。

ISSN:1000-2081

23.[期刊]

题　名:《孙诒让遗文辑存》拾遗

出　处:文献;1991;第 4 期;第 193 页至第 202 页

作　者:潘猛补（浙江省温州市图书馆）

摘　要:张宪文先生据孙延钊先生所辑《经微室遗集》,及所编《孙征
君籀廎公年谱》等书,整理成《孙诒让诗文遗稿补辑》《孙诒让序跋辑录》
《孙诒让杂文辑录》《孙诒让书札辑录》《孙诒让遗文续辑》等篇,陆续刊于
《文献》杂志上。后又将孙氏所有文辞汇编为《孙诒让遗文辑存》一书,由
浙江人民出版社出版。这对研究孙氏学术颇有参考价值。然孙氏琐琐篇
章,整理繁难,漏辑遗文在所难免。今以搜集所得,作一拾遗,以飨同好。

ISSN:1000-0437

24.[期刊]

题　名:"三百年绝等双"的朴学大师孙诒让

出　处:社会科学辑刊;1992;第 1 期;第 82 页至第 88 页

作　者:杨向奎（中国社会科学院历史所）

摘　要:被誉为清三百年朴学之殿的清朝朴学大师孙诒让以疏《周
礼》有《周礼正义》,及释《墨经》有《墨子间诂》等巨著而在史界占有重要地
位。其《周礼正义》所发正数十百事,藉发郑注之渊奥,禅贯疏之遗阙,对
《周礼》这部政治典章制度史进行注疏、释义。对《周礼》中的地方组织、土
地制度和士庶属性三方面的疏通、证明贡献最大。后辈以国家之富强,从

政教入，由此得到启发、教育。《墨子间诂》则是把《墨经》这部经书中难解的词加以解释注疏，而且还涉及一些自然科学方面的知识，如数学上的"徙"应改为"從"，此即指直角坐标的坐标旋转而言，在 $\pi/2$ 内旋转，诸如此类等等。自有《闲诂》后，《墨经》则神旨迴明，文可讽诵。而诒让大师本身之学术兼包金榜、钱大昕、段玉裁、王念孙四家，其明大义，钩深穷高，几驾四家上。不愧为"三百年绝等双"的朴学大师。

ISSN：1001-6198

25.[期刊]

题　名：论孙诒让的学校管理思想

出　处：浙江师大学报（社会科学版）；1992；第 1 期；第 81 页至第 86 页，第 16 页

作　者：童富勇（杭州师范大学）

摘　要：孙诒让的学校管理思想是十分丰富的，在中国近代学校管理思想发展史上具有一定地位。戊戌变法前后，孙诒让曾亲自创办和管理过瑞安学计馆、瑞安方言馆、瑞平化学堂、温州蚕学馆和温州府中学堂等学校。后期又领导创办了温州初级完全师范学校。长期的学校管理实践，使他积累了较为丰富的学校管理经验。由他亲自起草或制定的《瑞安算学书院章程学规》《温州府官立中学暂定章程》《温处学务分处暂定学堂管理法》《温州初级完全师范学校暂定章程》，较全面地反映了他的学校管理思想。本文就学校管理学中的编班、排课表、学籍管理、教师管理、学生管理等问题，评述孙诒让的学校管理思想，以补孙诒让教育思想研究之缺。

ISSN：1001-5035

26.[期刊]

题　名：孙诒让对浙江近代教育的贡献

出　处：华东师范大学学报（教育科学版）；1993；第 1 期；第 81 页

至第 86 页

作　者：童富勇（杭州师范大学）

摘　要：孙诒让(1848—1908)，字仲容，号籀庼，浙江瑞安人。早年对朴学有浓厚兴趣，以《周礼正义》《墨子间诂》等学术专著，奠定经学大师的地位，扬名海内外。甲午战争后，他受梁启超及同乡好友黄绍箕等资产阶级改良派的影响，毅然放弃"矻矻治经生之业"，转而走上教育救国的道路。先后在家乡创办了瑞安学计馆(1896 年)、瑞安方言馆(1897 年)、温州蚕学馆(1897 年)、瑞平化学堂(1899 年)、温州府中学堂(1902 年)、温处暑期音乐讲习所(1906 年)、博物讲习所(1907 年)、理化讲习所(1907 年)、温州初级完全师范学堂(1908 年)等学校 20 余所。其中像学计馆早于浏阳算学馆，蚕学馆早于杭州蚕学馆，为全国同类学校中最早者。孙诒让是国家、民族面临亡国灭种危急时刻，由封建士大夫转变为爱国教育家的典型代表之一，通过对孙诒让教育活动和思想的研究，可了解浙江教育近代化过程，为评价清末兴学运动提供实例。

ISSN：1000-5560

27.[期刊]

题　名：现代科学文字学的先声——孙诒让文字学新论

出　处：浙江师大学报（社会科学版）；1994；第 3 期；第 89 页至第 93 页

作　者：丁晓虹（浙江师范大学）

摘　要：表意汉字的独特品性使得中国语言即是字的语言，中国文化即是字的文化。浩如烟海的中国典籍既是中国社会历史发展的产物，也是汉字历史发展的产物。因此，中国历代学问家无不注重对汉字的研究，文字学成了研究一切典籍的根基。清末经学家、文字训诂学家孙诒让，在中国文化史上地位显赫，郭沫若称他为"一代学人"，是"启后承先"的"巨师"，章太炎誉他为"三百年绝等双"的"海内奇硕"，他博大精深的学术成就就是建立在文字学研究基础上的。但是文字学研究不只是孙诒让学术研究的基础,同时也是其学术成就最辉煌之所在。然而在漫长的封建社会里,文字学一直是经学的附庸,这种状况既限制了文字学的发展,也贬损了文字学的价值。故历来虽不乏对孙诒让的评论,但对他的文字学研究大都未给予充分的重视。本文正是鉴于此而发。

ISSN:1001-5035

28.[期刊]

题　　名:孙诒让的图书馆事业

出　　处:温州师范学院学报（哲学社会科学版）；1997；第 2 期；第 36 页至第 40 页

作　　者:陈光熙（温州大学）

摘　　要:本文从图书馆学五定律的角度分析孙诒让的图书馆工作实践,指出清末瑞安孙氏玉海楼不再是传统意义上的古代藏书楼而粗具近代图书馆的坯模。

ISSN:1674-3563

29.[期刊]

题　　名:孙诒让维新思想及其实践

出　　处:温州师范学院学报（哲学社会科学版）；1997；第 2 期；第 29 页至第 35 页

作　　者:俞雄（《温州市志》编辑）

摘　　要:孙诒让以学术名世,但身处 19、20 世纪之交,受时代变革影响,维新思想也表现得很强烈。此文归纳有关史料的记述,试图对孙诒让的维新思想做大略的探讨,并旁及孙氏所献身的地方维新事业。

ISSN:1674-3563

30.[期刊]

题　　名:孙诒让学术检论

　　出　　处:浙江学刊;1999;第 1 期;第 94 页至第 99 页,第 145 页

　　作　　者:姜亮夫(浙江大学)

　　摘　　要:孙诒让是晚清浙江一位极有成就的语言学家、典章制度专家。本文从他的为学次第与治学方法入手,对他一生的学术成就做了全面的论述和精当的评价。作者认为,孙诒让既是清儒主流中的最后一位大师,也是现代学术研究(如甲骨文研究)领域里的一位开山大师。他不但以乾嘉治经之法与永嘉通经致用之说的精神相结合,在典章制度研究方面做出了超越前人的贡献,而且把他所接受的"新知"与近代新发现的材料结合起来,在语言学研究等方面为后人开了许多路向、许多法门,其思想方法已较清儒大大前进了一步。

　　ISSN:1003-420X

31.[期刊]

　　题　　名:浙江教育近代化的先驱者孙诒让

　　出　　处:浙江大学学报(人文社会科学版);1999;第 29 卷;第 1 期;第 34 页至第 38 页

　　作　　者:张彬(浙江大学教育系)

　　摘　　要:孙诒让是 19 世纪末 20 世纪初浙江兴学舞台上的风云人物。他自 1896 年起,先以私人名义在家乡陆续创办瑞安学计馆、瑞安方言馆、温州蚕学馆和瑞平化学馆等专门学堂,其后又以学务官身份在温州、处州两府 16 个县推动小学和中学的设立。他兴办的新式学堂以学西学、培养实用人才而名噪一时,也因绅商集资兴办的方式引人注目。他从事的兴学活动,不仅使浙南的教育萌发了生机,而且对全省教育的近代化起了先导和表率作用。

　　ISSN:1008-942X

32.[期刊]

　　题　　名:高远的学术视野　缜密的考据功夫——孙诒让《札迻》

读后

出 　 处：古籍整理研究学刊；2002；第 1 期；第 29 页至第 32 页

作 　 者：王继如（苏州大学中文系）

摘 　 要：从学术史的角度来读孙诒让的《札迻》，可以看出孙氏学术视野的广阔和考据功夫的缜密。孙氏对乾嘉学派和考据学的认识与我们今天的理解有很大的不同。他是把"究其微惜，通其大例"作为乾嘉学派的主旨的。而天文历算之学他也作为考据学的一个组成部分。这些都是值得思考的。

ISSN：1009-1017

33.［期刊］

题 　 名：孙诒让《周礼正义》王、陈点校本误读、失校辨正

出 　 处：古籍整理研究学刊；2002；第 2 期；第 76 页至第 81 页

作 　 者：刘兴均（广西师范大学中文系）

摘 　 要：晚清孙诒让《周礼正义》自问世以来，受到学界瞩目。但现在的四种版本讹误在所难免。中华书局 1987 年出版了王文锦、陈玉霞点校本，它参考了乙巳本和楚本，择其众本之长，将其文字的讹误减少到最低限度，标点亦精善，然仍有不尽如人意之处。本文作者辨正了其中误读、失校各十余处。

ISSN：1009-1017

34.［期刊］

题 　 名：试论孙诒让的版本观

出 　 处：图书馆理论与实践；2003；第 2 期；第 85 页至第 87 页

作 　 者：窦秀艳，李海英（山东大学古籍所）

摘 　 要：孙诒让为晚清著名文献学家，其一生注重善本收藏、版本校勘。他对古籍版本鉴别、考证、校勘的方法及态度，今日仍有值得借鉴之处。

ISSN：1005-8214

35. [期刊]

　题　　名:西方先进文明对孙诒让后半生成就的作用

　出　　处:温州师范学院学报（哲学社会科学版）；2003；第 24 卷；第 3 期；第 106 页至第 110 页

　作　　者:王兴文，陈喜悦（温州师范学院人文学院）

　摘　　要:在孙诒让辉煌的一生中涌动着两大文明劲流——中国传统文明与西方现代文明。他在传统文明上的高深造诣使他成为传统知识分子中的佼佼者,而他在西方文明上的广博汲取使他成为清末从故纸堆走向与时俱进的一代先贤。西方文明提升了他的思想,拓展了他的实践,开拓了他后半生人生社会价值的效度。

　ISSN:1674-3563

36. [期刊]

　题　　名:孙诒让的甲骨文考释与《说文》小篆

　出　　处:语言研究；2003；第 23 卷；第 4 期；第 78 页至第 85 页

　作　　者:金钟赞[1]，程邦雄[2]（1.韩国安东大学校；2.华中科技大学中文系）

　摘　　要:孙诒让的《契文举例》是第一部考释甲骨文的著作,出版 100 年,尚未有人做过专门的研究。本文是这种研究的一种尝试,以《契文举例》为主,参考了孙氏的《名原》等其他文字学著作,从两个方面讨论了晚清学者孙诒让的甲骨文考释与《说文》小篆的关系,得出了一些关于孙氏考释甲骨文等古文字的观点性的结论。

　ISSN:1000-1263

37. [期刊]

　题　　名:温州师范学院与孙诒让研究

　出　　处:温州师范学院学报（哲学社会科学版）；2003；第 24 卷；

第 6 期；第 113 页至第 116 页

　　作　者：管成学，夏诗荷，盛旭仁（温州师范学院人文学院）

　　摘　要：孙诒让是清末朴学大师、教育家，温州师范学堂（温州师范学院前身）的创始人。《温州师范学院学报》从 1963 年创刊以来，一直对孙诒让的学术研究十分重视。累计发表论文 30 余篇，对孙诒让的生平、教育事业、科技贡献、朴学研究、图书思想等进行了研究，成绩很大，应该给予总结，以利于学术发展和进一步推动孙诒让的学术研究。

　　ISSN：1674-3563

38.[期刊]

　　题　名：孙诒让甲骨文研究的贡献

　　出　处：南阳师范学院学报（社会科学版）；2003；第 2 卷；第 8 期；第 50 页至第 53 页

　　作　者：詹鄞鑫（华东师范大学中国文字研究与应用中心）

　　摘　要：晚清孙诒让是中国 20 世纪古文字研究的开创者，其金文成果代表了乾嘉至晚清金文研究的最高峰，同时又是历史上甲骨文研究的第一人。孙诒让所著《契文举例》作为第一部甲骨文研究著作，其开创意义是公认的。但学术界在肯定其开创之功的同时，对孙氏的甲骨文研究本身，则多有保留，甚至否定，说"谬误居十之八九"。这种评价是不客观的。通过对孙氏著作的调查发现，尽管孙氏难免开创者的局限，但在甲骨文研究方面不仅有价值的成果比例较大，而且有很多精辟的见解至今还为甲骨学界所沿用；更有甚者，孙氏的考释又有后人所不及者，乃至孙氏已做正确解释而后人至今还做错误的理解。

　　ISSN：1671-6132

39.[期刊]

　　题　名：孙诒让的甲骨文考释与石鼓文、古币文

　　出　处：古汉语研究；2004；第 1 期；第 70 页至第 72 页

作　者:程邦雄（华中科技大学中国语言研究所）

摘　要:本文全面考察了孙诒让甲骨文字考释中利用石鼓文、古币文等古文字材料的情况。其中石鼓文 13 例,古币文 4 例。孙诒让在考释中,主要运用了比较、偏旁分析等方法。本文还总结了孙氏"以单字证偏旁""以偏旁证单字"等具体的考释条例。

ISSN:1001-5442

40.[期刊]

题　名:孙诒让学术创新述略

出　处:长春大学学报;2004;第 1 期;第 52 页至第 55 页

作　者:夏诗荷（温州师范学院人文学院）

摘　要:孙诒让是清末的国学大师,他为我们留下了 20 余种学术著作。学术创新、超越前贤,是他素受称赞的主要原因。他是甲骨文研究的拓荒者,《契文举例》是甲骨文研究史上的第一本专著;《周礼正义》使古代食禄制度的真相大白于天下;《墨子间诂》证讹误者 640 余处,独创发明者 60 余文,使尘埋终古之墨学得以复活,带来了 20 世纪 30—60 年代墨学研究的全面丰收。

ISSN:1009-3907

41.[期刊]

题　名:孙诒让文献学贡献评述

出　处:浙江工业大学学报（社会科学版）;2004;第 3 卷;第 1 期;第 45 页至第 50 页

作　者:孙晓（浙江工业大学图书馆）

摘　要:孙诒让先生是晚清浙江一位极有成就的语言学家、典章制度专家和著名朴学大师。其目录学著作《温州经籍志》完善和丰富了辑录体这一目录体例,代表了清代目录学的最高成就。他精通文字训诂、校勘考据和版本鉴藏,用以整理研究和保存祖国的古代文献,为此做出了卓越的贡献。本文对孙诒让先生在目录学、古籍校勘、版本鉴藏以及方志学等文献学领域的实践和取得的突出成就进行了评述。

ISSN：1006-4303

42.[期刊]

题　　名：孙诒让小学成就研究

出　　处：语言文字应用；2004；第 2 期；第 144 页

作　　者：朱瑞平，许嘉璐（北京师范大学）

摘　　要：本文以综合性研究为主，通过对孙诒让小学研究著作的全方位考察，对其文字学、训诂学、校勘学研究进行评介；同时，以对比研究为辅，通过与同时代学者的对比，讨论其学术特色、取得成就的原因、学术局限等问题，进而对孙氏在学术史上的地位与影响做出新的评价。本文对研究晚清学术史、研究学者与社会的关系都具有参考价值。

ISSN：1003-5397

43.[期刊]

题　　名：孙诒让妇女解放思想的发端及其实践

出　　处：温州师范学院学报（哲学社会科学版）；2004；第 25 卷；第 3 期；第 113 页至第 116 页

作　　者：王兴文（温州师范学院人文学院）

摘　　要：孙诒让的妇女解放思想因永嘉之学、维新改良思想、西学思潮以及自身阅历而发端，为实践其妇女解放思想，他倡导禁缠足、兴女学、男女平等、普及妇女教育。这一系列的先进思想和兴学活动不仅使浙南的女子教育萌发了生机，而且对全省女子教育的近代化起了先导和表率作用，顺应了时代的潮流。由于受时代和阶级的局限，孙诒让的妇女解放思想也充满了尖锐的矛盾。

ISSN：1674-3563

44.［期刊］

　题　　名:试论孙诒让的方志学实践与成就

　出　　处:宁波大学学报（教育科学版）；2004；第26卷；第3期；第110页至第111页

　作　　者:孙晓（浙江工业大学图书馆）

　摘　　要:孙诒让先生是我国近代极有成就的藏书家、语言学家、典章制度专家、文献学家和著名的朴学大师,在晚清学术界享有极高的声誉。文章主要论述其在方志学领域的实践与取得的卓越成就。

　ISSN:1008-0627

45.［期刊］

　题　　名:试析孙诒让在清末妇女解放中的作用

　出　　处:长春师范学院学报；2004；第23卷；第2期；第31页至第34页

　作　　者:王新（温州大学人文政法学院）

　摘　　要:孙诒让是一名经学大师,同时又是一位具有远见卓识的教育家和致力于妇女解放的实干家,他首创中国不缠足会,在浙江兴办女学的业绩,都起到了开风气之先的作用,至今对当代社会的妇女问题仍有借鉴和启迪作用。

　ISSN:2095-7602

46.［期刊］

　题　　名:论孙诒让《墨子间诂》的校释成就

　出　　处:中南大学学报（社会科学版）；2004；第10卷；第5期；第546页至第550页

　作　　者:解启扬（汕头大学社科部）

　摘　　要:孙诒让的《墨子间诂》是近代墨学史上一部里程碑式的著作,

其最主要成就表现在对《墨子》的校释上。孙氏的《墨子》校释工作扬弃了乾嘉学人的校勘方法，不仅把校勘与训释相结合，而且表现出通世致用的时代特征。

ISSN：1672-3104

47.［期刊］

题　　名：论孙诒让的《墨子间诂》在墨学复活与勃兴中的作用

出　　处：长春大学学报；2005；第 15 卷；第 3 期；第 25 页至第 28 页

作　　者：叶晓慧（温州师范学院）

摘　　要：孙诒让的《墨子间诂》被王焕镳誉为"墨学研究中的旷代之作"，又被罗检秋称为"墨学发展史上的一个重要里程碑"。它继承吸取了 20 世纪以前墨学研究的成果，基本恢复了《墨子》文本的真实面目，为墨学思想的研究和现代价值的挖掘铺平了道路，扫清了障碍，促进五四时期墨学科学价值被发现和平民学说、逻辑价值的确立，以至引来 20 世纪 30—60 年代墨学研究的全面丰收，最终促成墨学的伟大复兴。

ISSN：1009-3907

48.［期刊］

题　　名：孙诒让的甲骨文考释与义近形符通用

出　　处：语言研究；2005；第 25 卷；第 4 期；第 78 页至第 80 页

作　　者：程邦雄（华中科技大学中国语言研究所）

摘　　要：本文讨论孙诒让考释甲骨文中利用"义近形符通用"现象的情况。孙诒让首先发现了古文字中存在着"义近形符通用"现象，并且是利用这种现象考释甲骨文的第一人，但其未从理论上加以归纳总结。论文整理了《契文举例》中"义近形符通用"的例子。

ISSN：1000-1263

49.[期刊]

   题   名:孙诒让学术思想与玉海楼藏书特色之关系

   出   处:文献;2006;第 2 期;第 49 页至第 56 页

   作   者:陈东辉（浙江大学汉语史研究中心）

   摘   要:温州瑞安的玉海楼与宁波的天一阁、湖州南浔的嘉业堂并称为浙江三大著名藏书楼。与天一阁和嘉业堂相比,玉海楼的藏书特色鲜明。另一方面,由于种种原因,对于玉海楼的研究,明显少于天一阁和嘉业堂。有鉴于此,笔者愿就孙诒让学术思想与玉海楼藏书特色之关系做一些探讨。

   ISSN:1000-0437

50.[期刊]

   题   名:孙诒让的甲骨文考释与《说文》中之古文

   出   处:语言研究;2006;第 26 卷;第 4 期;第 71 页至第 76 页

   作   者:程邦雄（华中科技大学中国语言研究所）

   摘   要:孙诒让的"古文"有专指和泛称的差别:专指时是《说文》中的古文,泛称时是小篆以前的汉字形体。孙诒让是利用《说文》古文材料来考释甲骨文的第一人,他用以单字证单字、以偏旁证单字、以偏旁证偏旁等方式来考释甲骨文。

   ISSN:1000-1263

51.[期刊]

   题   名:从《周礼正义》看孙诒让对《集韵》的研究

   出   处:四川大学学报（哲学社会科学版）;2006;第 4 期;第 87 页至第 91 页

   作   者:赵振铎（四川大学文学与新闻学院）

   摘   要:孙诒让曾经打算在方成珪《集韵考正》的基础上对《集韵》再

做一番整理,然此愿未能实现。通过对孙氏《周礼正义》与《集韵》的对照阅读,发现孙氏研究《周礼》的许多材料完全可以用来疏释《集韵》,非常精审。

ISSN:1006-0766

52.[期刊]

题　　名:孙诒让《墨子间诂》校补示例(以《墨子·备城门》诸篇为例)

出　　处:求索;2006;第 4 期;第 214 页至第 216 页

作　　者:秦彦士(四川大学历史文化学院)

摘　　要:《墨子》研究难度极大,而城守部分尤甚。即使孙诒让也感到这一点,并坦言《墨子间诂》存在失误。所幸有相关出土文物,使我们能对孙氏之误有所校补。此文即作者的部分研究成果。

ISSN:1001-490X

53.[期刊]

题　　名:清末士绅与地方政治——以孙诒让兴学活动为中心的考察

出　　处:历史教学问题;2006;第 6 期;第 15 页至第 20 页

作　　者:李世众(华东师范大学历史学系)

摘　　要:本文通过对清末学务场域的考察,发现地方社会中的废科兴学活动是一场权力角逐的过程。在这个过程中,上层士绅的权力体现了强劲的扩张态势。处境困窘的地方官联合生计被夺的下层士绅进行了猛烈的反击。研究表明:在清末,地方官失去了在地方社会的占绝对优势的支配地位;将士绅想象为具有共同价值观、共同利益和共同文化生活的群体,因而一味地采用整体化研究方式,不足取,"上层士绅保守,下层士绅激进"这个流行的说法站不住脚。

ISSN:1006-5636

54.[期刊]

题　名:读孙诒让《墨子间诂》札记

出　处:温州大学学报（社会科学版）；2007；第 20 卷；第 1 期；第 7 页至第 11 页

作　者:胡雪冈（温州大学人文学院）

摘　要:孙诒让《墨子间诂》有三大特色和功绩。一是对墨学价值的重新评估和认识。二是校诂有间，集众家之大成。三是对墨学的源流、传授及其弟子事迹的考述，并对有关《墨经》六篇是否墨子自著提供了有力的论证。

ISSN:1674-3555

55.[期刊]

题　名:孙诒让浙南办学思想及实践研究

出　处:沿海企业与科技；2007；第 1 期；第 183 页至第 186 页

作　者:程军（浙江林学院人事处）

摘　要:教育始终与政治、经济和文化等因素息息相关，而且只有不断推陈出新才能适应社会发展的需要。本文通过对孙诒让办学思想及实践的探析，指出其教育理念与时俱进、积极进取。它不仅对我国近现代教育的改革产生重大影响，而且对于我们今天的教育改革和教育政策的调整也有广泛的指导意义。

ISSN:1007-7723

56.[期刊]

题　名:读孙诒让《墨子间诂》和《札迻》札记五则

出　处:古籍研究；2007；第 2 期；第 303 页至第 308 页

作　者:徐时仪（上海师范大学古籍所）

摘　要:孙诒让是清末著名的经学家和文字学家，尤精于《周礼》《墨子》,著有《周礼正义》《墨子间诂》《名原》《契文举例》和《札迻》等著述二十多种,本文就读其所著《墨子间诂》和《札迻》所作札记择取五则略做探讨。

57.[期刊]

　题　　名:孙诒让石刻学成就初探

　出　　处:史林;2008;第 3 期;第 12 页至第 27 页,第 189 页

　作　　者:虞万里(上海社会科学院历史研究所)

　摘　　要:晚清朴学宗师孙诒让以经学、子学、文字训诂之学为学林仰慕、称颂了整 100 年,而学界对其在石刻方面的研究与成就也忽略了一个世纪。孙氏自 17 岁起即有志于碑版刻石之学,前后 20 年间,因兴趣、机缘、用功诸因素,其在石刻学上取得了不小的成就。虽著作之留存仅一《目》一《记》一《志》和题跋数篇,但足以奠定其在清代石学中不容忽视之地位。揭示孙氏在碑碣、刻石、砖铭上所花之精力及其研究历程,对他在经子小学中所取得的非凡成就会有更深刻的体认。换言之,正是对石学的长期浸润和深入研究,引发了他对古文字的研探;正因通贯和悟彻了古文字、碑版文字、传统文字构形学的内在理路,其在经子之学上方有胜人一筹的理解。

　ISSN:1007-1873

58.[期刊]

　题　　名:孙诒让的甲骨文考释与金文

　出　　处:语言研究;2008;第 28 卷;第 4 期;第 83 页至第 88 页

　作　　者:程邦雄[1],陈晓红[1],金钟讚[2](1.华中科技大学中文系;2.韩国安东大学校)

　摘　　要:本文讨论孙诒让甲骨文考释中,利用金文材料的情况:一共引述金文 322 条次,涉及 190 个甲骨文形体的考释。主要有以金文偏旁证甲骨文单字、以金文单字证甲骨文偏旁、以金文偏旁证甲骨文偏旁等 5 种形式。另外,本文还讨论了金文、甲骨文互证等问题。

　ISSN:1000-1263

59. [期刊]

题　　名：试论孙诒让的中西学观

出　　处：辽宁大学学报（哲学社会科学版）；2008；第 36 卷；第 5 期；第 87 页至第 90 页

作　　者：姚文秀（北京大学历史系）

摘　　要：以经学闻名于世的清末史学家孙诒让，与俞樾、黄以周合称清末三先生，是古文经学出色的后殿。当清末风云变幻之时，他以敏锐的洞察力发现中国文化发展的走向，并倾力从事教育实践。具体考察他的学术实践和教育实践有助于我们了解其对中学和西学的基本态度，体会他置身于西学这种强势文化汹汹而来的时代中的种种挣扎与无奈，并可由此一窥中国传统文化在应对外来强势文化上的弱势与其内在张力。

ISSN：1002-3291

60. [期刊]

题　　名：孙诒让《札迻》校读古籍引证文献材料分析

出　　处：温州大学学报（社会科学版）；2008；第 21 卷；第 5 期；第 61 页至第 65 页

作　　者：徐凌，孙尊章（江西农业大学人文学院）

摘　　要：孙诒让《札迻》校读古籍引证文献材料的特点包括引书的博采性、引书的针对性、引书的直接与间接相依性、引用文献材料的双效性。《札迻》校读古籍引书的方式主要有：作者—书名—篇名式、作者—书名式、书名—篇名式、只引书名式、书名简省式、只有篇名式、只引某本式、只引作者式。孙诒让引证文献的不足之处主要有：引证部分文献版本标示不明；所引同时材料多限于金石类文献，而不及其他。

ISSN：1674-3555

61.[期刊]

题　名:孙诒让《墨子间诂》评议

出　处:中国训诂学报；2009；第 1 期；第 101 页至第 106 页

作　者:方一新（浙江大学汉语史研究中心）

摘　要:孙诒让（1848—1908），字仲容，号籀庼，浙江瑞安人，晚清著名经学家、语言文字学家。他在十九岁时（清同治六年）应本省乡试，中试举人。后屡次应礼部试不第，遂无意仕宦，潜心著述。精通文字、音韵、训诂之学，著作颇丰，研究典籍有《周礼正义》《墨子间诂》《札迻》《大戴礼记（斠）补》《周书（斠）补》《尚书骈枝》《籀庼述林》等；研究甲骨文有《契文举例》，是这方面的开山之作；研究金文有《名原》《古籀拾遗》《古籀余论》。其中以《周礼正义》《墨子间诂》《札迻》三种为最有名。下面，以孙氏写定于光绪十八九年间的《墨子间诂》为例，探讨孙氏训诂的一些特点。

62.[期刊]

题　名:孙诒让的学术成就和历史地位

出　处:中国训诂学报；2009；第 1 期；第 90 页至第 100 页

作　者:徐和雍（浙江大学历史系）

摘　要:孙诒让（1848—1908），字仲容，号籀庼，浙江瑞安人，是晚清的著名学者。论者多专注于孙诒让在训诂考据上的成就，认为他"岿然为清三百年朴学之殿"，誉之为"朴学大师"。诚然，从孙诒让在训诂考据上的造诣和成果看，此说不无道理，但朴学大师似尚难概括孙氏的学术成就和历史地位。孙诒让从时代需要出发选研我国古籍，兼治汉、宋，积极吸纳西方资本主义国家的一些思想观点和科技知识，并把自己的研究心得努力付诸实施。他长于训诂考据，但与乾嘉学派治学的目的和道路有着原则区别。孙诒让生活在晚清，这时乾嘉时十分兴盛的汉学已成昨日黄花，朴学渐成治学的一种工具，称孙氏为朴学大师虽意在表彰，实际上却低估了他的作为和贡献。本文拟从孙诒让的思想渊源、学术成就和社会实践等方面,进行综合考察,重新审视,不当之处敬请指正。

63.[期刊]

  题   名:论词义引申在训诂实践中的应用——孙诒让《周礼正义》研究

  出   处:中国训诂学报;2009;第1期;第107页至第114页

  作   者:方向东(南京师范大学文学院)

  摘   要:词义的引申,词汇学和训诂学著作中多有从理论方面进行探讨和总结,而孙诒让在《周礼正义》中,从词的本义出发,说明词的引申,阐释词义的源流关系,则是把引申应用于训诂实践,李建国先生在《汉语训诂学史》中评价说,他吸收段氏《说文注》关于字词本义、引申义的理论,用以解释经文、辨析词义。周予同、胡奇光在《孙诒让与中国近代语文学》中指出,孙氏《周礼正义》训释《周礼》词语有十端,其中一端就是从多角度训释词义,有引申义,有古义。据笔者在研读中统计,孙氏在《周礼正义》中共有177处运用引申来训释词义。本文在对这些用例进行分析的基础上,举例归纳所用的条例和方法。

64.[期刊]

  题   名:孙诒让的普及教育思想

  出   处:丽水学院学报;2009;第31卷;第3期;第55页至第57页

  作   者:李娟(西南大学教育学院)

  摘   要:孙诒让是清末著名的教育家。在国家危难之际,他提出国家欲振衰挽颓,必须首先普及教育。他主张首先对官吏进行普及教育,提出把女子纳入普及教育的范围,重视普及教育中应用科目的教授和因材施教的教学方法,并采取多种积极措施,在生源、师资、经费方面确保普及教育顺利实施。

ISSN:2095-3801

65.［期刊］

题　　名：孙诒让维新思想管窥

出　　处：黑龙江史志；2009；第 24 期；第 91 页至第 92 页

作　　者：杜国庆，王海晨（温州大学人文学院）

摘　　要：孙诒让不仅是晚清著名的学术大师，而且也是重要的维新思想家，其维新思想经过不断发展，于戊戌变法后形成了自己的维新思想体系：政治上要求变革封建君主专制制度，经济上要求发展资本主义生产力，思想文化上要求接受西方科学文明，军事治安上要求维护社会安全与稳定。托古改制、体系完备和注重实践是其维新思想的主要特色。

ISSN：1004-020X

66.［期刊］

题　　名：孙诒让《札迻》校勘内容及特点研究

出　　处：吉林省教育学院学报（学科版）；2009；第 25 卷；第 5 期；第 22 页至第 23 页

作　　者：雷一闻（宁夏大学人文学院）

摘　　要：孙诒让作为我国近代著名的朴学大师，在晚清学术界享有极高的声誉。本文主要以他的校勘代表作《札迻》为研究对象，分析其校勘内容和特点。

ISSN：1671-1580

67.［期刊］

题　　名：孙诒让的金石文字学成就

出　　处：菏泽学院学报；2009；第 31 卷；第 6 期；第 106 页至第 111 页

作　　者：李海英（山东师范大学文学院）

摘　　要：孙诒让是晚清著名的经学大师，曾师从张之洞，与章太炎为忘年交,学术上为后者赞为"有醇无疵",是清代著名的朴学殿军。在金石文字学方面,孙诒让也是成就卓著,主要表现在丰富的学术成果和独特的治学方法上。

ISSN:1673-2103

68.[期刊]

题　名:孙诒让学术渊源辨析

出　处:河北北方学院学报（社会科学版）;2010;第 26 卷;第 3 期;第 24 页至第 28 页

作　者:兰秋阳（河北北方学院法政学院）

摘　要:在探讨孙诒让的学术渊源时,只简单地将其归结为经古文学家或晚清永嘉学派的代表人物,均是不可取的。孙诒让的思想与学术渊源相当复杂。他治学取永嘉经制之学与乾嘉义法结合之路径,且秉承清初顾炎武的经世精神与小学方法,借鉴浙东史家章学诚的史学理论与方法,晚年更是受到近代西学的影响,最终形成博通经史、精邃小学、兼采汉宋、融汇西学的学术特色。因社会变革的激荡与近代西学的影响,晚清学术思想界的图景凸显纷繁复杂,学者们的学术与思想渊源也驳杂多元,故要求在研究晚清学者与晚清学术时,必须进行全面的分析。

ISSN:2095-462X

69.[期刊]

题　名:孙诒让在墨学史上的学术地位与贡献

出　处:南通大学学报（社会科学版）;2010;第 26 卷;第 4 期;第 12 页至第 16 页

作　者:孙中原（中国人民大学哲学院）

摘　要:孙诒让是在两千多年墨学史中占有重要地位的关键性人物。他是中国新旧墨学的分水岭,既是传统治墨方法的集大成者,又是新墨学的催生者。孙氏的治墨成果,是现代和未来墨学研究者的起跳板,既是必须依赖的文献基础,又是期待超越的思想对象。孙氏《墨子间诂》和《籀庼述林·与梁卓如论墨子书》等重要文献,充分证明了孙氏在墨学史上无可替代的崇高地位和杰出贡献。

ISSN:1673-2359

70.[期刊]

题　　名:孙诒让《管子》研究之特色与影响

出　　处:管子学刊;2011;第 1 期;第 17 页至第 22 页

作　　者:郝继东,傅亚庶（东北师范大学文学院）

摘　　要:道咸以来,考据学渐衰,《管子》研究也随之进入了平缓时期。生活于清末的学者孙诒让,在《管子》研究史上承前启后,乃清末考据学之杰出者。他的《札迻》引经据典,校勘辨疑,极有乾嘉之遗风。特别是其中的《管子》部分,充分体现其学术思想,无论内容还是特色,都很有典型性。后世学者校读《管子》,多以不同版本对勘,再参以前人之成果,注重多重证据,就是受了孙诒让《管子》研究的影响。

ISSN:1002-3828

71.[期刊]

题　　名:孙诒让《墨子间诂》的版本整理与墨学复兴述论

出　　处:泰山学院学报;2011;第 33 卷;第 2 期;第 40 页至第 43 页

作　　者:夏诗荷,向伟（温州大学人文学院）

摘　　要:在墨学几乎灭绝的情况下,孙诒让担起了继绝复兴的重任,开始整理尘埋了近两千年的《墨子》,撰成《墨子间诂》一书。其《墨子间诂》深受俞樾、梁启超、章炳麟等学术大师的推崇,他在墨学研究的历史上起到继绝复兴的伟大作用。一百多年来,研究墨学的人不断地受惠于《墨子间诂》,称赞它的开榛辟莽之功。总结此书在古籍整理和学术研究中的作用,将对当代学术工作大有裨益。

ISSN:1672-2590

72.[期刊]

题　名:从《周礼政要》看孙诒让的维新思想

出　处:剑南文学（经典阅读）；2012；第1期；第46页

作　者:黄洋，马行星（湘潭大学哲学与历史文华学院）

摘　要:光绪十二年(1886)，孙诒让开始接触西方先进的科学文明与政治思想。嗣后，痛国事阽危更进一步讲求新学，多方搜集有关时务政书，著《周礼政要》主张普及教育，力图开通民智，革新政治，以挽救国家民族于危亡。

ISSN:1006-026X

73.[期刊]

题　名:论孙诒让的礼学研究与中西政治文化观

出　处:哲学研究；2012；第9期；第53页至第58页

作　者:陈安金，孙邦金（温州大学哲学与文化研究所）

摘　要:孙诒让(1848—1908)作为著名的朴学殿军和教育家而享誉晚清学界，后人对他的研究主要集中在学术与教育思想方面，而对其政治思想尚未见深入系统之研究。但我们若将《周礼正义》《周礼政要》和他的一些杂著、演讲结合在一起研究，则可以看出孙诒让政治思想之梗概。晚年孙诒让曾说:"余所亟愿了解者，近代西洋政治学术沿革经过。"（转引自陈守庸，第1—2页）由此可见其关切政治之一斑。在晚清变法浪潮和近代西方政治思想的双重刺激之下，孙诒让开始从纯粹地"考礼"不断向大胆地"议政"转变，形成了较为系统而别致的政治改革思想，提出了"西政暗合《周礼》"这一特有的中西政治文化观。本文拟在辨明孙诒让礼学研究从《周礼正义》到《周礼政要》再到结合周礼呼唤西方宪政改革这一阶段性变化的基础上，具体分析其中西政治文化观的内涵、特点及其在中国政治学本土谱系形成过程中的积极意义。

ISSN:1000-0216

74.[期刊]

题　　名:孙诒让家族文化演变与地理轨迹试探

出　　处:浙江师范大学学报（社会科学版）;2013;第 38 卷;第 2 期;第 39 页至第 45 页

作　　者:潘德宝（复旦大学中国古代文学研究中心）

摘　　要:瑞安孙诒让家族的文化发展,首先得益于孙衣言、孙锵鸣兄弟在科举路上的成功。孙氏兄弟先后赴京师,成为文学侍从。而后孙衣言游宦多方,应召入曾国藩幕,与桐城派文人互有往来,扩大了孙氏家族的文学交际圈。孙家第二代的孙诒让也随父长居江淮间,与清代学术主流朴学学者相交游,奠定了其小学大师的学术基础,从而将孙家家族文化推到最高峰。孙衣言晚年、孙锵鸣罢官后,返里发扬永嘉学派精神,孙诒让、宋恕等人因此走出书斋,关注社会变革。

ISSN:1001-5035

75.[期刊]

题　　名:孙诒让对浙江地方志事业的贡献

出　　处:中国地方志;2013;第 5 期;第 50 页至第 56 页,第 5 页

作　　者:周田田（浙江省瑞安市地方志办公室）

摘　　要:孙诒让是我国近代朴学大师,在经学、诸子学、文字学、甲骨学、金石学、校勘学、目录学、文献学等方面都有很高的成就,《清史稿》482卷有传。他在博览群书的同时,十分注重搜集、整理、考证浙江乡邦文献,并积极参与地方志的编纂和研究,为浙江地方志事业做了大量卓有成效的工作,成果丰硕,跻身方志名家行列,为世人所称道。

ISSN:1002-672X

76.[期刊]

题　　名:孙诒让"以应所需"教育理念及对职业教育的启示

出　处:兰台世界;2014;第 18 期;第 126 页至第 127 页

作　者:刘宁宁（郑州旅游职业学院）

摘　要:孙诒让先生受永嘉学派"经世致用"的事功思想影响,反对空谈义理,重视研究社会经济问题,能较多地联系实际,崇尚实学,大力推动职业技术教育。

ISSN:1006-7744

77.[期刊]

题　名:近代新教育的开创者孙诒让对师范教育的探索

出　处:兰台世界;2014;第 25 期;第 57 页至第 58 页

作　者:杨敏（云南开放大学）

摘　要:孙诒让是经学大师,同时也是中国近代教育家,一生著述颇多。他在中国近代的艰危时局里,以西方近代文明开阔视野,倡导变法维新,致力于新教育,对师范教育做出了极其有意义的探索。

ISSN:1006-7744

78.[期刊]

题　名:孙诒让的甲骨文考释方法——以《契文举例》为中心

出　处:滨州学院学报;2015;第 31 卷;第 3 期;第 90 页至第 93 页

作　者:张振楠（温州大学人文学院）

摘　要:孙诒让所著《契文举例》是学界公认的第一部甲骨文研究著作,其在甲骨文字考释方面虽有谬误和不足之处,然其甲骨文字考释方法却极为科学和周详。在书中,孙诒让主要运用了以《说文解字》释字、比较金文释字、偏旁分析法释字、义近形旁通用释字、音考字以及与古文献相考证等方法。孙氏之后的甲骨文研究方法虽然林林总总,但均可从《契文举例》中探寻其根源,足可见孙氏甲骨文研究考释方法影响之深之远。《契文举例》是甲骨文研究的开山之作,其学术成就应予以充分肯定。

ISSN:1673-2618

79.［期刊］

　题　　名：孙诒让的西方文化观

　出　　处：温州大学学报（社会科学版）；2015；第 28 卷；第 5 期；第 74 页至第 79 页

　作　　者：邱林（华东师范大学历史系）

　摘　　要：孙诒让不仅仅是晚清经学后殿和朴学大师，中年以后他对西方文化有不少了解并提出了自己的看法，他的中西文化观体现着"中体西用"的时代特征。广泛阅读中译本书籍和各种报刊以及他人转述，是孙诒让了解西方文化的主要途径。尽管由于条件和时代局限，孙诒让对西方的认识存在"雾里看花"的情况，也没有摆脱"西学中源"说的窠臼，但是作为传统读书人，孙诒让中年之后在接受西方文化方面表现的通达态度和不懈努力都是难能可贵的。

　ISSN：1674-3555

80.［期刊］

　题　　名：论孙诒让的个人素养对甲骨学研究的推动——以《契文举例》为中心的考察

　出　　处：湖北文理学院学报；2015；第 36 卷；第 10 期；第 45 页至第 49 页

　作　　者：王兴文，苏颂（温州大学人文学院）

　摘　　要：在甲骨学领域，孙诒让是学界公认的开创者，他的《契文举例》一书开辟了古文字研究的一个全新领域，打开了甲骨文研究之门，贡献巨大。孙诒让对甲骨学研究的推动，追根溯源，乃是他超高的个人素养合力作用的结果，这主要包括他对中国传统文化的独到把握、对古文字的驾轻就熟、在古音韵方面的高深造诣、近代西方思想的深刻影响以及他个人的综合品质。正是在这些因素的共同推动下，孙诒让才能在甲骨学领域创造出自己的筚路蓝缕之功。

ISSN：2095-4476

81. [期刊]

题　名：论孙诒让的专业教育观

出　处：时代教育；2015；第 20 期；第 7 页至第 8 页

作　者：向康文（温州大学图书馆）

摘　要：孙诒让的办学实践经历了从专业教育到普及教育的历史转变，这一转变包含了现代教育内容的西化和教育对象的普及化两个方面，是在他专业教育中通过人才培养目标、专业课程设置与发展等方面的摸索实践而实现的。

ISSN：1672-8181

82. [期刊]

题　名：孙诒让著述学术研究述评

出　处：杭州电子科技大学学报（社会科学版）；2016；第 12 卷；第 1 期；第 49 页至第 53 页，第 58 页

作　者：刘思文（西南交通大学人文学院）

摘　要：孙诒让是晚清著名的经学家、考据学家和古文字学家，其学术著述一直为海内外学者所称赞，是学界关注的热点。清末民初以来学者不断评介孙诒让著述，涌现出大量的研究著述。对清末以来海内外研究新成果梳理发现，研究对象多为知名度较高的代表作，偏向古文字学、校勘学和古籍整理等成果研究，对考据学、版本学、方志学等关注较少。进入 21 世纪后，著述研究逐渐升温，系统性专著增多，年轻学者越来越多，视野与方法也更为多元。

ISSN：1001-9146

83. [期刊]

题　名：孙诒让"周公作《周礼》"说评析

出　　处：烟台大学学报（哲学社会科学版）；2018；第 31 卷；第 2 期；第 97 页至第 106 页

作　　者：邱林（华东师范大学历史学系）

摘　　要：《周礼》一书为诸经最为晚出，且记载多有不合之处，因而历来存在很大争议。刘歆最早提出《周礼》为周公致太平之道，经过礼学专家郑玄的认可，这种说法后来得到更多的认同，孙诒让作《周礼正义》也延续此说。为了弥合"周公作《周礼》"这一默认前提，孙诒让有时不得不勉为其说，把歧异之处解释为时代差异是最常用的方法。孙诒让的学术背景、经学立场、个人局限，以及当时激烈的今古文之争，都是他延续旧说的重要影响因素。

ISSN：1002-3194

84. ［期刊］

　　题　　名：孙诒让学术研究述评

　　出　　处：山海经（教育前沿）；2018；第 2 期；第 13 页

　　作　　者：乔方悦（宁波大学人文与传媒学院）

　　摘　　要：孙诒让（1848—1908），浙江瑞安人。他是晚清的著名学者，被称为"有清三百年朴学之殿"，章太炎对其有"三百年绝等双"的高度评价。孙诒让一生知识渊博，治学严谨，研究领域广泛，在经学、文献整理及文字学方面著述丰富，著有《周礼正义》《墨子间诂》《名原》等，并对后世相关领域的研究产生了深远的影响。

85. ［期刊］

　　题　　名：孙诒让女学教育观与近代温州女学教育体系的建立

　　出　　处：温州职业技术学院学报；2018；第 18 卷；第 2 期；第 27 页至第 31 页，第 92 页

　　作　　者：赵飞跃（温州大学人文学院）

　　摘　　要：温州女学教育自晚清开始显现，受西方教会女学的影响，晚

清温州士绅开始大力提倡女学教育。随着清政府《奏定女子学堂章程》的颁布,女学教育开始发展起来,逐步确立了近代中国女学教育体系。在近代温州女学教育体系的建立过程中,孙诒让起着关键作用。他主张兴办女校,提倡男女学兼营并进,反对"女子无才便是德",具有超前性。他的办学实践,培养了温州第一代女性知识分子,开启了近代温州妇女解放之先声,为近代温州女学教育体系奠定了基础。

ISSN:1671-4326

86.[期刊]

题　　名:孙诒让礼学研究的"通经致用"特征与永嘉学派

出　　处:鲁东大学学报(哲学社会科学版);2018;第 35 卷;第 4 期;第 32 页至第 36 页

作　　者:戴益(温州商学院基础教学部)

摘　　要:孙诒让(1848—1908)作为著名的朴学殿军和教育家,享誉晚清学界。孙诒让的学术特征评价中,一般以"通经致用"作为其学术重要特征,"诒让之学,淹贯中西,博综今古,而尤以通经致用为急"。一般认为其"通经致用"的学术风格,受永嘉学派事功学说的影响较深。本文从孙诒让用力最深的礼学研究入手,探索永嘉学派的事功学说是如何体现为孙诒让的"通经致用"的学术特征的。

ISSN:1673-8039

87.[期刊]

题　　名:论孙诒让的经世之学

出　　处:杭州师范大学学报(社会科学版);2018;第 40 卷;第 5 期;第 32 页至第 41 页

作　　者:罗检秋(中国社会科学院近代史研究所)

摘　　要:清末汉学家孙诒让精于考经证子,光绪十年以后转而关注内忧外患,讲求经世致用。他弘扬家学传统,博采西学新知,阐发《周礼》的现实意义,使之成为维新理论,标志着清末古文经学的经世走向。其经、子之学和经世活动,均体现了道器并重的思想特征,折射出清末士人思维模式的转变。孙诒让基于古文经学和道器并重的经世之学,如同其经、子研究一样,在清末民初具有范式意义。

ISSN:1674-2338

88.[期刊]

题　名:孙诒让的目录学思想探究

出　处:河南图书馆学刊;2018;第 38 卷;第 6 期;第 138 页至第 140 页

作　者:马玲(漯河市图书馆)

摘　要:本文介绍了孙诒让其人,详述了其目录学著作《温州经籍志》合理的著录次序,考核的精细,注明收书的出处、作者,以及卷数变化情况,特别是丰富和完善了辑录体这一目录体例,代表了清代目录学的最高成就,对后世的影响很大,也为今天目录学研究提供了参考与借鉴。

ISSN:1003-1588

89.[期刊]

题　名:孙诒让对近代墨学复兴的贡献与启示

出　处:贵州工程应用技术学院学报;2019;第 37 卷;第 5 期;第 59 页至第 62 页

作　者:邹海城(湖南科技大学人文学院)

摘　要:在近代墨学的复兴中,孙诒让功不可没。孙诒让在治墨过程中,对墨学经典的版本进行了详尽的考据和严谨的校正,对兵法和经说等疑难篇章进行了校释,勘正错简、分析章句和校改错漏,使得《墨子》更具可读性,同时还在《墨子间诂》中高度认同墨家思想。最突出的治墨贡献是孙诒让提倡的中西比较法,运用了中西比较的眼光对墨学义理做进一步的阐发。在此看来,孙诒让对近代墨学复兴的贡献有着重要的价值和意义。

ISSN：2096-0239

90.[期刊]

题　名：孙诒让生平及学术思想述略

出　处：教师；2019；第 32 期；第 103 页至第 104 页

作　者：王瀚逸（贵州师范大学文学院）

摘　要：孙诒让是晚清时期著名学者、教育家，一生涉猎广泛，在经子学、文字学、地方志研究、教育学等方面都有很大的成就，被称为儒学大师、"晚清经学后殿"、"三百年绝等双"等。对经子学的研究，著有《周礼正义》《墨子间诂》；对金文、甲骨文的研究，著有《商周金识拾遗》《契文举例》；对地方文献的整理，编有《温州经籍志》；等。另外在教育上，孙诒让提出普及教育、职业教育、师范教育等思想，对教育界产生了重大影响。

ISSN：1674-120X

91.[期刊]

题　名：孙诒让古文字研究的贡献与局限

出　处：古汉语研究；2020；第 1 期；第 120 页至第 125 页

作　者：谭飞（中南财经政法大学新闻与文化传播学院）

摘　要：孙诒让运用历史比较法、偏旁分析法、音韵知识、文例句式等方法正确或基本正确地考释出了不少甲骨文和金文。提出汉字起源于图画和刻画符号。在考释、分析汉字时，区分篆意与篆势。认为转注是一种造字方式，提出了一些自己的观点。文字考释时重视《说文》但不拘泥于《说文》，对前人工作多有纠正或推进，首释了一些字形。受研究资料等主客观条件的限制，孙诒让文字考释中也存在不少有待改进的地方和错误。

ISSN：1001-5442

92.[期刊]

题　　名:孙诒让致谭献手札四通考释

出　　处:中国国家博物馆馆刊；2021；第 4 期；第 130 页至第 141 页

作　　者:杨斌（陕西理工大学图书馆）

摘　　要:晚清著名古文字学家、金石学家孙诒让一生锐意著述且交往广泛,与张之洞、黄绍箕、章太炎等名流均有书信往来,其生平信札、序跋、杂著等已结集为《孙诒让遗文辑存》出版发行。《复堂师友手札菁华》收有孙诒让致谭献手札十四通,均未收入《孙诒让遗文辑存》,故有重要的文献价值和史料价值。因篇幅所限,本文作者先将孙诒让作于离皖之后的四通手札整理并考释。此四通手札不但可以一窥孙诒让信稿书迹、文体之原始风貌,还可以揭示孙、谭二人在光绪二年(1876)至光绪十四年(1888)期间的书籍往还、金石交流、学术探讨等交游往事,札文内容也多涉及他们同年好友袁昶、张预等人生活情状,对了解二位学人的生平、学术趋向以及晚清中下层士人群体的生存状况有重要的文献价值。

ISSN:2095-1639

1.[学位论文]

题　　名:孙诒让研究

学位名称:博士

出　　处:山东大学；2002

作　　者:李海英（山东大学）

摘　　要:孙诒让(1848—1908),浙江瑞安人,晚清著名朴学大师,在经学、小学、子学和校勘学等领域都有很深的造诣。孙诒让一般被视为清末旧学或者说是传统学术的代表人物,除了因为他继承了乾嘉朴学的种种严密的治学方法外,还因为他在包括经学的各领域都做出了很大的贡献。限于篇幅,我们主要介绍他在文献学领域的突出成就。孙诒让的《温州经籍志》一书是他在目录学方面的代表性著作,其特点是丰富了辑录体这一目录体例；而孙诒让在校勘学方面的突出成就，与他既重视善本又注意古文字与古文献互证的做法是分不开的；另外，他还是晚清著名的版本鉴藏家，比如《说文解字·水部》就反映了他在这方面深厚的功底。《周礼正义》是清代礼学的集大成者，具体表现是它既尊重旧注旧疏，还对重要的名物制度进行了总结和案断。而到了晚年，则以《周礼政要》加入到论治的行列中来，说明他对经学的态度发生了巨大的变化。《墨子间诂》与《周礼正义》一样，也是孙诒让的代表性著作。他不仅继承了清代诸儒的校勘学成果，还拓宽了墨学的研究领域。

2.[学位论文]

题　　名：孙诒让训诂研究

学位名称：博士

出　　处：南京师范大学；2004

作　　者：方向东（南京师范大学）

摘　　要：孙诒让是晚清著名学者，一生著述宏富，在文字学、训诂学上取得了很大的成就。鉴于目前训诂学界主要侧重于传世文献的整理与研究，还来不及对前人的研究著作进行系统的再研究，特别是国内国际对孙诒让的训诂进行系统全面研究的著作尚未问世，本文通过对孙诒让所撰的涉及经学、诸子学、文字学、甲骨学、金石学、校勘学、目录学、文献学35部著作中有关经学、诸子学、校勘学方面的著作《札逢》《周书斠补》《大戴礼记校补》《九旗古议述》《尚书骈枝》《墨子间诂》《周礼正义》进行阅读研究，一是爬梳整理出孙诒让研读古书所采用的训诂理论和方法，并同传统的训诂理论和方法以及清代其他训诂学大师进行比较，总结出特点；二是以他的训诂校勘的成果比照其他学者的研究成果，重新进行审视和研究，顺带纠正中华书局版孙氏著作中出现的排印和标点等方面的错误，以便为解决这些古籍问题提供一部分材料和证据，对汉语史尤其是词汇史的研究和相关的学科研究提供参考资料。全文分为两大部分：上篇为理论篇，主要从孙诒让的文字观、音义观、词义观三大方面及其在训诂实践中的应用以条例形式对他使用的方法和材料进行归纳;下篇为商榷篇,以札记的形式进行补正或商榷,以供训诂学界讨论。该选题的意义和价值在于:对孙诒让的学术研究可以起到直接的或间接的推动作用;为训诂学的理论建设提供基础材料,即孙诒让训诂理论和方法的客观材料。由于孙诒让的训诂著作面广量大,占用的材料非常丰富,难以在短时间内做全方位的深入研究,许多问题只能提出一孔之见,有待日后进一步深入。

3.[学位论文]

题　　　名:孙诒让《札迻》文献校读研究
学位名称:硕士
出　　　处:西南师范大学;2005
作　　　者:徐凌(西南师范大学)

摘　　　要:孙诒让是清末著名的经学家、古文字学家,与俞樾、章太炎并称清末三学者。孙诒让所处时代正是乾嘉学术需要继承和总结的时期,作为从传统走向近代的桥梁,孙诒让虽恪守乾嘉传统考据的主流,但又不拘泥,能兼采其他学术之长,吸旧纳新,并将古文字和文献互证,《札迻》就是这两方面结合的一部力作。《札迻》是孙诒让的校勘、训诂名著,是他近三十年校读群书的精华。《札迻》校书七十八种,共校文一千三百余条。涉及校勘、疏证文字、诠释疑义、订正伪误,间及阐述文字义理、考辨典章制度诸方面。古籍中的许多误字、疑义、错简,经他解惑辨析,往往如拨云雾而见青天,使人心目豁然。鉴于目前学术界对《札迻》研究还不深入,本文在前人研究的基础上,以文字与文献材料结合的角度为切入点,从文献的征引、文字与文献互证两方面对《札迻》进行研究,并对《札迻》校读古书所涉文献和文字材料做抽样整理与分析,以便从中得出孙诒让校读古籍的方法和治学思想。从而为更深入地研究《札迻》提供材料的借鉴和方法的探索。

4.[学位论文]

题　　　名:孙诒让"兴教强国"实践研究

学位名称:硕士

出　　　处:安徽大学；2007

作　　　者:程军（安徽大学）

摘　　　要:孙诒让是晚清的经学大师,他研究的范围甚广,一生著书数十种。晚年目睹清王朝内忧外患,风雨飘摇,社会各种矛盾也日趋激化,他的思想和文化主张发生了较大的变化。作为一名爱国的知识分子,在民族危亡的刺激下,他忧国忧民,积极主张变法维新,阅览进步书籍,致力于兴教强国。从1895年开始,致力于教育、实业强国,服务乡邦。在温、处两地16县创办各级各类学校300多所,成立各种进步社会机构。1905年开始担任温处学务分处总理,1907年又被推为浙江教育总会副会长。本文从两个方面介绍了晚年孙诒让的办学历程。先讲述了他在浙江南部地区对教育近代化的实践探索,创办各类学校的具体情况,从"以应时需"创办的各类学校开始,到职业教育、社会教育及主持温处学务分处后大力发展地方教育等等,称赞他在浙江南部起到了开风气的作用,是兴办新式教育的主力,并由此给浙南新式教育带来飞跃式的发展。接着阐述他在筹措教育经费方面的各种方法与措施,反映地方近代教育兴办之难,借以凸现孙诒让兴教实践的社会价值意义。结语部分对他兴教强国的思想渊源进行了分析,阐述了他的普及教育思想,如何更新教育观念、教学内容、教育方法等内容,等,并对他勇于兴办地方近代教育的探索实践和兴教强国思想给予了历史的肯定。本文在展开这两个方面内容的同时,借用史学界已有研究成果,试图分析在特定的社会政治背景中,变化中的知识分子与地方新式教育的关系,借以揭示中国地方教育变革发生的本质面。

5. [学位论文]

题　　名:孙诒让的学术研究

学位名称:硕士

出　　处:苏州大学；2010

作　　者:张立鑫（苏州大学）

摘　　要:孙诒让是晚清著名学者,也是清代富有盛名的学术大师之一。他终生致力于学术研究,涉足经学、子学、文字学、方志学等多个领域,且都取得了巨大的成就。在经学方面,孙诒让最大的成绩体现在对《周礼》的研究。《周礼》历来是学者们研究的焦点之一,他在继承、吸收前人研究成果的基础上,对这些成果进行了很好的疏理和总结,并纠正和弥补了许多错误和不足。同时,又采用"以大宰八法为纲"和"义例归纳"两种方法疏解经文,并进行了大量的文字训诂和名物制度考证工作,最终完成了《周礼正义》这部集大成之作。在子学方面,孙诒让以一部《墨子间诂》为标志,对清代学者的《墨子》研究进行了全面的总结,使沉寂已久的墨学研究得到了全面的复兴,又为 20 世纪墨学研究的兴起与兴盛打开了方便之门。在文字学方面,他于 17 岁时开始研究金文,对众多铜器铭文进行了考释,又对前人的考释进行了补充、修正,先后完成的《古籀拾遗》《古籀余论》两部著作及多篇论文正是对其研究的总结。金文之外,孙氏又涉及甲骨文研究。甲骨文是记载商代历史的宝贵材料,在其出现之初,并未受到学者们的重视。但是《铁云藏龟》这部书的出版昭示了甲骨文研究的开始。得到此书后,孙氏凭借其深厚的古文字研究功底,花费了两个月时间对其进行考释、校读,终于完成了甲骨文研究的首部专著——《契文举例》,成为甲骨文研究的第一人和甲骨学的开山之祖。随后,孙氏又利用其金文和甲骨文的研究成果,著成《名原》一书。在书中孙氏一方面对自己的古文字研究进行了全面的总结,另一方面又力图探求古文字发展变化的规律。在方志学方面,孙氏亲自参与了多部地方志的编纂和校勘工作,但在实践中的学术研究也有不足,如笃信《周礼》为周公所作、研究方法受限于传统、理论未能形成体系等。这些不足的产生既有其自身的原因，也有时代的局限，最终使他未能实现对传统学术的跨越。

6.[学位论文]

题　　名:毕沅与孙诒让《墨子》校勘比较研究

学位名称:硕士

出　　处:温州大学；2010

作　　者:杜国庆（温州大学）

摘　　要:墨学在先秦时期，曾与儒学并称为天下显学，但在两汉以后日渐式微。毕沅、孙诒让都对《墨子》进行了全面的校勘与整理，全文拟分为五部分，对毕沅、孙诒让《墨子》校勘进行较为系统的比较。第一部分：毕沅与孙诒让《墨子》校勘概述。首先介绍墨学及《墨子》一书的著录与版本。毕沅与孙诒让校勘时均采用三大《墨子》传本系统中的《墨子》十五卷七十一篇本系统。其次，探讨毕沅与孙诒让《墨子》校勘的背景。社会大环境促使二人将学术目光投向了墨学，优越的治学条件为二人研治墨学打下了坚实的基础，《墨子》一书讹脱严重促使二人着手研治墨学。第二部分：毕沅与孙诒让《墨子》校勘方法比较。从对校法、本校法、他校法、理校法四个校勘方法的角度对毕沅校注的《墨子》与孙诒让的《墨子间诂》进行具体的比较。毕沅在校勘时，仅据善本雠正，即以对校、他校为主。孙诒让在校勘时，诸法并用，以理校、他校为主。第三部分：毕沅与孙诒让《墨子》校勘成就及不足。校勘成就有：通校《墨子》，使《墨子》人人可读；订正讹脱，厘定错简，使《墨子》尽还旧观；考订《经》上下篇旁行句读；厘正兵法诸篇之讹文错简。不足之处主要表现为《墨子注》与《墨子间诂》不同程度地存在一些漏校、错校、不应校之处。第四部分：毕沅与孙诒让《墨子》校勘差异成因。《墨子》校勘的底本与参校本不同、《墨子》校勘所使用的方法不同、《墨子》校勘的学术基础不同等因素是造成毕沅与孙诒让的校勘产生差异的主要原因。第五部分：毕沅与孙诒让《墨子》校勘对后世的影响。毕沅、孙诒让对《墨子》的校勘把《墨子》的校勘水平分别推进到了一个新的高度；推动了后人对《墨子》的校勘；校勘古书时勤奋、严谨的治学态度成为后人学习的楷模，并对当今学术界存在的浮躁之风有一定的借鉴作用。

7.[学位论文]

题　　名：孙诒让《温州经籍志》研究

学位名称：硕士

出　　处：中国台湾台北大学；2012

作　　者：庄佩瓴（中国台湾台北大学）

摘　　要：孙诒让(1848—1908)，字仲容，号籀庼，浙江瑞安人。诒让幼承家学，天资聪颖，曾随父孙衣言(1815—1894)官游京师、江淮各地，博采秘籍，广结名流学者。诒让中年之后，开始接触西方科学文明与政治思想，讲求新学，以创立教育和实业为己任，并以探索救国图强之道。孙诒让的学术成就，约略可分为四方面，分别为文字训诂和校勘、目录学、典章制度和诸子等主题。梁启超赞其"有醇无疵，得此后殿，清学有光"，章太炎誉其"三百年绝等双"，显见孙氏的学术表现，实能得到后世学者的肯定。《温州经籍志》一书，被誉为"近代汇志一郡地方文献书目之祖"，此后，各地闻风继起，编纂地方艺文志，如《台州经籍志》《金华经籍志》《平湖经籍志》《常熟经籍志》等，皆是受此书的影响，此书影响极为深远，可谓波及整个目录学界，也对地方艺文志的整理有着决定性的影响。它是孙诒让早年对温州地区的著作进行相关的整理工作，其收录的断限，始自唐、宋，迄于嘉庆、道光，共计收录一千余种著作，再行考订案语，因而成就一部重要的目录专著。全书搜罗温州地区古今艺文，网罗宏富，体例严谨，费时八年之久，可谓清代地方文献目录的代表之作。其撰书体例，系仿马端临(1254—1323)《文献通考》和朱彝尊(1629—1709)《经义考》的辑录体方式，广泛收录与各书相关资料。简言之，《温州经籍志》将所收书分成四部，子目依《四库总目》的细目，而在四部之下，另外细分各类目，再按照书的多寡及其性质，另分小类，而各细目之下，再依时代先后排列。至于同朝人的著作,则依生卒年月顺序排列之。此外,也将所收书籍,分别注明存、佚、阙、未见四种情况,并辑录各书序跋,乃至于其他相关资料,且注明引文出处,有时再加上简要案语,是以本书具体严整,考证精密,允为方志目录的代表之作。本论文行文以其目录学成就为论述重点,笔者共分七个章节:第一章至第三章,试从孙诒让的养成教育谈起,并且论及其《温州经籍志》的成书背景;第四章和第五章再以《温州经籍志》文本为主,探讨内容、编纂体例和分类方法;第六、七章,则论述《温州经籍志》的学术价值,及其卓越的影响力。由于诒让目录学的成果,主要体现于《温州经籍志》一书之中,而该志被誉为最著名的地方艺文志,且为我国目录学的发展做出了卓越的贡献,是以研究该一书目,将对孙氏的学术表现,能有更多认识。

8. [学位论文]

题　　名: 考据与经世——孙诒让周礼学研究

学位名称: 博士

出　　处: 华中师范大学;2014

作　　者: 董小梅(华中师范大学)

摘　　要: 本文针对孙诒让的周礼学主要解决了以下几个问题:通过分析晚清的学术大势及周礼学的发展和孙诒让的学术传承,介绍了孙诒让研究《周礼》的学术背景和学术渊源;从文献学的角度,主要从辑佚、校勘、注疏三个方面分析孙诒让周礼学的考据学基础,并从孙氏疏解《周礼》所采用的解经体例、方法及特色等方面分析《周礼正义》一书的学术地位;通过对《周礼政要》的解读及考察孙氏在《周礼》的影响下从事的社会实践活动,阐明孙氏周礼学与晚清社会变革之间的密切关系;分析孙氏的周礼学成就及思想,并给予客观的评价。晚清时期,一方面随着政治、社会危机的日益加重,通经致用、经世实学成为越来越多传统士人的选择,这种经世性也反映在周礼学的研究上,孙诒让对《周礼》的研究正是在这个背景下进行的。孙氏个人偏重乾嘉学者的治学之法,从文字、训诂入手,研究典章制度，走上为《周礼》做新疏的研究之路。为了重疏《周礼》，孙诒让对贾逵、马融、干宝三家《周礼》古注进行辑佚，并将辑佚成果很好地运用在《周礼正义》的考证上。孙氏撰作的《周礼注疏校记》是对阮元《十三经注疏校勘记》的再次校勘，共出校文一千四百零七条，有意将阮元《校勘记》的错误一一补正，为经学研究者提供了一个较好的《十三经注疏》本子。《周礼正义》是孙氏花费二十七年的时间完成的《周礼》新疏。在疏解的过程中，他以大宰八法为纲贯串众职，钩稽厘正了古代政制，并博采汉唐以来旧诂，爬梳校勘，理董发正，匡纠各家经疏之谬误。加之孙氏持论宏通，没有门户之见，一些众说纷纭乃至千古聚讼的礼制问题，在疏解过程中大都获得了比较圆满的解决。而且对于比较重要的名物制度，孙诒让的疏解往往带有鲜明的总结性质。所以新疏能够集前人研究之大成，并达到了新的高度，被梁启超誉为"清代诸疏之冠"。在时局的刺激下，中年以后的孙诒让，其学术政治思想逐步发生转变。他选择了学术经世的道路，在疏解《周礼》时，他便牢牢把握"政教"这一中心环节，从时代需要出发，企图"由古义古制，以通政教之闳意妙旨"。甲午战争后，他以"周礼为纲，西政为目"为体例撰写的《周礼政要》，更是明显地将周官之学直接用于政治改良服务。同时，孙氏开始走出书斋，投入社会实践活动中。受《周礼》"政教"思想的影响，他重视教育，反复强调兴学是自强的基础，并全力以赴投入办学活动中，成为近代教育的先行者。综观孙诒让的治学道路、政治思想和社会实践，它们在外观上似乎颇不相同，实质上却完全一致。由于孙诒让知识渊博，治学严谨，不抱门户之见，广泛吸取各学派的思想观点及所提供的资料，撰作《周礼正义》精微平实，集两千年来周礼学之大成。同时，孙氏又是从现实的需要出发重疏《周礼》，目的是"剀今而振弊"，这与传统的汉学家为考证而考证有着原则区别，开始把汉学引入"经世致用"的道路，意义重大，因此被称为清代汉学的"光辉后殿"。在《周礼》"政教"思想的影响下，他撰作《周礼政要》，提出了救亡图存的全面主张，虽然未免带有些许"书生论政"的局限，也没有见于实践，但其忧心国民、学以致用的精神值得后人尊重。

正是以学术研究为主,学术、政治交互影响,使孙诒让踏上了不同于传统汉学家的路程。

9.[学位论文]

题　　名:孙诒让的生平与学术

学位名称:博士

出　　处:华东师范大学;2018

作　　者:邱林(华东师范大学)

摘　　要:关于晚清的学术史论述中,往往特别强调今文经学的复兴。在梁启超和钱穆所著《中国近三百年学术史》中,孙诒让也只是一个无足轻重的角色。梁、钱的书流传很广,很大程度上塑造着人们对清代学术史的印象。相比之下,章太炎等人却对孙诒让有着极高的评价,称赞其为"晚清第一大师""三百年绝等双"。参照章太炎的论述,孙诒让显然属于一般清代学术史论述中被低估的学人,因而值得我们予以更多的关注。孙诒让(1848—1908),字仲容,号籀庼,浙江瑞安人,是晚清朴学大师和经学后殿。他在经学、诸子、金石文字、训诂校勘、文献目录等方面均有精深造诣,著作主要有《周礼正义》《墨子间诂》《古籀拾遗》《契文举例》《名原》《札迻》《温州经籍志》等。孙诒让早年随父宦居大江南北,后半生偏居乡里,潜心著述。在晚清内忧外患之际,他也走出书斋致力于在温州等地区推广新式教育。因此,他不仅是一位卓越的学问家,还是最早在浙江南部推行新式学堂的教育家。自孙诒让年少起,父亲孙衣言即指点其读书治学,不仅为他创造了优越的著述条件,还带他结识了众多一流学者。孙诒让本人也聪敏好学、坚持不懈,最终成为一位著作等身、成就卓著的朴学大师。孙氏治学服膺乾嘉之道,欣赏高邮王氏之学,在金石文字和校注《周礼》《墨子》等典籍方面卓有成就,影响深远。《周礼正义》是孙诒让花费二十余年时间写就的一部巨著,总结了历代《周礼》研究的成果,是一部集大成之作,至今无人可望其项背。在文字训诂、典章制度之外,他明确指出大宰"八法"为《周礼》的纲领所在,并通过对"官联"问题的梳理使全书脉络分明、前后呼应,从而超越了汉唐注疏。在学术背景、经学立场,以及当时激烈的今古文之争等多重因素的影响下,孙诒让延续了"周公作《周礼》"的观点。对此我们不能苛责古人,但在阅读《周礼正义》一书时要有充分的认识。《墨子间诂》一书也是一部集大成之作,总结了清中叶以后诸家校注《墨子》的成果。本书三易其稿,始成定本,除了进一步进行训诂、校勘之外,孙氏还对墨子及墨家学说的评价问题提出了自己的看法。《墨子间诂》是墨学研究史上具有里程碑意义的著作,对后来的墨学研究产生了极大的影响,奠定了墨学真正复兴的基础。总体来说,孙诒让生活在中国学术从传统向现代转变的初期,治学上偏向传统但又有着承前启后的特征。甲午战败后时事多艰、国难当头,孙诒让开始投身于创办新式学堂,以培养救国救民的实用人才。之后他又领导"温处学务分处",筚路蓝缕,在浙江南部地区推行新式教育,堪称一位教育家。除此之外,孙诒让大量订阅各种新式书刊,关心时局变化,主张进行变法革新。甲午之后他提出创办"兴儒会",以兴儒救国。清政府新政之际,他受盛宣怀的邀请起草了《变法条议》,系统阐述了自己的变革主张。晚年的时候孙诒让结交章太炎等人,表现出明显的同情革命的倾向。孙诒让不仅治学严谨、著作等身,是一位卓越的学者,同时又关心社会,身体力行,做到了知行合一。

10.[学位论文]

题　　名:孙诒让《周礼正义》略论

学位名称:硕士

出　　处:西华师范大学

作　　者:徐进(西华师范大学)

摘　　要:孙诒让是晚清著名学者,一生著述颇丰,在文字学、训诂学、校勘学、文献学等方面取得了巨大成就。目前有关孙诒让的学术研究集中于其社会政治活动以及其墨学、小学研究,《周礼正义》是其礼学研究的集大成之作。孙诒让高深的国学功底使他成为传统知识分子中的佼佼者,特别是其礼学方面的成就至今无人能及。对《周礼正义》进行多角度深入的研究,不但会推进《周礼正义》研究的发展,而且也是礼学发展的需要。本文分六章,对《周礼正义》进行了全面深入的探讨。第一章探讨的是《周礼》的问题,主要了解《周礼》学的注疏与传承。第二章探讨孙诒让著《周礼正义》的原因以及取得的巨大礼学成就。第三章探讨孙诒让《周礼正义》的主要内容,重点论述他揭示出"《大宰》八法"是《周礼》全书的主线,以及孙诒让对古代名物制度的疏通和对研究《周礼》的百家学说的评判。第四章至第六章探讨孙诒让《周礼正义》的注疏方法、注疏特点和注疏原则,主要体现在著述过程中受乾嘉学派的影响,严谨治学,在浩如烟海的史料中旁征博引,取舍得当。结语主要通过与郑注、贾疏、孙疏的对比,阐述孙诒让《周礼正义》的学术价值及其学术影响。

1. [图书]

书　　名:孙诒让年谱

出　　处:商务印书馆;1934;102 页

作　　者:朱芳圃

摘　　要:孙诒让(1848—1908),字仲容,清末著名学者。本书为其 1 至 61 岁年谱,叙述其家世、生活、学习、经历及著作。

2. [图书]

书　　名:孙诒让教育思想研究

出　　处:杭州: 浙江教育出版社;1998;133 页

作　　者:童富勇

摘　　要:孙诒让,浙江瑞安人。为清末著名的经学大师,也是有影响有成就的教育学家。作为经学大师,孙诒让被章太炎誉为"三百年绝等双",名扬海内外。但作为教育家,了解他的人甚少。本书分四章对孙诒让的教育活动和思想做较为全面系统的探讨。第一章,主要介绍孙诒让从封建士大夫向爱国教育家演变的过程,浅析孙诒让的家世、交游、永嘉学派经世致用思想及新式书报对他走上教育救国道路的影响。

第二章,介绍孙诒让办学校、办学会、主持温州、处州学务等教育活动,对孙诒让教育活动的指导思想,特别是对瑞安学计馆进行具体分析。第三章主要介绍孙诒让的教育思想,分析孙诒让教育思想的渊源及特点,着重探讨孙诒让关于普及教育、教育经费、教学内容、教学方法、道德教育的主张及在教育实践中的运用。第四章,对孙诒让教育活动和思想做一总的回顾,并说明他是浙江近代新式教育的开创者,清末著名的教育家。

ISBN:7-5338-3057-1

3.[图书]

书　　名:孙诒让小学谫论

出　　处:北京：商务印书馆；2005；285 页

作　　者:朱瑞平

摘　　要:本书分上篇、下篇两部分:上篇三章,分别论述孙氏在文字学、训诂学、校勘学等方面的成就;下篇三章,分别讨论孙氏学术的特色与局限、地位与影响、取得成就的原因等问题。

ISBN:7-100-04523-1

4.[图书]

书　　名:朴学大师——孙诒让传

出　　处:杭州：浙江人民出版社；2007；260 页

作　　者:李海英

摘　　要:本书详细真实地记载 20 世纪著名学者孙诒让的生平活动、思想发展、学术成就、社会交往,并注意叙述传主生活的社会环境、文化氛围、学术思潮、师承传习、历史影响等。

ISBN:7-213-03527-4

5.[图书]

 书 名:孙诒让研究论文集

 出 处:南昌：百花洲文艺出版社；2007；430 页

 作 者:中国训诂学研究会主编

 摘 要:本书为学术类论文集,对经学大师孙诒让的生平、学术成就等进行了研讨。

 ISBN:7-80742-165-7

6.[图书]

 书 名:孙诒让训诂研究

 出 处:北京：中华书局；2007；187 页

 作 者:方向东

 摘 要:本书以孙氏的《札迻》《周礼正义》《墨子间诂》三书为取材重点,分析总结了孙诒让的文字观、音义观、词义观及其在训诂实践中的应用,对他的训诂方法与训诂成就亦做了客观评价。

 ISBN:7-101-05469-2

7.[图书]

 书 名:孙诒让传论

 出 处:杭州：浙江人民出版社；2008；315 页

 作 者:俞 雄

 摘 要:本书介绍了孙诒让的家世和生平、学术成就、成长道路、交往关系、瑞安维新人物群等内容。

 ISBN:978-7-213-03873-0

8.[图书]

 书 名:孙诒让文字学之研究

出　　处：北京：中华书局；2018；227 页

作　　者：程邦雄

摘　　要：孙诒让是清末的学术大师，治学广博、精深。此书以孙诒让的《古籀拾遗》《古籀余论》《契文举例》等文字学著作为研究对象，全面、系统地分析总结了孙诒让在甲骨金文文字考释、文字理论等方面取得的成就与存在的问题，对了解与研究孙诒让的学术成就、总结文字考释方法等都颇具参考价值。

ISBN：978-7-101-12869-7

（四）陈虬

1.［期刊］

题　　名：陈虬和他的《新字瓯文》——纪念陈虬逝世六十周年

出　　处：语文建设；1963；第 C1 期；第 30 页至第 32 页

作　　者：温端政（山西省社会科学院）

摘　　要：陈虬，字志三，原名国珍，晚年号蛰庐，浙江省瑞安县人。其先祖居浙江省乐清县（明弘治、正德年间迁至瑞安），所以陈虬往往自称是乐清人。他生于咸丰建元，即公元 1851 年，死于光绪二十九年，即公元 1904 年，享年五十四岁。陈虬是清末著名的改良主义者，光绪十五年，他中了举人后，进京会试，参与康有为、梁启超等人发动的"公车上书"，曾列名"保国会"。后因与康、梁意见不合，于 1897 年和蔡元培、汪康年、陈介石等回浙江组织"保浙会"，结果也遭失败。

ISSN：1001-8476

2.［期刊］

题　　名：论陈虬的妇女解放思想

出　　处：温州师范学院学报（哲学社会科学版）；1996；第 2 期；

第 28 页至第 31 页，第 38 页

作　者:周文宣（解放军重庆通信学院）

摘　要:陈虬是中国近代著名的改良思想家。陈虬的妇女解放思想是社会改革思想的重要组成部分,这一课题长时期来似无人涉及。本文试图对陈虬的妇女解放思想做一初步探讨。

ISSN:1674-3563

3.[期刊]

题　名:论陈虬的军事思想

出　处:贵州大学学报（社会科学版）;1997;第 15 卷;第 4 期;第 49 页至第 51 页

作　者:周文宣[1]，邓蓉[2]（1.重庆通信学院政治理论教研室;2.渝州大学经济学系）

摘　要:陈虬(1851—1904),字志三,号蛰庐,浙江瑞安人,祖籍乐清,是我国近代著名的改良思想家。他出身于以军功起家的家庭,自幼喜欢军事,好为兵家言。中法战争以后,严重的边疆危机使他更加关注军国大计。在陈虬的改革方案里,军事改革占有重要分量,其军事思想虽然有对付"内寇"的一面,但主要着眼点是对付外国的侵略。面对敌强我弱的局势,他主张"以守为战",加强国内军事实力,随时准备抵御外敌入侵。他说:"夫治国之道,有备无患,用兵之策,先发制人。吾不能禁敌之不来,要在吾有以制之而已。"本文试图对陈虬这种积极防御的军事改革思想做一简要评述。

ISSN:1000-5099

4.[期刊]

题　名:陈虬和他的《治平通议》

出　处:历史教学;1997;第 5 期;第 42 页至第 43 页

作　者:周文宣（解放军重庆通信学院）

摘　要：陈虬是我国近代著名的改良思想家。他精通多门学问，著作颇丰，尤以《治平通议》为代表的社会改革思想最为引人注目。本文试对陈虬的生平及其《治平通议》做一简要介绍。

ISSN：0457-6241

5. [期刊]

题　　名：从《报国录》看陈虬的国防思想

出　　处：黄淮学刊（哲学社会科学版）；1998；第 14 卷；第 2 期；第 79 页至第 81 页

作　　者：周文宣（解放军重庆通信学院政治理论教研室）

摘　要：陈虬的《报国录》蕴含了相当精辟的国防思想。他切合中国积贫积弱的实际情况，提出要建立积极防御的地方防务体系；为巩固国防基础，陈虬还主张通过乡团推动基层社会改革，从而实现政治稳定、经济繁荣，以做国防安全之有力保障。

ISSN：1672-3600

6. [期刊]

题　　名：陈虬政治思想的演变

出　　处：史林；2000；第 3 期；第 86 页至第 90 页

作　　者：周文宣（解放军重庆通信学院政治理论教研室）

摘　要：陈虬是中国近代著名的改良思想家。他精通多门学问，著作颇丰，尤以《治平通议》为代表的社会改革思想引人注目。但是长期以来，对于他的研究却没有得到学术界的足够重视，一般仅将他作为"早期资产阶级改良派"进行共性研究。本文作者通过对陈虬资料的考察，深感不宜把他简单地划入某一派别，他的思想绝非凝固不动，而是有着自身的发展轨迹。

ISSN：1007-1873

7.［期刊］

题　　名：论陈虬反对君主专制的思想

出　　处：贵州文史丛刊；2000；第 4 期；第 21 页至第 26 页

作　　者：周文宣（解放军重庆通信学院政治理论教研室）

摘　　要：陈虬是我国近代著名的改良思想家。他的一生在诸多方面成就粲然而被载入史册，成为晚清史上一位颇具声望的人物。其中尤以《治平通议》为代表的社会改革思想最为引人注目，梁启超曾将此书列入《西学书目表》。陈虬反对君主专制的思想是其社会改革思想的重要组成部分，本文旨在探讨陈虬反对君主专制思想的不断深化过程。

ISSN：1000-8705

8.［期刊］

题　　名：论陈虬的经济思想

出　　处：贵州文史丛刊；2001；第 1 期；第 36 页至第 41 页

作　　者：周文宣（重庆通信学院政治理论教研室）

摘　　要：陈虬在洋务运动失败之后，深入探求中国富国强兵之路，主张学习西方经济制度，提出一系列重商务、兴制造的改革措施。

ISSN：1000-8705

9.［期刊］

题　　名：陈虬的政治维新思想

出　　处：贵州师范大学学报（社会科学版）；2001；第 1 期；第 76 页至第 79 页

作　　者：符必春（贵州师范大学文化研究室）

摘　　要：陈虬是中国近代早期维新派的主要代言人之一，其政治维新思想具有时代的先进性。本文从他的政治维新纲领和纲领的理论基础两方面，论证其政治维新思想的时代性、先进性，从而肯定他在中国近代思想家的行列中所应占有的重要地位。

ISSN:1001-733X

10.[期刊]

题　　名:陈虬的教育思想与实践

出　　处:贵州文史丛刊;2002;第 4 期;第 27 页至第 30 页

作　　者:周文宣(重庆林园通信学院政教室)

摘　　要:近代中国深重的民族危机,促使陈虬顺时应世。他看到须变革传统教育的重要性,并且积极从事教育实践活动,通过创办学堂和报纸,培养人才,宣传变法。其教育思想具有强烈的时代特点。

ISSN:1000-8705

11.[期刊]

题　　名:陈虬维新思想的主要理论基础

出　　处:渝西学院学报(社会科学版);2002;第 1 卷;第 4 期;第 24 页至第 28 页

作　　者:符必春(重庆第三军医大学政研室)

摘　　要:陈虬是中国近代早期维新派的主要代言人之一,其维新思想具有时代先进性,而这种先进性来源于厚实的理论基础。本文拟剖析他维新思想的主要理论基础("变易"观、经世致用、中体西用),从而肯定他在中国近代思想家的行列中所应占有的重要地位。

ISSN:1673-8004

12.[期刊]

题　　名:陈虬经济维新思想研究

出　　处:达州职业技术学院学报;2004;第 1 期;第 46 页至第 48 页

作　　者:李炳元(达州职业技术学院)

摘　　要:陈虬是中国近代早期维新派的主要代言人之一,其政治、经济、教育的维新主张具有较强的现实性、时代性。本文从他的经济维新思想入手,论证其在经济维新思想上的先进性,从而肯定他的经济思想的历史进步性。

13.[期刊]

题　名:陈虬的教育救国思想

出　处:西南交通大学学报(社会科学版);2006;第 7 卷;第 4 期;第 20 页至第 23 页

作　者:符必春(重庆第三军医大学政治教研室)

摘　要:陈虬是我国近代早期维新派的主要代言人之一,其教育救国思想具有时代的先进性。他的开民智、改革科举教育、加强医学教育和商业教育四个方面的主张,显示出其教育救国思想的时代性、先进性,以及在当时所做的思想先导性贡献。

ISSN:1009-4474

14.[期刊]

题　名:陈虬的陆防思想

出　处:兰台世界;2009;第 5 期;第 42 页

作　者:符必春(重庆警官学院基础部)

摘　要:陈虬(1851—1904),原名国珍,字志三,号蛰庐,自称皋牢子。浙江省瑞安人,祖籍乐清,是我国近代著名的早期维新思想家。他出身军功之家,从小对军事比较爱好。在求强求富的爱国思想和主张中,他提出了用军事改革来求强。面对中华边疆危机的艰难处境,他在 1892 年著的《经世博议》中提出了筹海筹边的军事防御主张。而到目前为止,对陈虬筹边的军事思想进行的专门研究还没有,本文拟就陈虬筹边的边防军事主张做一剖析,展现他丰富的陆地边防军事思想。

ISSN:1006-7744

15. [期刊]

題　　名:略论陈虬经世致用思想形成的原因

出　　处:烟台职业学院学报；2010；第 16 卷；第 2 期；第 40 页至第 42 页

作　　者:孔军（鲁东大学历史文化学院）

摘　　要:陈虬既是我国近代著名的早期维新思想家,也是造诣很深的中医学大师。受宋代永嘉学派传统文化思想的熏陶、晚清社会时局急剧变化的影响、近世经世学风背景的影响,以及师友的影响,他的经世致用思想形成了。陈虬一生执著于经世致用,倡导改革变易,其学术思想和社会改革主张,对中国社会发展影响深远。

ISSN:1673-5382

16. [期刊]

題　　名:陈虬生平及利济医学堂的历史沿革

出　　处:医学与哲学（人文社会医学版）；2011；第 32 卷；第 3 期；第 72 页至第 74 页

作　　者:郑国志[1]，郑国庆[2]（1.西华师范大学历史文化学院；2.温州医学院附属第二医院）

摘　　要:陈虬创立的利济医学堂是我国第一所中医专门学校,在中国近代史上拥有特殊的重要地位。本文介绍了陈虬的生平、政治思想及医学思想、利济医学堂的历史及沿革;简述利济医学堂创立与陈虬所在时代的社会历史背景、永嘉学派学以致用的文化学术渊源及其自身年轻时患疾不第密切相关。

ISSN:1002-0772

17. [期刊]

題　　名:陈虬治理黄河思想探析

出　处:温州大学学报（自然科学版）；2011；第 32 卷；第 3 期；
第 32 页至第 37 页

作　者:张晶晶（上海师范大学人文与传播学院）

摘　要:陈虬提出了"顺水之性，循山入江"的治理黄河的方针，他认为治理黄河能产生"开塞外富强之源，以治河为防边"的良好效益，同时，陈虬也提出了解决黄河泥沙问题及解决治理黄河的技术和资金问题的办法。陈虬治理黄河思想具有鉴于古而不胶于古、溯本探源、标本兼治的特点。同时，陈虬治理黄河思想也存在迂阔色彩和空想成分。

ISSN:1674-3563

18.[期刊]

题　名:陈虬经济变革思想评析

出　处:嘉兴学院学报；2011；第 23 卷；第 4 期；第 87 页至第 93 页，
第 104 页

作　者:蔡志新（湖州师范学院社会发展学院）

摘　要:陈虬经济变革思想在农业方面，建言限田和垦荒，认为必须采用近代西方自然科学和农学理论来增加中国农业产出，以抵制外国农产品输入；在工商业方面，提出了裕财用、兴制造、奖工商、讲懋迁、抚华商和修铁路 6 项政策；在财政改革方面，主张定税制、变盐法、定国债和权度支；在货币制度建设方面，对清末制钱和银质货币的繁荣、货币兑换标准的混乱进行了系统的批判，要求政府把货币的发行权收归国有，禁止民间私铸钱币和外国银元在中国流通，希望建立一个包含金、银、铜币和钞票在内的统一的货币制度。

ISSN:1671-3079

19.[期刊]

题　名:陈虬思想变迁研究

出　处:浙江学刊；2014；第 6 期；第 74 页至第 80 页

作　者:陈安金[1]，冀晋才[2]（1.温州大学；2.温州大学人文学院）

摘　要:陈虬是清末著名的维新思想家,其思想变迁与清末政局演变息息相关,其变迁轨迹可谓近代中国历史的缩影、知识分子群体思想转化的典型。大致以中法战争为界,其思想变迁历经守旧排外、复古改制和吸收西学、变法维新两个阶段。陈虬思想中鲜明的追求实效的"事功"特质以及积极的经济维新思想为改革开放以来温州市场经济的发展提供了丰富的文化资源。

ISSN:1003-420X

20.[期刊]

题　名:陈虬边疆思想探析

出　处:传承;2015;第 6 期;第 140 页至第 141 页

作　者:胡雁（安徽师范大学历史与社会学院）

摘　要:晚清以来,尤其是 19 世纪 70 年代之后,中国面临前所未有的边疆危机。陈虬高度关注边疆危机,他痛陈列强威胁中国边疆安全的事实,理性分析中国边疆危机形成的原因,并提出了自己治理边疆的方略。陈虬对边疆危机的高度关注与思考,反映了当时先进中国人的共同心声,体现出强烈的爱国主义精神。

ISSN:1673-9086

21.[期刊]

题　名:二十年宿怨:孙诒让与陈虬——从温州戊戌府试打人案谈起

出　处:历史教学问题;2017;第 2 期;第 56 页至第 62 页,第 139 页

作　者:邱林（华东师范大学历史学系）

摘　要:1898 年 7 月温州府试开考之际,因妹夫黄泽中应试一事,陈黻宸在考棚外殴打廪生彭某,事件后来扩大为持续半年多的诉讼案,黄体芳、孙诒让、陈虬等也受到牵连。为此孙诒让对非直接当事人陈虬大加斥责,不过这与其说是针对打人案,不如说是孙、陈之间近二十年宿怨的总

爆发。同在瑞安小城的孙诒让与陈虬,在近二十年的时间里几乎都保持着不相往来的敌对状态。孙诒让对陈虬颇有偏见,陈虬也因狂傲不羁的个性饱受挫折、悲愤一生。

ISSN:1006-5636

22.[期刊]

题　　名:军事与政工结合:陈虬军事思想新探

出　　处:温州职业技术学院学报;2019;第19卷;第4期;第16页至第20页

作　　者:吴妮妮[1],冀晋才[2](1.浙江工贸职业技术学院经济与贸易分院;2.山东大学历史文化学院)

摘　　要:陈虬在军队建设方面创造性地提出了集政工、指挥、参谋三大机构为一体的指挥部建设构思,将军事与人事紧密结合实现全民抗敌的构想,以及将政治工作视为军事工作的基础和依托的思想。从具体内容上看,这些思想虽不能代表当时最进步的思潮,却能反映当时主流思潮的发展水平。陈虬在军队专门设置政工干部、加强军队政治教育、强化政治动员以实现全民团结抗敌等理念,更是具有超时代的意义。

ISSN:1671-4326

1.[学位论文]

题　　名:陈虬维新思想研究

学位名称:硕士

出　　处:湖南师范大学;2008

作　　者:许神恩(湖南师范大学)

摘　　要:近代中国屡遭列强侵略,中华民族面临严重危机。为追求民族独立与社会进步,先进的中国人不断向西方国家寻找救国真理。陈虬就是其中较有代表性的人物之一。本文主要分三部分来阐述陈虬的维新思想。第一部分简述陈虬维新思想的形成过程,重点分析其维新思想形成的原因,主要包括四个方面:陈虬勤于学习,深受传统文化中积极因素的影响;客观环境条件的刺激;科举考试和仕途的不顺使其思想发生了转变;接受"西学中源"说和中体西用观,并作为其维新思想的主要理论依据。第二部分分别论述陈虬维新思想五个方面的内容,包括:以议院观为代表的政治思想、发展资本主义工商业的经济思想、开民智的教育思想、妇女解放思想、积极防御的军事思想。第三部分主要包括两个方面:1.把陈虬的维新思想与其他早期维新派代表人物的思想进行了横向比较,分析其思想的历史地位。2.对陈虬维新思想进行总体评价,既肯定其维新思想所具有的传承发展性、时代性、爱国性和实践性,也对其中的保守性、落后性予以分析和批判。整体而言,陈虬所提出的政治、经济、教育、妇女解放、军事等方面的思想主张对以后维新运动产生了重要影响,应给予充分的肯定。

2.[学位论文]

题　　名:陈虬的文教思想研究

学位名称:硕士

出　　处:鲁东大学;2020

作　　者:贺雪(鲁东大学)

摘　　要:近代中国面临着极大的挑战,国土被列强侵占,国家主权逐渐沦丧,中华民族陷入生死存亡的严峻境地。为了寻求拯救国家时局之道路,仁人志士不断反思传统文化,总结探索利于时代发展的理论思想,并开始学习西方先进的文化教育观念和技术。作为早期维新派比较有代表性的人物之一,陈虬的文教思想对急剧动荡的近代中国具有重要的意义。分析陈虬文教思想形成的背景。从社会和个人两个方面分析陈虬文教思想形成的背景。陈虬少年时期生活艰苦,但依然勤勉学习,对传统的经典都有涉猎,青年时期科举考试的不顺和经世之学的影响使他放弃传统守旧的观念,接受"中体西用观",不仅重视实用之学,且付诸实践,不断为早期维新思想注入新的内容。简述陈虬文教思想形成的过程。陈虬文教思想的发展过程主要分为形成、发展和完善三个阶段。早期的陈虬由于深受传统文化的思想,提出的改革措施也具有浓重的排外和封建色彩;在意识到传统的思想并不能挽救中华民族的时候,陈虬开始认清现实,主动接受西方先进的文化,其文教思想也逐渐发展;随着陈虬思想的开放,他越来越意识到教育对富强中国的重要性,重视开发民智,以"保种"为己任,其文教思想也趋于完善。分析陈虬的文化思想。主要包括三个方面:摒弃传统的"道不变"的思想,接受并积极发扬变易思想;提高经世致用学说的地位,反对空谈心性的宋学(理学)及对改变国家穷挫之境烦琐无用的汉学(考据学);学习西方科学技术以补国用,但首要以中华民族的传统文化为尊,坚持"中体西用"思想。从五个方面阐述陈虬的教育思想及其实践内容:创造瓯文新字以便利民众学习,从而达到开民智的目的;创办心兰书社,便利因交通闭塞而无书可读的贫苦读书人;改革科举教育以适应时代发展的需要;加强医学教育,欲图通过"保种"的途径来使国家富强;重视商业教育,抛弃传统的重农抑商思想,学习西方开设工商课程;重视妇女教育,打破妇女被歧视的封建观念,解放妇女,增加女学,使妇女也成为推动国家富强的一份力量。总结陈虬文教思想的特点并对其文教思想进行客观的评析。陈虬的文教思想的特点主要体现为两个方面:阶段发展明显,地区特征明显。由于中法战争的战场距离陈虬的家乡较近,战争带来的灾难使得陈虬在战争后呈现出的思想发生了极大的变化;而陈虬生活的浙南地区一直深受永嘉之学的影响,这也是陈虬后来力倡经世致用之学的理论来源。

1.[图书]

书　　名:陈虬集(温州文史资料第八辑)

出　　处:杭州:浙江人民出版社;1992;480 页

作　　者:胡珠生辑;中国人民政治协商会议浙江省温州市委员会文史资料委员会编

摘　　要:本书收录了陈虬先生的专著、杂著、书函、诗词四类资料,反映了他的政治主张及其思想演变和发展。

ISBN：7-213-00898-6

2.[图书]

书　　名：陈虬集（中国近代人物文集丛书）

出　　处：北京：中华书局；2015；598 页

作　　者：胡珠生

摘　　要：本书主要内容包括：治平三议、宗法议、封建议、大一统议、十科表、经世博议、法天、变法、保民、治河、筹海、筹边、腹地广置木路议、拟建洛阳为西京议等。

ISBN：978-7-101-10024-2

（五）宋恕

1.[期刊]

题　　名：宋恕的《六斋卑议》

出　　处：语文建设；1956；第 4 期；第 26 页

作　　者：倪海曙（复旦大学）

摘　　要：1891 年，宋恕的《六斋卑议》成稿。在这本书里，最早出现了"切音文字"的名称和造切音文字的建议。笔者所看到的《六斋卑议》是马叙伦先生的藏本，书中有马先生亲笔题写的书后，从这个书后中，知道宋恕字燕生，初名存礼，后改名恕。晚年又改名衡，字平子，浙江平阳人，寄居瑞安。生在 1862 年，死在 1910 年。他是清末大学者俞樾的学生，妻子孙氏是清末瑞安名学者孙诒让的从妹。他读书很多，游历的地方也很多，到过日本。每到一处，喜欢接触各式各样的人，了解人民生活的疾苦，这使他成为一个"确然知天下事，而乎国内政俗，多矫激不平"（马叙伦书后）的人，同时也成为一个"宗仰颜玄，务通世务""思想往往趋于革新政治”（同上）的人。他当过浙江求是书院（浙江大学堂前身）总教习，据说"一时受教者皆倾心革命"（同上），后来协助张品珩、杨士骧等办过山东学务。

ISSN：1001-8476

2.［期刊］

题　名：论宋恕的思想

出　处：复旦大学学报（哲学社会科学）；1964；第 1 期；第 33 页至第 41 页

作　者：蔡尚思[1]，金冲及[2]（1.复旦大学，2.中国社会科学院）

摘　要：19 世纪末和 20 世纪初的中国，正处在深刻而剧烈的变动中。随着帝国主义势力的侵入，旧有的封建经济结构开始崩坏，新的资本主义生产方式正在成长起来。中国社会的发展已经脱离了原有的轨道。一切都唤起了变革的需要。然而，这又不是一条寻常欧美式的资本主义道路。当时的中国是一个半殖民地半封建的中国，资本主义的力量太软弱了，旧势力、旧影响相对地却显得十分强大。将死的仍然紧紧地拖住方生的，竭力把它拉向回转。于是，在我们面前展开了一条艰难的旅程。即使在开始探索新方向的人们中，也不是都能摆脱开这种旧的影响。有的人在历史的激流中前进了几步，又悄悄地退回去了。这种人在当时为数不少，宋恕就是其中的一个思想家。

ISSN：0257-0289

3.［期刊］

题　名：宋恕的变法论

出　处：中国台湾大学历史学系学报；1975；第 2 期；第 165 页至第 184 页

作　者：鲍家麟（美国亚利桑大学）

摘　要：宋恕是晚清主张变法的思想家。原名存礼，改名恕，又名衡，字平子,又字燕生,号六斋,别署不党山人。浙江平阳人。生于清同治元年(1862),卒于宣统二年(1910),享年四十九岁。一般讨论近代思想史的著作对他鲜有论列。梁启超称赞他"东瓯布衣识绝伦,梨洲以后一天民",但所著近三百年学术史未提宋恕。蔡元培五十年来中国之哲学论列其著作《六斋卑议》,说他要在儒学里面做文艺复兴的运动。钱穆中国近三百年学术史附表载其生年。仅章炳麟之检论及文录中,论及他的学行。总之,他可说是一位被人忽略的过渡时代的变法思想家。

ISSN:1012-8514

4.[期刊]

题　名:宋恕与近代维新思潮

出　处:天津社会科学;1988;第 1 期;第 53 页至第 58 页

作　者:李丹慧(华东师范大学)

摘　要:宋恕(1862—1910),浙江温州府平阳人,是我国近代史上值得重视的启蒙思想家。他早年受教于名儒孙锵鸣,师事古文经学大师俞樾,并接受早期启蒙思想,投身甲午战争后社会改革的巨澜,抱负不凡。但他一生颇不得志,先后只担任过上海龙门书院、安澜书院、南京钟山书院、浙江求是书院、水师学堂的讲席、总教席,山东学务处议员,编译局坐办等职。虽广交维新名士,却未成为戊戌变法运动的骨干;虽著述博丰,却多沉于竹箧。他不似康有为、梁启超、谭嗣同、严复等在近代政治舞台上叱咤风云,但其思想确也影响了不少维新志士。特别是他从学术(科技)的觉悟到政治的觉悟,再颓流回学术觉悟的波浪式思想进程;调和唯物与唯心、科学与宗教、传统与西学矛盾的思想特点,都反映了近代启蒙者思想发展的脉络与共性。或许宋恕一生只是"闲花野草",却能激起我们对那个悲剧时代及其所造就的悲剧性人物,进行历史的反思。

ISSN:1002-3976

5.[期刊]

题　名:论宋恕维新思想

出　处:广西师范大学学报（哲学社会科学版）；1992；第 28 卷；第 1 期；第 83 页至第 88 页

作　者:杨丽艳（广西师范大学）

摘　要:宋恕是一位近代维新思想家,其维新思想形成于 19 世纪 80 年代末 90 年代初,内容包括许多激进的关于社会变革的主张,其中有些方面是独树一帜的。但是,由于时代、阶级和个人学识的限制,宋恕的维新思想又有矛盾性的一面。

ISSN:1001-6597

6.[期刊]

题　名:宋恕思想简论

出　处:中国哲学史；1995；第 5 期；第 101 页至第 107 页

作　者:张锡勤（黑龙江大学哲学系）

摘　要:宋恕(1862—1910),原名存礼,字燕生,后改名恕,字平子,号六斋,晚年又更名衡,浙江平阳人。就政治倾向而言,宋恕属于维新派。同时,他也是一位在戊戌前后有过一定影响的思想家。在戊戌维新运动中,宋恕的地位影响自然不如康、梁、严、谭,但是他的思想很有特色。通过对他的研究,我们会对戊戌思潮以至近代启蒙思想有更为全面、丰富的认识。

ISSN:1005-0396

7.[期刊]

题　名:论宋恕的妇女解放思想

出　处:浙江学刊；1998；第 4 期；第 105 页至第 108 页

作　者:王林（山东师范大学）

摘　要:宋恕(1862—1910),字燕生,号六斋,浙江平阳人。他是近代一位特立独行的维新思想家,有不少惊世骇俗之论,对当时的维新派产生过一定的影响。其一生关心民生,体恤民情,素抱悲天悯人之志,常怀不忍之心,对处于社会最底层的广大妇女有着深切的同情和怜悯,由此萌发了一系列颇具特色的妇女解放思想。本文依据《宋恕集》,拟对此做一系统的评述,以凸现其在中国近代思想史及妇女解放史上的地位。

ISSN:1003-420X

8.[期刊]

题　名:宋恕论略

出　处:宁夏大学学报(哲学社会科学版);1998;第20卷;第4期;第79页至第83页

作　者:曾晟堂[1],白晓娟[2](1.华东师范大学,2.华东师范大学)

摘　要:宋恕作为清末维新变法的思想家,他的政治思想主张可通过其学术思想去发现。他把晚清的中国衰败归咎于其学之不正,竭力主张返本复正,即尊崇原始儒学,而贬低所谓有违儒家正统的汉后阳儒阴法之学和"闽洛之学"。在杂糅中西、"复古改制"的旗帜下,他提出了以近代资产阶级民主政治为主要内容的政治改革主张,其中包括鲜明的伸张女权的主张,是戊戌时期一位富有特色的思想家。

ISSN:1001-5744

9.[期刊]

题　名:论宋恕的"三始一始"说

出　处:温州师范学院学报(哲学社会科学版);1998;第19卷;第4期;第1页至第5页

作　者:蔡克骄(温州大学)

摘　要:宋恕于1892年5月上书李鸿章,提出改革要从更官制、设议院、改试令始,而在此三始之前,又必须从易西服始。这便是著名的"三始一始"说,它集中体现了宋恕的维新变法思想。1897年《万国公报》发表该说法后,对当时的维新运动产生了广泛的影响。本文通过对宋恕的生平及其在戊戌维新运动中表现的分析,将"三始一始"说与其同时代的维新思想家的思想做比较,以说明其思想在当时的进步性。

ISSN:1674-3563

10.[期刊]
题　名:宋恕维新思想述论
出　处:史学月刊;2000;第 3 期;第 44 页至第 50 页
作　者:宋平章[1],王林[2](1.河南郑州铁路党校;2.山东师范大学历史系)

摘　要:宋恕是近代维新思想家。早在 1892 年,他就给李鸿章上书,提出更官制、设议院、改试令、易西服的变法主张。他反对当时在思想界占统治地位的程朱理学,把秦汉以来的儒学视为阳儒阴法之学。他以复兴孔孟儒学为己任,要在"复教改制"的前提下进行变法。他主张学习日本,实施全民义务教育。他同情妇女苦难,提出了一系列解放妇女的主张,其思想在当时维新派中是较为突出的。

ISSN:0583-0214

11.[期刊]
题　名:试论宋恕反汉后正统儒学的思想
出　处:复旦学报(社会科学版);2001;第 2 期;第 95 页至第 101 页,第 108 页
作　者:曹宁华(复旦大学历史系)

摘　要:19 世纪末,宋恕通过借鉴西方议院民主的政治思想,和挖掘、阐发传统儒学中民主性和经世性的思想要素,对汉后正统儒学予以全面批判,将其概括为"阳儒阴法之学"。这在近代政治思想史上是颇具特色的。同时宋恕反汉后正统儒学的思想,也意味着儒学近代化变迁的一种思想尝试,即儒学为了适应晚清政治变革的需要,在西方民主政治影响

下的自我调整与自我更新。

ISSN：0257-0289

12.［期刊］

题　名：群经何语误苍生——试论宋恕反汉后正统儒学的思想

出　处：孔子研究；2001；第 6 期；第 100 页至第 109 页

作　者：曹宁华（复旦大学历史系）

摘　要：19 世纪末，宋恕通过借鉴西方议院民主的政治思想，和挖掘、阐发传统儒学中民主性和经世性的思想要素，对汉后正统儒学予以全面批判，将其概括为"阳儒阴法之学"。这在近代政治思想史上是颇具特色的。同时，宋恕反汉后正统儒学的思想，也意味着儒学近代化变迁的一种思想尝试，即儒学为了适应晚清政治变革的需要，在西方民主政治影响下的自我调整与自我更新。

ISSN：1002-2627

13.［期刊］

题　名：宋恕维新思路新探

出　处：学术论坛；2003；第 3 期；第 103 页至第 106 页

作　者：贾艳敏（南京大学历史系）

摘　要：宋恕是 19 世纪 90 年代苏、浙、沪维新人士圈子里的核心人物之一。他提出了"三始一始"的社会改革思想和在上、中、下三策中只能执行居中之策的变法主张。与康有为相比，他的维新思想理论根底更深厚，也更为温和渐进。但是当时国人的躁动情绪，注定了温和的社会改革方案很难被接受。

ISSN：1004-4434

14.［期刊］

题　名：宋恕妇女思想略论

出　　处：株洲师范高等专科学校学报；2004；第 9 卷；第 1 期；
第 84 页至第 87 页

作　　者：及立平，彭平一（中南大学政治学与行政管理学院）

摘　　要：宋恕考察了所处时代中的妇女问题，提出了自己的妇女解放
思想。他的著作涉及了男女婚姻自由、女子缠足、兴办女学、严禁娼妓以
及封建社会中对男女道德评价的二重标准等问题。他指出了这些问题存
在的不合理性，并提供了解决方案。当时的历史环境和他的生活经历促
成了他对妇女问题的思考。他的妇女解放思想和当时的维新派一起，起
到了承上启下的作用，促进了女子意识的觉醒。虽然也存在着不足之处，
但他妇女解放思想的积极作用占主要地位。

ISSN：1674-117X

15.[期刊]

题　　名：论宋恕的宪政思想

出　　处：顺德职业技术学院学报；2006；第 4 卷；第 2 期；第 41 页
至第 44 页

作　　者：欧阳爱辉（湖南工学院工商管理系）

摘　　要：宋恕作为晚清时期著名思想家，其理论包含着丰富的宪政思
想。这种思想主要体现在四个方面：一是封建专制为"天下之大害"的反
封建宪政思想；二是建立民主政治体制的宪政思想；三是重视妇女权益的
平等保护宪政思想；四是要求赋予民众辩护权的诉讼救济宪政思想。

ISSN：1672-6138

16.[期刊]

题　　名：论宋恕对理学的批判及其改造儒学的思想

出　　处：长春工业大学学报（社会科学版）；2006；第 18 卷；第 1 期；
第 118 页至第 120 页

作　　者：徐德莉（邵阳医学高等专科学校）

摘　要:宋恕利用儒学对国民深刻的影响,试图通过对理学的批判并将儒学加以改造,以恢复儒学的经世实质;他更希望将西学与传统的儒学相结合,利用西学中的改革和民主思想,促进儒学的近代化,从而成为批判社会现实的思想武器。事实上他这一思想与当时戊戌维新的变法主张是一致的,皆为"中体西用"的模式。

ISSN:1674-1374

17.[期刊]

题　名:宋恕之师友网络及其日本观

出　处:政大史粹;2007;第 12 期;第 43 页至第 80 页

作　者:唐屹轩

摘　要:宋恕系晚清著名思想家,因受宋代永嘉学派经世致用之学影响,致力改革不合理的社会政治制度。曾赴上海、南京与杭州等地游历,因亲眼目睹受战乱波及之城镇与上海租界的繁盛,其间强烈对比更坚定其改革精神。先后谒见张之洞、李鸿章等人,冀期能实现维新变法,以达"除周后之弊,反秦前之治,塞东邻之笑,御西土之侮",但均未获重视。宋恕之思想资源除乡学永嘉学派、佛学与西学外,东学更是其中重要一环。早在 1887 年,随岳父孙锵鸣至上海、南京等地之书院协助襄校课卷时,即利用课暇,寻求日本史书,考究明治维新经验。之后更借由朋友介绍,认识多位来华日人。除与之借阅日本书籍外,更利用笔谈方式谈学论道。此外,亦曾将日本人介绍给俞樾、孙宝瑄等师友认识。1903 年,宋恕前往日本参访,受到日本学者热烈欢迎。此次参访经验,益增强学习日本的看法。其后,宋恕更欲以日本文字、语法为蓝本,改革中国文字,显见师法日本的精神。宋恕尝自云:"百年心醉扶桑者,我是支那第一人",深刻道出其思想特质,亦间接指出其与日本的密切关系。该研究意欲将宋恕作为考察核心,旁及其师友网络,深入探究宋恕之日本观,与其建构之师友网络在生活、学术与思想资源等面向中,发挥何种作用。

ISSN:1562-7721

18.[期刊]

　　题　　名:宋恕的近代婚姻家庭思想

　　出　　处:西南交通大学学报（社会科学版）；2008；第9卷；第1期；第101页至第105页

　　作　　者:杨晓娟（西华师范大学历史文化学院）

　　摘　　要:近代维新思想家关注婚姻问题的一个共同切入点是对妇女解放问题的探讨,然而由于所处的社会环境及个人因素的不同,观点也各有殊异。宋恕的妇女解放思想异常鲜明,他被称为近代改良派中系统批判"夫为妻纲"的第一人,对封建婚姻旧俗的批判及改造是他女权思想的重要内容。他的婚姻家庭思想主要包括:要求给予妇女婚姻自由,包括结婚自由、离婚自由、禁止早婚等。宋恕婚姻家庭思想的出发点主要在于对妇女的同情上,这与时人讨论妇女解放时立足于种族的强弱迥然不同。

　　ISSN:1009-4474

19.[期刊]

　　题　　名:论宋恕的儒学变质观

　　出　　处:河南科技学院学报（社会科学版）；2008；第28卷；第2期；第1页至第2页,第6页

　　作　　者:徐德莉（邵阳医学高等专科学校）

　　摘　　要:维新变法时期,在康有为、谭嗣同等都对理学展开了大力的批判和解剖的同时,宋恕却对理学的实质进行探讨和批判,他提倡恢复儒学的"经世"真义和以西学来发展儒学。这是儒学近代化变迁的一种思想尝试,为晚清政治改革奠定了思想基础。

　　ISSN:1673-6060

20.[期刊]

　　题　　名:宋恕县政改革思想管窥

出　　处:天中学刊；2009；第 24 卷；第 3 期；第 4 页至第 7 页

作　　者:何志明（南京大学）

摘　　要:作为近代维新思想家的代表人物之一,宋恕针对当时的国情,提出了一系列改革建议。在他的地方基层政权改革思想中,其县政改革主张是最引人注目的一部分。他把设立县议院放在核心位置,进而将该机构的职能辐射到其他如纠察、地方财政、推举地方贤能、教育及服务性行业管理等领域。然而,由于对议院政治认识上的缺陷,他的这种改革思想并不能解决当时基层存在的诸多弊病。

ISSN:1006-5261

21.[期刊]

题　　名:浅论宋恕的经济思想

出　　处:广西财经学院学报；2011；第 24 卷；第 2 期；第 57 页至第 60 页

作　　者:田丹[1],芮红磊[2]（1.广西财经学院会计系；2.广西财经学院党委宣传部）

摘　　要:宋恕是戊戌变法前后颇有影响力且比较激进的思想家,在经济主张上提出了在发展农业的同时发展工商业,认为"欲振农业,必自严禁田赋浮勒始；欲振工业,必自劝集股购机器始；欲振商业,必自尽裁抽厘局卡始"等,他还把经济发展和培养人才相结合,在改革的同时指出造成中国农工商业不兴的根源在于官吏的贪婪和腐败。宋恕的经济思想为我们今天的社会发展及其改革提供了借鉴。

ISSN:1673-5609

22.[期刊]

题　　名:宋恕女性解放思想简论

出　　处:黑龙江史志；2011；第 11 期；第 44 页至第 45 页

作　　者:信海茹（宁波大学人文与传媒学院）

摘　要:宋恕是我国近代一位重要的维新改革思想家,他根据中国封建思想的种种弊端,并且出于对中国社会最底层广大女性的深切同情和怜悯,提出了具有特色的女性解放思想。其思想在当时促进了女性意识的觉醒,在中国历史上具有重要的地位和作用。本文就其婚姻自由、女性教育、禁止缠足、严禁娼妓等思想的主要内容,以及对促进当时女性解放的意义进行了详细的论述。

ISSN:1004-020X

23.[期刊]

　　题　名:谭嗣同与宋恕——以《仁学》为中心

　　出　处:杭州师范大学学报（社会科学版）;2014;第2期;第1页至第23页,第90页

　　作　者:杨际开（杭州师范大学国学院）

摘　要:《仁学》的主旨是要在文明层面回应西方冲击,树立一个取代程朱理学的思想典范,标志着近世中国思想体系向近代的蜕变。谭嗣同在同时代的变法思潮中,融合了康有为与宋恕的变法思想,在其师刘人熙等人影响下,立足于王船山、魏源的思想传统,吹响了近代中国民族、民主双重革命的号角。谭嗣同在北游访学前后思想发生了决定性的变化,其主因是受到宋恕等人的思想影响。

ISSN:1674-2338

24.[期刊]

　　题　名:清末浙学志士的变法思想——以宋恕、章太炎为中心

　　出　处:浙江社会科学;2014;第4期;第129页至第135页,第159页

　　作　者:杨际开（杭州师范大学国学院）

摘　要:本文通过19世纪后半叶东亚变局中的浙学转型这样一个视角,揭示了清末浙江籍变法志士宋恕、章太炎的变法主张。他们提出了与

康有为、梁启超不同的变法主张以及亚洲连带构想，太炎进而将中国台湾置于他的东亚联邦思想的中心，举起了近代中国民族主义的旗帜。

ISSN：1004-2253

25.[期刊]

题　　名："旷世大儒"宋恕的教育思想及其近代教育活动研究

出　　处：兰台世界；2014；第9期；第137页至第138页

作　　者：孙琳（东莞职业技术学院）

摘　　要：宋恕是我国近代著名的教育家，博学多闻，被称为旷世大儒。他在教育上的许多主张，开近代风气之先，他一生致力于教育，历任中国近代许多名校的教师、校长等要职，为我国近代教育做出了卓越的贡献。

ISSN：1006-7744

26.[期刊]

题　　名：论早期维新思想代表之宋恕

出　　处：黑龙江史志；2014；第13期；第53页至第54页

作　　者：黄溯，倪珊（杭州师范大学政治与社会学院）

摘　　要：宋恕是近代一名维新思想家，本文通过对宋恕汉后儒学阳儒阴法观点的阐述，论证了宋恕所持的历史观，又结合其托古改制思想的实质，分析了宋恕民本思想与民主制度的区别，展示了他在维新思想上的不同侧重点和局限性。

ISSN：1004-020X

27.[期刊]

题　　名：如何"以史为鉴"——宋恕鉴戒日本历史的方式及其反思

出　　处：社会科学战线；2015；第4期；第107页至第113页

作　　者：刘雅军（河北师范大学历史文化学院）

摘　　要：情境变迁对历史的社会功能有重大影响。在晚清剧烈的社会变迁中,由于相信日本明治变革是全方位模仿西方的结果,而中日历史情境又具有很强的"同一性",宋恕屡屡将明治维新史中的个别事例作为可资模仿的样板。随着对日本历史的认识日渐加深,特别是发现中日历史存在巨大差异之后,宋恕逐渐放弃了模仿的做法,转向求索其变革的"真精神"。尽管并非自觉,宋恕的史鉴方式蕴含着一种转变的趋向。不过,晚清知识界的主流仍是泛泛而谈中外历史"情境的相似性",进而将外国事例作为行动依据。此种史鉴方式是中国近代社会变革屡受挫折的深层次原因之一。

ISSN:0257-0246

28.[期刊]

　　题　　名:宋恕与《明夷待访录》——兼论朱维铮的"归功于章太炎"说

　　出　　处:中南大学学报（社会科学版）;2015;第21卷;第5期;第227页至第232页,第226页

　　作　　者:孙卫华（中南民族大学法学院）

　　摘　　要:甲午战败以后,黄宗羲的《明夷待访录》因富含民权思想而在江浙地区得以广泛传播。受俞樾的激赏以及温州孙氏兄弟的影响,宗仰黄宗羲的宋恕不仅积极敦促刊刻《明夷待访录》,还以报馆、学会、书院等为阵地宣传它。由此,江浙地区逐渐形成了一个以宋恕为中心,借助《明夷待访录》而播扬维新思想的团体。此团体的活动有力地推动了晚清维新运动的蓬勃发展,宋恕也因之被称为"梨洲之后一天民"。从一定意义上说,《明夷待访录》在晚清大受重视应归功于宋恕,而非章太炎。

ISSN:1672-3104

29.[期刊]

　　题　　名:宋恕思想与浙东学术传统渊源关系探析

　　出　　处:兰台世界;2016;第12期;第95页至第98页

作　者：李广超（厦门大学历史系）

摘　要：宋恕是晚清维新思想家，其变法观点不同于同时期的康有为、梁启超等其他维新思想家，宋恕的维新变法思想是一种自下而上的渐进式变革思想，重视民本，关注下层民生，强调变法的实际效果及可行性。这种务实的思想特色形成与浙东学术传统有不可分割的渊源关系。

ISSN：1006-7744

30.[期刊]

题　名：宋恕民本思想与儒学批判性继承

出　处：兰台世界；2016；第13期；第106页至第109页

作　者：李广超（厦门大学历史系）

摘　要：宋恕是近代最早提出阳儒阴法的启蒙思想家，他从儒家民本的角度判狱"神州长夜"，归罪于阳儒阴法，宋恕认为儒家民本不彰造成了"神州长夜"，批判法家是托古改制的需要，学术上承认法家的可取性，真正批判的是封建专制。宋恕民本思想来源于对儒学的批判性继承，是晚清变革的时代产物。

ISSN：1006-7744

31.[期刊]

题　名：宋恕重民思想述论

出　处：吕梁学院学报；2018；第8卷；第1期；第57页至第60页

作　者：王旭琴（陕西师范大学历史文化学院）

摘　要：中国近代特殊的社会环境造就了一批具有忧国忧民意识的先进知识分子，宋恕就是其中之一。他借鉴先秦儒家重民思想的精华，同时受西方民主观念的影响，在关心民瘼、开启民智、伸张民权等方面提出许多深刻的见解，对法家却是不遗余力地批判。忧心民瘼与藏富于民、重道法教化与法律变革、启民智与兴民权是宋恕重民思想的核心。

ISSN：2095-185X

32. [期刊]

题　名:永嘉学脉的近代承续——论宋恕与瑞安孙氏家族对晚清女子教育之贡献

出　处:湖南大学学报（社会科学版）；2019；第 33 卷；第 2 期；第 96 页至第 102 页

作　者:傅湘龙（湖南大学文学院）

摘　要:晚清瑞安孙氏家族致力于振兴永嘉之学。面对晚清女性文化的蓬勃发展,孙氏家族几代学人戮力挖掘传统学脉"贯穿古今,通经致用"之义,结合西学东渐过程中的精义,在夫妻平权与子女受教、关注女杰与崇尚才姝、劝说解缠与助益女学等方面著文析理,率先垂范,积极推进该地区女子教育之发展,鲜明体现了永嘉学脉的近代承续。

ISSN:1008-1763

33. [期刊]

题　名:严儒法之辨　以平恕为尚——宋恕思想论衡

出　处:诸子学刊；2019；第 2 期；第 262 页至第 276 页

作　者:严寿澂（上海社会科学院）

摘　要:宋恕（平子）论学宗旨,可一言以蔽之,曰严儒法之辨。以为三代以后,实乃法家之天下,因其"抑弱扶强"故也;儒之所以为儒,端在以不忍人之心,行不忍人之政,其根基在一"恕"字。而洛闽之徒,实则阳儒阴法。以肩舆为譬,彼等情在"舆中党",不在"肩者党"。平子种种议论,即由此而发。晚年则思想一变,由鼓吹立宪、共和,转而为主张改进专制。衡时度势,循名责实,故其论渐卑而渐切欤。

34. [期刊]

题　名:宋恕的女性思想

出　处:学理论；2019；第 6 期；第 117 页至第 119 页

作　者：陈园，吴争春（中南大学马克思主义学院）

摘　要：宋恕的女性思想是其思想体系的重要组成部分，和同期大部分维新志士相比，宋恕的女性思想有着较强的人道主义色彩、较弱的政治功利性和以传统儒家文化为根基的特点。宋恕以人为本的女性思想对后世有一定启发和借鉴意义。

ISSN：1002-2589

35.[期刊]

题　名：宋恕政治改革思想的演变及其困境

出　处：温州大学学报（社会科学版）；2021；第 34 卷；第 1 期；第 29 页至第 38 页

作　者：孙邦金，杨国威（温州大学哲学与社会发展研究所）

摘　要：宋恕是晚清温州甚至浙东非常有思想创发性和影响力的学者之一，其别具一格的"三始一始说"政治改良思想使他成为清末变法思想的重要推手。通过回顾其"政说凡四变，愈变而愈卑"的思想演变轨迹发现：宋恕集无政府主义、民主共和、君主立宪和开明专制等多种政治主张于一身，思想光谱多变而复杂。宋恕这种锐意改革却又瞻前顾后、醉心西化却又保守传统的特质，既是其身体、性格、观念和时代局限使然，亦是中西政治文明冲突的深层文化困境所致。在提出文化自信的今天，宋恕当年得不偿失的思想后退告诫我们，中国现代本土政治文明的建构只有在不断开放进取而非消极保守的文化心态中才能取得成功。

ISSN：1674-3555

36.[期刊]

题　名：宋恕与经学：经世学近代学术取向兼论《六斋卑议》与清末变法思想及"瑞安新学"

出　处：中国文化；2021；第 2 期；第 116 页至第 127 页

作　者：李天纲（复旦大学哲学学院宗教学系）

摘　要：周予同教授曾把"六经之学"分为"经、经学、经学史"三种。这三种学问既是从周秦、两汉到近代的演化过程，也是传统学者在学术更新运动中的自觉努力。近代变法思想家宋恕主张把"经学"讲作"经世学"，再从"经世学"中发展出经学、史学、西学和法律学等现代专业学科。这个"四门"和"六斋"学科分类贯穿于宋恕在龙门、金陵、求志等改良书院中的教学实践，用此方法引导到"新学"——现代学术。本文循着经学—经世学—新学的变法路径，考察宋恕与章太炎、孙宝瑄等人的交游，并清理戊戌变法前后"沪学""浙学""粤学""湘学"在"经今古文之争"的各条线索，以"经学史"眼光来审视"经学""经世学"如何转型为现代知识体系中的专业和学科。

ISSN：1003-0190

1.［学位论文］

题　　名：论宋恕维新思想

学位名称：硕士

出　　处：广西师范大学；1989

作　　者：杨丽艳（广西师范大学）

摘　　要：本文探讨研究宋恕的维新思想，试图找出他的思想特征及原因，并与同期维新思想做一比较，俾有助于评价宋恕思想、宋恕本人，而且也有助于丰富中国近代思想史研究。

2.［学位论文］

题　　名：宋恕维新思想研究

学位名称：硕士

出　　处：湖南师范大学；2002

作　　者：万彩霞（湖南师范大学）

摘　　要：宋恕(1862—1910)，中国近代启蒙思想家。其一生颇不得志，但维新思想却独具特色。鉴于以往史学界对他研究比较薄弱，本文试图在广泛占有历史资料的基础上,对其维新思想进行比较系统的疏理和分析。全文拟分为四个部分。第一部分:宋恕维新思想的形成及其原因。《上李中堂书》及《六斋卑议》初稿是其维新思想的初步形成,《六字课斋津谈》则奠定了其维新变法的理论基础,《六斋卑议》印本是其维新思想的成熟。宋恕个人经历和家庭影响、时代和社会的呼唤分别是其维新思想形成的主、客观原因。第二部分:宋恕维新思想的理论依据。宋恕提出自秦后至晚清的意识形态实际上是阳儒阴法,儒学真谛已经流行西土,这正是造成中国落后的深层次原因。他认为中国欲图振兴,必须反对当时在思想界占统治地位的程朱理学,尊崇原始儒学,向已获得儒学真谛的西方学习。于是他从古文经学的立场出发,提出了维新变法的学术理论依据"崇儒抑法、复教改制"。第三部分:宋恕维新思想的主要内容,包括政治、经济、文化教育和妇女解放几个方面。在政治上,他要求改革封建专制政体,设议院、建民主,改革官制,开议律局、定新法。在经济上,他强调发展农业,劝工、劝商,发展民族资本主义经济。在教育方面,他提出通过议院监管的方式广开学校,实施义务教育;设立粹化学堂以实施特别教育;设立公园、图书馆、阅报所、演说所以实施间接教育。宋恕还主张禁缠足、禁娼业及婚姻平等自主。第四部分:宋恕维新思想的主要特点。一是从古文经学出发,高举"崇儒抑法、复教改制"的旗帜而倡言变法。二是在处理中西文化关系上力主调和与融通,而其政治主张却又比较激进。三是其倡导维新的主要目的在于追求"治平"。四是具有鲜明的时代特征与民族特色。

3.[学位论文]

题　　名:论宋恕的社会批判和社会改革思想

学位名称:硕士

出　　处:中南大学;2004

作　　者:及立平(中南大学)

摘　　要:宋恕是戊戌维新时期较有影响的一位思想家。他把反理学与改造儒学作为他社会批判和社会改革思想的理论先导;在政治方面,他对封建专制与政治进行了激烈的批判,并在此基础上提出了以"三始一始"为主要内容的政治改革方案;宋恕对封建文化的批判非常激烈,他主张学习西方,主张开办新式学校、图书馆、公园、阅报所等教育机构,提出了他称之为"直接教育"和"间接教育"相结合的大教育思想;宋恕特别反对封建礼教对妇女的残害,从婚姻制度、妇女地位、道德标准和妇女教育等方面对妇女问题进行了全方位的探讨,提出了他的妇女解放思想。宋恕的社会批判和社会改革思想是他所处时代的产物,也是他本人的文化背景和环境熏陶的结果,同时也与他接触下层社会较多有很大的关系。他的社会批判和社会改革思想在当时的思想界是独树一帜的,因而受到与他同时代的一些思想家的高度评价;特别是他思想中凸显的平民意识和对妇女问题的探讨,具有很强的批判性和启蒙性。同时,他试图以重塑儒学的方式来推动思想和文化变革,对寻求中华民族的新活力具有重要意义。但宋恕的思想也有时代、阶级和他个人的局限性。他试图以"复三代"来学习西学,固然是他的一种策略,但也显露了他理论武器的软弱与无力;他思想上的激进和行动上的迟缓也相互矛盾,这一矛盾正是他的思想影响非常有限的主要原因。

4.[学位论文]

题　　名:宋恕思想研究

学位名称:硕士

出　　处:北京大学;2005

作　　者:彭国运(北京大学)

摘　　要:儒法之辨是宋恕思想的主线。宋恕提出儒法之辨,含有解除人民疾苦、以儒学沟通西学为维新变法服务和继承孔子道统的目的。他不单纯把儒法作为历史上的两个学派,进而把它们作为两种对立的政治思想的代表,以批评汉后中国的封建政治,评论古今中外的政治宗教和哲学学说。他的阳儒阴法论以批评汉后"抑民"学说和阳儒阴法政治为主,在学术上既有价值,也有缺陷。在"判神州长夜之狱"问题上,他把专制政治归于法家学说比夏曾佑归于儒家学说更为得本,而夏曾佑之说开五四新文化运动打倒孔家店之先河。章太炎质疑宋恕的儒法之辨,有其合理性,但未能针锋相对。《六字课斋卑议》是宋恕变法思想的集中体现。此书的特色是以改变阳儒阴法之学的遗毒、解除人民疾苦为目的,关注的不是国家的富强,与大多数变法论者异趣。由于对民主理解不够,虽然主张人民权利,但不重视其政治主体性。他的妇女解放思想十分激烈,但他的出发点仅仅是同情心。宋恕误解民主为民本,并以此为基点而评论中国传统文化和西方文化。在如何处理中西文化的问题上,他提出以民本思想为指导、以符合最大多数人利益为标准的会通中西的文化观。他的调和粹化论主张先振古学,含有通过振兴国粹以回到所谓三代(在他心目中相似于日本明治维新前状态),再从三代进入西方的思路。宋恕以解除人民的疾苦为教育最重要的作用,并激烈批判封建教育制度、规划近代学制、倡行社会教育,对中国教育近代化做出了贡献。他的粹化教育论表现了以教带政、以精英教育带动开民智的思路。

5.[学位论文]

题 名:宋恕教育思想研究

学位名称:硕士

出 处:华中师范大学;2006

作 者:王洪军(华中师范大学)

摘 要:自资本主义列强的坚船利炮叩开中国的大门,中国封建社会走向了穷途末路,社会性质也随之向半殖民地半封建社会演变。一批接受西方近代思想、饱含爱国热情、矢志变法强国的仁人志士,对清末教育制度的腐朽提出了尖锐的批评,主张改革教育,以顺应时代发展的潮流。本文的主要研究对象宋恕就是其中一位值得注意和研究的近代教育家,他的教育思想自成体系,独具特色,在当时较为突出,具有相当高的研究价值。宋恕(1862—1910),浙江温州平阳人,生逢家国多难之时,飘零南北,备尝艰险,穷愁著述,被誉为"旷世之大儒"。作为一名胸怀抱负、忧国忧民的知识分子,他一生落魄,未见时用,主要从事教育活动。其教育思想主要包括以下几个方面:(一)宋恕认为老百姓的生存境况是与其文化教育程度直接相联系的,所以教育的目的是解除民间疾苦。这和其他维新派不同。(二)宋恕对近代学制的规划主要是:在教育管理上,主张办学经费出自民间,由民选的议院来确定学制、编写教材、招聘教师、监督评估教学等,主张民办教育。在教学内容上,主张废除程朱理学的束缚,恢复孔孟原始儒家教义,同时主张学习老庄及各文明古国先哲学说,注重史学、经世实学、欧美科学、英法日文教育,反映了他的西方新兴科学和本国优良传统二者并重的思想。(三)宋恕重视间接教育。他认为学校不是实现教育目的的唯一场所,间接教育(即社会教育)虽然没有学校教育那样集中、有目的、有计划,但其影响却更广泛深远,更易深入人心。早在1892年所撰著作《六字课斋卑议》中,他就已主张向全体国民普及社会教育,以提高全民族素质。这对当时片面重视学校教育是一个有益的补充。(四)宋恕提倡特别教育。这是他教育思想中最独特的部分。针对国粹与欧化两种对立的教育思潮,他主张融欧化、国粹于一炉,试图用调和的办法来解决外来文化与本国文化的冲突和对立,使两者互相印证、互相补充,通过欧化来弘扬国粹,通过国粹来消化欧化,是一种弘扬本国文化与吸收外来文化并重的教育观。本文从宋恕的生平和教育活动、教育目的观、近代学制观、间接教育思想、特别教育思想等几个方面展开论述,力图对其教育思想做深入分析,发掘其深层次价值,以展现宋恕作为近代教育家的全貌。

6.[学位论文]

题　　名:宋恕的佛学思想

学位名称:硕士

出　　处:安徽师范大学;2010

作　　者:汪斌(安徽师范大学)

摘　要:宋恕是近代中国一位很有影响力的维新思想家,他生活在动荡复杂的社会环境中,关心国运,勤奋好学,形成了独特的思想体系,尤其是他的佛学思想,富有特色,鉴于以往史学界对其佛学思想研究比较薄弱,本文试图在广泛占有历史资料的基础上,对其佛学思想进行比较系统的疏理和分析。全文拟分为四个部分。第一部分:宋恕佛学思想的形成及其原因。宋恕佛学思想的形成有一个由开始信佛到思想形成、发展和成熟的过程。老师的教诲和1886年所发生的家庭变故是宋恕信仰佛教之始;而在这之后为了躲避二弟宋存法,他跟随岳父四处任教,在此期间开始研究学习佛学,并且分别于1889年下半年和1897年6月前后写了《援溺说赠毕噜翰香》和《佛教起信篇稿》,这标志着他佛学思想的初步形成;在此后的1898年写的《又上俞师书》和1900年著的《〈冈本子〉跋》,是他佛学思想的发展阶段的产物;而他佛学思想最终成熟是在1903年日本游学期间对因明学说的完善。宋恕个人的经历、政治背景和学术背景是其佛学思想形成的主要原因。第二部分:宋恕佛学思想基本内容。主要包括五个方面的内容。既有和近代佛学思潮相吻合的观点,主张居士学佛和"入世"佛学,主张融合诸宗、"三教",也有自己的真知灼见,包括佛学伦理观、心性学说和因明学说。第三部分:宋恕佛学思想特点。宋恕佛学思想的特点主要包括从政治、教育、文化出发的经世性,对一些不符合时代特点的思想批驳的批判性,以"中判""立界""宇界""宙界"等新的佛学词汇为代表的新颖性。第四部分:宋恕佛学思想评价。总体来说宋恕佛学思想在当时还是先进的,对佛学的重新复兴还是起到了推波助澜之作用。但是还是存在一些不足。如前后思想存在冲突、思想和行动之间的矛盾、对西方和日本认识的不足以及处理儒佛关系欠妥。

7.[学位论文]

题　　名:宋恕思想研究——以"变"为中心的探讨

学位名称:硕士

出　　处:湖北大学;2011

作　　者:秦青(湖北大学)

摘　　要:宋恕(1862—1910),浙江温州平阳人。其早年随孙锵鸣、孙衣言兄弟习浙东永嘉学,负"经世"之志,寻求中国富强之道。但自身性格的缺陷与时代的困顿却使他一直郁郁不得志,一生思想发生了几次变化。本文从宋恕的著作、言论和实践出发,以"变"为中心,力图展现其思想发展的全貌。全文分成以下五个部分。第一部分主要介绍宋恕早年思想,包括生平、早年求学和交游情况,以及浙东永嘉学对其思想形成的影响。第二部分以《六字课斋卑议》(以下简称《卑议》)为中心来考察宋恕思想的提出与发展。1892年宋恕为求见李鸿章,力请改革,写成《卑议》初稿,全面系统地提出了自己的改革主张;1897年随着宋恕自己参与到维新变法大流中去,改革思路与理论都有了新的发展。本章将主要分析宋恕在改革理论上的变化。第三部分主要考察宋恕在变法运动高涨时期行动与思想的转变。1895年宋恕回到上海参与维新运动,早期态度甚为积极,为推动运动的发展做了一些具体的工作。但是随着改革的深入,宋恕逐渐疏离,对改革持悲观与怀疑态度。第四部分将主要分析宋恕在"戊戌政变"之后思想的变化。政变发生以后,虽有一时之激愤,但在行动上开始退缩,疏离政治,并劝友人明哲保身;1903年宋恕东游日本,在日本的所见所闻促使他对中日文化、国情进行了更深层次的探讨,对中国改革的前途失望不已,晚年专务地方教育,提出了间接教育与特别教育的新思想。第五部分分析宋恕思想的"变"与"不变"。"变"立足于时代,"愈卑而愈切";"不变"的是宋恕思想的主线,对"阳儒阴法"的批判,并提出"复教观"。

8.[学位论文]

题　　名:宋恕改革思想研究

学位名称:硕士

出　　处:陕西师范大学;2012

作　　者:柯尧(陕西师范大学)

摘　　要:晚清思想是明清思想的接续和创造性转化,也是民国思想的渊源,晚清时期的思想人物一方面背负着传承传统为往圣继绝学的使命,另一方面又亲身感受到西方工业文明的冲击,是坚守祖宗家法还是接受西学,成了这些站在时代风口浪尖的一代精英们的历史选择,他们中的很多人都参与或思考了清末一系列变法,如康梁等人还是后来诸多改革的首倡者和领导者。其中也有一些声名远不如康梁等人显赫的思想家,但这并不表示他们的诸多思考也无足轻重,恰恰相反,深入理解这些在后世湮没不显的学者,对于我们更全面深入解读近代的思想、政治、风俗、思潮等等,都有极其重大的意义。宋恕(1862—1910),是中国近代最重要的思想家之一,堪称学贯中西的大学者。他不仅在传统学问上造诣颇深,也深谙西方近代文明的富强之术,并积极探索中国的富强之路。宋恕在思想上坚守原始儒学教义,强烈反对法家的学说,希望在原始儒学思想的框架内实施具体的改革措施。本文将宋恕的儒法之辨与他的改革思想联系起来,从中找出他改革思想的内在理路。宋恕的儒法之辨建立在清代诸子学复兴的背景之下,宋恕推崇孔孟的原始儒学思想,对于汉后的儒学皆斥之为法家的以法乱儒,并对其中的代表人物进行不遗余力的批评,特别是对理学的批评,尤其深刻。与此同时,批评程朱理学、倡导实学的永嘉学派以及清初的黄宗羲、顾炎武、王夫之等,则得到宋恕的青睐,对之赞赏有加。宋恕的儒法之辨是为了划清儒法的界限,厘清儒法的概念,恢复原始儒学思想的真义。宋恕的儒法之辨与他融通西学的意愿是有内在关联的,在他的文字中,用孔孟原始儒学思想附会西方现代文明的例子屡见不鲜,他希望通过托古改制的方法来挽救时局。宋恕的改革思想集中体现在他的代表著作《六字课斋卑议》中,全书分为三个部分:《民瘼篇》《变通篇》《信必篇》,详细阐发了宋恕的改革思想,涉及范围十分广泛,改革的核心是行政改革,包括地方行政和中央行政改革两大部分,宋恕的行政改革方案既吸取了近代西方政治的合理部分,也结合了中国的具体国情,具有极高的研究价值。宋恕早年有经世济民的抱负,积极入仕,也乐于结交志趣相投之士,和同时代有影响力的诸多学人都有过思想上的交流,其中有代表性的是康有为和章太炎,宋恕对康有为的态度经历了两次转变,既有学术渊源上的原因,也有政治态度取向上的原因。宋恕与章太炎私交甚笃,同为近代第一流的学者和思想家,彼此惺惺相惜,但在学问和政见上,分歧颇多,相互辩论,为后人留下很多思考。本文详细论述了宋恕的改革思想,但并不囿于改革本身,而是从多方面加以阐述,包括他自身思想的主线——儒法之辨,也包括他与同时代学人相互交流以及彼此思想的比较。通过对这些方面的阐述,更全面深入理解宋恕的改革思想。

9.[学位论文]

题　　名:宋恕改革思想研究

学位名称:硕士

出　　处:宁波大学;2012

作　　者:信海茹(宁波大学)

摘　　要:19世纪末,资本主义列强叩开了中国的大门。从此,中国在各个方面受到外国资本主义势力的冲击,尤其是西方的近代思想对中国先进人物产生了很大的影响。我国近代重要的改革思想家宋恕就是其中一位,他提出了一系列颇具时代特色的维新改革主张。宋恕提出的改革思想涉及面十分广泛,从上层的政治体制到关涉民生的社会经济,从民众素质的提高到女性思想的解放等,都进行过认真的探索。政治方面,他对封建专制进行严厉的抨击,提出著名的"三始一始"主张,倡导设立议院、改革官制、变革试令(谓之"三始"),亦应更易服饰(谓之"一始")。同时,提倡法制改革,对律师辩护制、财产继承制、禁废残酷刑罚制等,都提出了自己理论与实践意义的见解。经济方面,宋恕主张学习西方国家的科学技术,发展中国的资本主义经济。他认为国家应该积极扶植工商业的发展,并提出了繁荣工商业的一系列措施。教育方面,宋恕对清末严重束缚人民思想的封建专制教育制度提出尖锐批判,主张改革教育制度,提倡全民教育,实施近代学制。他十分注重社会公共教育,为提高全民精神素质,认为应当把直接教育与间接教育相结合,使学校教育与社会教育同步进行。他还提出了具有特色的粹化教育,即精英教育,认为应当设置一套行之有效的优秀人才的选拔、学习、毕业制度。女性解放方面,宋恕站在劳苦大众的立场上,以解救女性、实现男女平等为出发点,呼吁女性解放,并提出解救女性于苦难的各种措施。本文分别从宋恕的政治、经济、教育和女性解放等方面展开论述,借此对宋恕的改革思想进行深入的挖掘,以展示他对中国近代社会改革进程的历史贡献,恢复他在人们心中应有的地位。当然,宋恕的改革思想也存在着不足和局限,这是时代使然。但是,这些都不能掩盖他具有时代意义的思想光辉。第一章:宋恕的生平和论著。宋恕幼年时的生活背景及后来的颠沛流离为他的改革思想奠定了基础。宋恕的著作非常多,而流传至今的比较有限,但现存的著作仍能给人呈现当时的历史背景与其积极的社会改革主张,这对宋恕研究都具有重要的作用。第二章:宋恕的政治改革理念。宋恕从政体和法制两个方面对封建制度进行批判,提出独到的改革思路与主张。他的"三始一始",最能体现他的政治改革观点。第三章:宋恕的经济改革主张。宋恕对工商业的发展提出了多元化的推动措施;另外,他的经济变革思想还包括诸如水利管理、币制革新等。第四章:宋恕的教育改革观点。宋恕从学校教育、社会教育、精英教育三个层面,对中国教育改革的方向、途径、措施等提出了自己的观点。宋恕不愧为中国晚清至近代杰出的教育改革思想家。第五章:宋恕的女性解放思想。宋恕出于对缺乏社会地位的中国女性的同情,提出解放女性的多种措施。他的思想对当时女性意识的觉醒起到了重要作用,并体现了他具有积极的男女平等的思想意识。第六章:宋恕改革思想的价值和局限。着眼宋恕改革思想所处的历史背景及其宏观思路与具体内容,既关注宋恕改革思想的历史价值与积极意义,也看到他改革思想的不足之处,并对其中的主、客观原因进行深入的探索。

10.[学位论文]

题　　名:论宋恕的日本观与维新主张
学位名称:硕士
出　　处:湖北大学;2012

作　　者:陈炜(湖北大学)

摘　　要:近代以来,面对三千年未有之变局,中国的知识分子纷纷探索救国图存之道。内忧外患之下,了解西方、学习西方成为时人的共识。但是在如何学习西方、学习西方的哪些内容上,却派别林立,如洋务派、中体西用派、维新派及后来的国粹派,各自有其主张及见解。日本作为中国一衣带水的邻邦,其明治维新后国力的巨大提升对于中国的影响也日益显著,甲午战争后学习日本更是成为一时风潮。而宋恕的改革思想及其言论,在晚清的知识分子中具有相当的影响力,其思想中无论政治、经济、社会生活等方面,都受到了日本因素的深刻影响。宋恕作为中国近代改革中的先行者之一,其思想及其经历在当时的知识分子中都极具代表性,其改革思想中的许多方面对当时乃至现代社会都具有重要意义。而无论从其生活的时代还是宋恕自身而言,他的改革方略和思想都深受日本的影响。若不能深刻理解日本因素在宋恕改革思想中的地位,就难以了解其改革方略提出的根源、背景及其意义。多年来,众多学者对宋恕等维新学者思想的诸多方面都进行了深刻分析,本文则更侧重于对宋恕思想所产生的背景因素及思想转变的过程进行考量。主要分为以下三个部分展开:第一部分主要介绍宋恕早期的维新思想和他对日本的研究,第二部分则是主要论述宋恕在甲午战争后维新思想的转变,第三部分则侧重于日本之行对于宋恕思想所造成的影响及他所处的历史地位。

1.[图书]

书　　名:宋恕评传

出　　处:杭州:浙江人民出版社;2010;378页

作　　者:陈镇波

摘　　要:本书内容包括:千古变局、当时意气浩无涯、燕生、奇才也、赤县衰如此、何道援溺论、晚退时代、维新运动中的散兵、温州三杰和国学大师等。

ISBN:978-7-213-04221-8

2. [图书]

书　　名:清末变法与日本:以宋恕政治思想为中心

出　　处:上海:上海古籍出版社;2010;466 页

作　　者:杨际开

摘　　要:关于近代中国政治变革与社会转型的探讨与研究,向为学术界所重视,这个课题所涉及的问题与人物很多。以浙江人物宋恕的政治思想为中心,结合他与同时代人物如梁启超、章太炎等在变革问题上的思想互动,及对当时知识文化界与地方上层官僚阶层的影响,通过"权原"与"法原"两个重要政治学概念将一系列相关话题串联起来,并从东亚儒家文明的整体视野来考察中国的变法思潮,这是一项具有开拓性意义的学术研究。对此课题,作者积十余年之功,广罗资料,博采众论,爬梳别抉,而成一家之语。

ISBN:978-7-5325-5456-0

3. [图书]

书　　名:宋恕师友手札

出　　处:杭州:浙江摄影出版社;2011;2 册;388 页,381 页

作　　者:金柏东

摘　　要:本书收录了 131 位名人的 330 余件手札。包括洪锦标、唐才常、章炳麟、孙宝瑄等人。

ISBN:978-7-5514-0013-8

(六)陈黻宸

1. [期刊]

题　　名:陈黻宸论良史

出　　处：史学史研究；2000；第 2 期；第 80 页

作　　者：蔡克骄（温州大学）

摘　　要：陈黻宸（1859—1917），字介石，浙江瑞安人。曾先后在上海时务学堂、杭州养正书院、京师大学堂师范科任史学教习，1913 年后任北京大学史学教授。陈氏的史学著述，有《独史》《地史原理》《京师大学堂中国史讲义》和《中国通史》等（均收入《陈黻宸集》，陈德溥编，中华书局1995 年 6 月版）。从中我们可以看到陈氏在史学研究中所取得的成就。

ISSN：1002-5332

2.[期刊]

题　　名：陈黻宸与"新史学"思潮

出　　处：浙江学刊；2000；第 2 期；第 132 页至第 134 页，第 141 页

作　　者：蔡克骄（温州大学）

摘　　要：受西学的影响，陈黻宸在 20 世纪初年发表一系列史学论著，批判封建史学，主张建立新史学。在历史理论、史学的内容与方法、史学家的素质等方面，都有其独到的见解。在 20 世纪初的新史学思潮中有重要的影响。

ISSN：1003-420X

3.[期刊]

题　　名：略论陈黻宸的历史观和新史方案

出　　处：东方论坛：青岛大学学报；2002；第 2 期；第 86 页至第 89 页

作　　者：吴忠良（华东师范大学历史系）

摘　　要：陈黻宸（1859—1917），字介石，浙江瑞安人，是近代著名的教育家和颇有成就的历史学家。曾先后在上海速成学堂、杭州养正书院、京师大学堂师范科等校任史学教习，1913 年后任北京大学史学教授。其史学著述主要有《独史》《地史原理》《京师大学堂中国史讲义》和《中国通史》

等。然其史学成就久被湮没，现仅就陈氏的历史观和新史方案略加论述，以期能有益于陈黻宸研究。本文作者就所见陈氏著述，对其历史观和新史方案略做论述，以期能有益于陈黻宸研究。

ISSN：1005-7110

4.[期刊]

题　名：陈黻宸史学思想评述

出　处：温州大学学报；第 19 卷；2006；第 2 期；第 14 页至第 19 页

作　者：齐砚奎（华东师范大学历史学系）

摘　要：近代历史学家、教育家陈黻宸对史学的本体化、客观性和科学性的深入思考，体现了其史学思想在对传统史学的批判基础上，又吸收了一些西方史学元素；陈氏对史学理论及方法论有独特见解，并形成了自己写作新史的方法，因而，其在中国近代"新史学"发展过程中具有一席之地。

ISSN：1674-3555

5.[期刊]

题　名：新旧之间：陈黻宸史学成就探析

出　处：史学集刊；2007；第 2 期；第 81 页至第 86 页

作　者：李峰[1]，王记录[2]（1. 北京师范大学历史学院；2. 河南师范大学社会发展学院）

摘　要：作为 20 世纪初期的新派史家，陈黻宸在史著中已尝试着用进化史观来剖析历史，并能够从历史事实本身去寻找历史发展的原因。他在如何撰写民史方面也做出了有益的尝试，同时又对如何建设新史学提出了一系列独到的看法。

ISSN：0559-8095

6.[期刊]

题　　名:陈黻宸与中国哲学史

出　　处:武汉大学学报（人文科学版）；2010；第 63 卷；第 1 期；第 46 页至第 51 页

作　　者:田文军（武汉大学哲学学院）

摘　　要:陈黻宸是中国近现代史上较早进入北京大学哲学门讲授中国哲学史课程,并形成了中国哲学史著作的学者之一。当年选修陈黻宸中国哲学史课程的北大学生,不少人对其讲课内容与授课方法曾表示过不满。但正是陈黻宸在中国哲学史研究方面的局限,启发了后辈学者追求对西学的了解,深化对现代中国哲学史研究方法的思考,促进了中国哲学史学科的创立与发展。因此,可以说早期形态与不成熟性既构成了陈黻宸中国哲学研究成果的学术特色,又体现了陈黻宸中国哲学史研究成果的学术价值与历史贡献。

ISSN:2096-5443

7.[期刊]

题　　名:地方知识精英与辛亥革命在浙江的延续——陈黻宸与浙江光复运动关系探析

出　　处:湖北师范学院学报（哲学社会科学版）；2011；第 31 卷；第 5 期；第 11 页至第 14 页

作　　者:叶建（中国社会科学院当代中国史研究所）

摘　　要:作为杰出的地方知识精英,陈黻宸在辛亥革命时期不仅积极参与杭州光复运动,而且试图对独立后温州的政治格局走向进行影响。之所以会有如此的举措,一是在于他早期业已形成的主张民权的政治倾向;二是在温州及旅外期间,以广阔的学缘和地缘关系结识了一批知识分子和军政要员,这种人际网络构成了其参与辛亥革命的现实依靠。

ISSN:2096-3130

8.［期刊］

　　题　　名：陈黻宸的史学"四独""五史"论

　　出　　处：史学史研究；2012；第 2 期；第 46 页至第 55 页

　　作　　者：尹燕（渤海大学马克思主义学院）

　　摘　　要：在挖掘中国传统史学的精华和吸收消化西方史学思想的基础上，陈黻宸糅合中西，提出了自己的"四独""五史"史学思想。这些史学思想中既有对史家的要求，也包括了对读史之人的要求，其中处处透露着陈黻宸对史学性质的认识和"新史学"的影像。

　　ISSN：1002-5332

9.［期刊］

　　题　　名：陈黻宸"去政治化"的经学新论

　　出　　处：中国政法大学学报；2012；第 4 期；第 14 页至第 19 页，第 159 页

　　作　　者：尹燕（渤海大学马克思主义学院）

　　摘　　要：在近代经学解体的过程中，陈黻宸不愿坐视经学消亡的命运，为了能够让经学在近代学术转型中争得一席之地，他采取了"去政治化"的方式，对经学进行重新阐发。一方面，结合时代需要，突出其实用性；另一方面，又通过梳理经学发展史，置辩于经学和经术，指出经学是专制政体的大劲敌，经术才是助益专制的工具，而两千年的经学发展史实际上是经术发展史，真正的经学并非两千年专制统治的支柱。

　　ISSN：1674-0602

10.［期刊］

　　题　　名：陈黻宸中西融合的史学思想探析

　　出　　处：历史教学问题；2013；第 6 期；第 29 页至第 33 页

　　作　　者：陈安金，杜保钢（温州大学人文学院）

摘　要：伴随着坚船利炮，西方文化思想冲击了一大批中国近代学者，陈黻宸融会章学诚"六经皆史""史学四长"的传统思想，并贯通"实证主义""文明史学"等西方史学观念。他融合探索的过程显得十分艰难，其影响与作用也很难得以充分彰显，但他的这种勇于探索的精神却是值得赞赏的。

ISSN：1006-5636

11.[期刊]

　　题　　名：从"理学"到哲学——陈黻宸哲学思想浅论

　　出　　处：江苏师范大学学报（哲学社会科学版）；2014；第40卷；第2期；第109页至第113页

　　作　　者：尹燕（渤海大学马克思主义学院）

　　摘　　要：作为在北京大学讲授中国哲学史课程的第一人，陈黻宸是现代中国哲学史学科创设和发展过程中一位不能忽略的人物。他在哲学概念的理解、中国哲学史内容的认定、哲学史的作法方面都有着独到的见解，为哲学学科在中国的肇建做出了重要贡献。陈黻宸关于哲学的一系列见解，不仅反映了哲学学科在近代中国初建时的艰难，而且还体现了在近代中西学术置换过程中，处于新旧交错的知识分子在面对社会与学术变迁时的良苦用心以及彷徨与挣扎，值得后人深思。

ISSN：2095-5170

12.[期刊]

　　题　　名：新史学与中国早期社会理论的形成——以陈黻宸的"民史"观为例

　　出　　处：社会学研究；2014；第29卷；第4期；第152页至第176页，第245页

　　作　　者：侯俊丹（北京大学社会学系）

　　摘　　要：近代中国社会学的产生不仅受戊戌维新时期"西学东渐"的

影响,同时也是中国思想和社会传统自身发育的产物。本文从内在视角出发,通过回到地方史和地域学术传统之中,呈现近代永嘉学人陈黻宸思想的产生与中国社会结构、机制及其历史脉络的关联。这一考察发现,陈黻宸"民史"观的形成与 19 世纪中叶以来浙江文人群体的经世传统密不可分。在融合永嘉经制学、陆王心学和章学诚史学,并吸收西方实证主义史学和经验论传统的基础上,陈黻宸赋予了经学典范价值以新的解释,提出以"民史"为核心的总体社会科学学说。这一总体社会科学体系呈现了近代经世文人对 19 世纪中叶以来人心世变的体察、对社会制度安排的探索,以及对政治理想的追求。

ISSN:1002-5936

13.[期刊]

题　　名:新史学运动中陈黻宸"六经皆史"论的泛化

出　　处:渤海大学学报(哲学社会科学版);2014;第 6 期;第 32 页至第 36 页

作　　者:尹燕(渤海大学马克思主义学院)

摘　　要:在近代经史嬗变的过程中,陈黻宸肯定了章学诚"六经皆史"说的"尊经重史"思路。在此基础上,为应对近代学术和社会的变迁,他以史为媒介,调和今古文之争;赋予史学"道德之权舆"的功能,以史代经,实现经学的道德教化功用。这一"六经皆史"论的泛化,不仅为保留传统文化的精华提供了思路,也丰富了"新史学"运动。

ISSN:1672-8254

1.[学位论文]

题　　名:陈黻宸历史学说研究

学位名称:硕士

出　　处:贵州师范大学;2003

作　　者:秦文(贵州师范大学)

摘　　要：陈黻宸是中国近代史上于历史学理论和历史研究两个方面皆卓有建树的历史学理论家和教育家,对其历史学说进行系统研究在我国史学界尚属首次。在历史发展学说方面,他主张:①人的理想与精神均从学术中来,学术启迪人类文明进步;②生物分层进化,一级高于一级,伦与知使生命产生并进化;③地理环境因时代不同而变化,人类早期以自然地理为主,伴随人类群进文明,自然地理变成人为地理;④有因必有果,事物变化发展有一因一果和多因一果,并探求其终极原因和终极结果。在历史编纂理论方面,他提出:①历史是一门科学,史学为万科之首;②历史随时代不同,人们对其认识也会随之改变,撰写历史脱离不了史家所处时代;③历史研究的对象是人类世界,是民众,因此历史是公史而非私史;④史书写作注重体例的作用,写民史的方法和步骤分为调查、区划、分类、比例;⑤强调恢复史权,主张史家独权作史,反对监修。总之,陈黻宸历史学说的核心在于史为科学的性质论和史与时俱变的认识论以及史为天下公史的研究对象论,写民史的体例与方法、步骤和史官独立作史。他于历史学理论之构建与创设两方面都取得了突出的成就,理应在中国近代史学史上占一突出席位,其历史学理论在当代仍具重要的借鉴意义。

2.[学位论文]

题　　名:近代经史嬗变过程中的陈黻宸

学位名称:硕士

出　　处:华东师范大学;2007

作　　者:齐砚奎（华东师范大学）

摘　　要:史学的近代化转型进程,伴随着史学研究范围的"扩大"过程同步展开,以史学的思维方式研究经学、诸子学等,以践履"六经皆史"的历史任务,在19、20世纪之交时蔚为一时风气。但六经究竟如何"皆史"? 其间的精神思想脉络如何在学人治学过程中体现? 关于这些问题,国内尚未见有系统论述者。本文拟选取处于经史嬗变风口浪尖上的温州学人陈黻宸作为个案,希望通过对陈氏个案的解剖,触摸并尽力把握"六经皆史"在清末民初的历史进程,以管窥近代经史嬗变思潮,加深对史学近代化的理解。陈黻宸(1859—1917),字介石,后改名芾,浙江瑞安人。是近代颇有成就的历史学家、教育家。陈黻宸学养深厚,于经、史、子无所不窥,其生存的社会语境以及其一生学历,又具备了"经""史"互嬗过程中的历史资源,具有一定的代表性。以此,本文对陈氏全幅学术之研究,视角与前贤均有不同。换言之,浅见以为,将陈氏作为清末民初实现"六经皆史"历史任务的"典范"进行剖析是合适的,也是前贤时俊所尚未瞩目、有所厥如的。本文分四个部分展开论述:1.叙述陈氏学术思想的渊源及特点。陈氏学贯中西,其思想渊源于何? 在近代经史嬗变的过程中,陈氏思想有何特点? 本部分将对这些问题进行解答。2.论述陈氏经学研究过程中渗透的新史学思想。陈氏经学素养深厚,其治学取径由"经"入"史"。尚对陈氏经学不加整理,则于陈氏史学亦不能窥其堂奥,学界虽有对陈氏史学做研究、评论者,然对于陈氏经学却未见有研究性文字。本部分将对陈氏经学做一梳理,亦意在厘清陈氏由"经"入"史"治学路径之源头。3.论述陈氏新史学思想中对经学等传统思想文化的吸收。"六经皆史"的历史进程与史学的近代化转型是同步的。陈氏吸收了一些西方史学思想,同时也把经学纳入新史学研究领域,融会中西形成了系统的新史学思想。学界对陈氏史学思想的研究,以条分缕析其思想内容为主,多注意其史学思想的西学渊源,而少顾及其经学背景。以此,本部分分析陈氏史学思想中的经学元素,以管窥经史嬗变过程中史学思想的形成过程。4.对陈氏利用史学方法研究诸子学进行分析。"六经皆史"过程中,诸子学研究亦逐渐脱离经学附庸的地位而开始了向"现代"转型的过程。在诸子学的"现代转型"过程中,人们多将视角对准章太炎、梁启超、刘师培、胡适,但实际上,陈黻宸同样是诸子学研究"现代转型"过程中的一位重要学者。从北京大学的史学教习到诸子学教习,陈氏所授课程从中国通史到中国哲学史,其间贯穿着陈氏"经史同源"的理念。中国哲学在 20 世纪初首先在哲学史领域获得独立这个事实,说明在诸子学研究向中国哲学转变的过程中,史学起了至关重要的作用,陈黻宸的研究正是这一过程的很好注解。

3.[学位论文]

题　　名:陈黻宸学术思想研究

学位名称:博士

出　　处:北京师范大学；2009

作　　者:尹燕（北京师范大学）

摘　　要:清末民初时期是中国学术发展史上一个极为重要的阶段。在这一时期内,随着近代社会剧变的发生,中国传统文化开始从传统向近代迈进。社会和学术环境的改变,迫使中国的知识分子开始探寻新的学术文化发展之路。陈黻宸就是生活在这一时期中一位颇有学术建树的人物。陈黻宸旧学造诣很深,于新学又多少有所领略,故在构建自己的学术体系时,"去旧不能、欲新不达、中西交错",学术轨迹呈现十分复杂的情景。论文从他对传统学术的解析和对新学的构建两方面入手,以转化和会通为主线,共分六部分对其学术思想进行研究,通过研究以期考察他在近代学术转型过程中对中西学术的把握与会通。陈黻宸的学术思想主要体现在经学、子学、史学和哲学方面。经学方面,他在对经、经学、经术进行辨析和对经学发展史进行梳理的基础上,驳斥了"烧经""编经"论,强调要施行求经学致用的实学思想,希望通过这些努力为经学在近代衰微的情况下争得一席存留之地;子学方面,他的研究虽然新旧交织、以旧为主,但对诸子的重新定位和研究过程中贯穿的以史通子、以儒家学说为参照、重义理轻考据的研究思路却值得人们重视;史学是他学术思想的重镇,他的史学思想既有对传统史学精华的吸收和继承,又有对西方先进史学观念的学习和吸纳,是中西史学糅合的结果,其对史学的界定,"四独""五史"论以及新史编纂体例的阐述与实践可谓"新史学"运动的重要组成部分;在哲学方面,他的开拓之功并非很大,但作为教授中国哲学史的第一人,他对哲学概念的分析和对中国哲学的内容以及哲学史的作法的论述都有自己独到的见解,而其哲学著述中的观点也为后人进一步研究提供了借鉴,对中国哲学史的贡献也不容忽视。陈黻宸的学术思想以追求学术"大同"和在"变"与"不变"之间徘徊为主要特征,这既表现了他对近代学术转型的应对,也体现了他对中西文化的态度。且从这两个特征中我们亦能考察出近代中西学术碰撞与中国近代学术转型的真实状况。

4. [学位论文]

题　　名: 陈黻宸及其史学

学位名称: 硕士

出　　处: 河北师范大学;2017

作　　者: 葛元元(河北师范大学)

摘　　要: 陈黻宸生活在清朝末年,当时中国正处于变革时期,鸦片战争打开中国大门,中国传统文化受到冲击,西方文明传入中国。受中国传统文化和西方思想的双重影响,陈黻宸的历史思想有鲜明的时代特点,中国传统史学思想仍占主导地位,在此基础上,他积极主动地宣传学习西方史学思想。第一章:简要叙述陈黻宸的生平。陈黻宸从入学到考中进士,中国传统史学在他的思想中有根深蒂固的影响。但是随着西方文明,尤其是西方史学的传入,他积极办报纸,发表文章,宣传西方进化史观、科学史观、民史观等观念。并积极投身政治,支持辛亥革命,主张建立民主共和国。第二章:主要叙述陈黻宸的史学著作。简要叙述陈黻宸科举入仕文章内容,发表在《新世界学报》的文章及影响,并且详细叙述他的京师大学堂讲义《中国通史》的体裁特点、内容特点和学术意义,"地史"原理和《新地理史》的编撰方法和编撰结构。受西方史学的影响,陈黻宸提出中国史学撰述的改进方面,但因为客观条件不成熟,并未付诸实践。第三章:主要阐述陈黻宸的史学思想。主要从史学是科学的史学思想,"四独五史"的良史标准,提倡"民史"、反对"君史"的史学观念,新通史编撰体例设想这几个方面进行分析。对史学重新定位思考,把史学作为一门科学加以重视,并且对史家在传统修养的基础上,学习借鉴西方史学,赋予它们时代意义。在学习西方史学和"新史学"广泛传播的浪潮中,重视"民史"。第四章:也就是结语部分,论述陈黻宸史学的学术意义。

1. [图书]

　书　　名:陈黻宸学术思想研究

　出　　处:杭州：浙江人民出版社；2011；305 页

　作　　者:尹　燕

　摘　　要:本书就是一部对陈黻宸学术思想进行系统研究的力作。全书从陈黻宸解析传统学术和构建新学两方面入手,以转化和会通为主线,对陈氏学术思想的几个主要方面进行分析。认为其旧学体系内部已经打破了传统经、史、子、集的界限,出现了交叉和转化的情况;而在新学的构建中,尽管其吸纳了不少西方因素,但始终不离旧学基础,仅将西学用作改造旧学的工具,故其新学构建不似梁启超等学界巨子那般彻底。

　ISBN:978-7-213-04653-7

五、永嘉学派总论

（一）永嘉学派总体性研究

1.［期刊］

题　　名：永嘉学派述（续第十一期）

出　　处：国粹学报；1905；第 1 卷；第 12 期；第 6 页至第 21 页

作　　者：邓实（《国粹学报》主编）

摘　　要：本文分沈彬老先生学述、大刘先生学述、小刘先生学述、戴明仲先生学述、赵彦昭先生学述、张草堂先生学述、蒋元中先生学述、郑景望先生学述、薛浪语先生学述、陈止斋先生学述、叶水心先生学述等 11 章内容论述了永嘉学派代表人物。

2.［期刊］

题　　名：永嘉学派通论（未完）

出　　处：哲学月刊；1926；第 1 卷；第 3 期；第 1 页至第 4 页

作　　者：林损（北京大学）

摘　　要：离心性事功以为二，道之裂也；独以永嘉诸子为经济之学，斯亦学之忧也。夫道无乎不在，而神所由降，明所由出者，必在日用寻常之间。学无乎不穷，而即日用寻常以充实光辉，大而化之者，尤必根极于精一隐微之处。

3. [期刊]

　题　　名：简论南宋时期的永嘉学派

　出　　处：杭州师院学报（社会科学版）；1983；第 5 卷；第 3 期；第 100 页至第 107 页

　作　　者：周梦江（温州师范学院）

　摘　　要：南宋时期的永嘉学派，是和朱熹的道学、陆九渊的心学鼎足而立的三大学派之一，也是我国学术史上一个重要的学派。中华人民共和国成立以来，在论述叶适的许多文章中，时常提及永嘉学派。可是关于永嘉学派的情况：主要人物、学术思想、源流演变等等，却一向少人介绍。因此，本文拟就这些方面，试加简单论述，请同志们指正。

　ISSN：1674-2338

4. [期刊]

　题　　名：洛学与永嘉学派

　出　　处：中州学刊；1985；第 5 期；第 57 页至第 61 页

　作　　者：周梦江（温州师范学院）

　摘　　要：北宋永嘉之学，原是洛学的分支；而南宋永嘉学派，却成为程朱理学的"异端"。本文拟就其学术源流与思想演变，试加探讨。

　ISSN：1003-0751

5. [期刊]

　题　　名：南宋婺学与永嘉学派

　出　　处：浙江学刊；1990；第 2 期；第 61 页至第 66 页

　作　　者：周梦江（温州师范学院）

　摘　　要：南宋时期，在理学盛行之时，两浙东路产生了主张事功、反对理学的浙东学派,简称浙学。元代学者刘埙《隐居通议二》说:"宋乾(道)淳(熙)间,浙学兴,推东莱吕氏(祖谦)为宗。然前是已有周恭叔(行己)、郑景望(伯熊)、薛士龙(季宣)出矣,继是又有陈止斋(傅良)、徐子宜(谊)、叶水心(适)诸公出。"据此,南宋时期的浙学,主要是由婺州学派(简称婺学)与永嘉学派构成的。浙学以后虽在理学特别是朱熹道学门徒的诋毁、排斥下,几乎"废而不讲"(王祎语),但仍不绝如缕,对明、清时期的思想家产生巨大影响。关于婺州学派与永嘉学派学者的交往、影响等一连串问题,本文试加论述,幸祈教正。

ISSN:1003-420X

6.[期刊]

题　　名:试论永嘉"元丰九先生"

出　　处:杭州师范学院学报(社会科学版);1991;第5期;第20页至第27页

作　　者:周梦江(温州师范学院)

摘　　要:北宋仁宗年间王开祖在永嘉讲学,是浙学的草昧时期。与之同时者,温州有林石、丁昌期两位学者,合称"皇祐三先生"。此后到南宋前期以薛季宣、陈傅良、叶适为代表的永嘉学派的崛起,中间起着承先启后作用的,则有"元丰九先生"。这九位先生大都是洛学和关学的传人,他们的学术思想,是永嘉学问之区,同时对浙东学术也起着重大的影响作用。因此,试论永嘉"元丰九先生"的学术思想,请予教正。

ISSN:1674-2338

7.[期刊]

题　　名:南宋永嘉学派与道学的分歧

出　　处:河南大学学报(社会科学版);1992;第32卷;第1期;第64页至第68页

作　　者:周梦江(温州师范学院)

摘　要：南宋时期，温州出现了以叶适为代表的永嘉学派，清代学者全祖望《宋元学案·水心学案》按语说："乾（道）、淳（熙）诸老既殁，学术之会总为朱、陆二派，而水心断断其间，遂称鼎足。"据此，可见永嘉学派在当时学术界的地位与影响。永嘉学派渊源悠远，早在北宋"真、仁二宗之际，儒林之草昧时期"，永嘉、瑞安就有王开祖、林石等人在乡里讲学授徒。王开祖与王安石为友，注重史学，主张改革。林石是胡瑗、陈襄的再传弟子，习《春秋》之学，"以其说教授乡里"。王、林两人虽学有异同，但都给予以后永嘉学者以良好的影响，使以后永嘉学者能博采各家学说，不依傍门户。特别是王开祖的"经世致用"和林石的"夷夏有别"思想，使永嘉学派能重视史学，研究历代盛衰，以挽救南宋危亡为己任，成为一批坚持抗战的爱国主义学者。

ISSN：1000-5242

8.［期刊］

　题　　名：评周梦江先生《叶适与永嘉学派》

　出　　处：浙江学刊；1983；第1期；第126页，第87页

　作　　者：潘富恩（复旦大学哲学系）

　摘　要：《叶适与永嘉学派》最近已由浙江古籍出版社出版，这是周梦江先生长期潜心研究的力作，也是目前学术界第一部全面系统研究叶适及永嘉学派的专著，甚为难得。梦江先生一直从事南宋史的研究，尤对永嘉学派之思想家的钻研更深。周先生勤于笔耕，数十年如一日，现正值先生古稀之年，出版了这部具有开创性的学术专著是很可庆贺的。全书共分20章，25万字，文字简洁，取材广博，内容丰富，考订翔实，论断平允。作者用历史唯物论的观点全面审视和考察了南宋永嘉学派形成、发展的社会经济基础和学派思想的源流关系。

ISSN：1003-420X

9. **[期刊]**

题　名:永嘉学派和温州人精神

出　处:中共浙江省委党校学报；1999；第 4 期；第 75 页至第 79 页

作　者:陈中权（中共温州市委党校）

摘　要:永嘉学派产生于南宋时期农业发展迅速、手工业发达、商业繁荣、文风鼎盛的温州,是瓯越文化的优秀代表。它创始于薛季宣,发展于陈傅良,成熟于叶适。永嘉学派政治上反对君尊臣卑,主张君臣一体,主张抗金和改革弊政;经济上反对以义抑利、重农抑商,主张以功利统一仁义、以国家之力扶持工商业;哲学上批判程朱理学,主张道不离器物。由于它注重研究实际问题,提倡事功,反对空谈义理心性,所以和以陈亮为代表的永康学派一起被称为事功学派。它是我国学术发展史上一个重要的学派,在当时与朱熹的理学、陆九渊的心学鼎足而立。

ISSN:1007-9092

10. **[期刊]**

题　名:叶适暨永嘉学派与儒家传统的重建——"纪念叶适诞辰 850 周年暨永嘉学派国际学术研讨会"综述

出　处:哲学研究；2001；第 1 期；第 75 页至第 76 页,第 78 页

作　者:张家成（浙江大学）

摘　要:为纪念南宋著名的思想家、永嘉学派的集大成者叶适 (1150—1223)诞辰 850 周年,由温州市人民政府、中国社会科学院哲学研究所、浙江大学哲学系、中国哲学史学会等联合主办的"纪念叶适诞辰 850 周年暨永嘉学派国际学术研讨会",于 2000 年 11 月 7 日至 10 日在温州市举行。来自加拿大、日本及中国台湾、中国大陆的专家学者 60 余人出席了会议。

ISSN:1000-0216

11.[期刊]

题　名:叶适的义利观及其在伦理学之意义

出　处:哲学与文化;2001;第 4 期;第 330 页至第 341 页

作　者:曾春海(中国台湾中国文化大学)

摘　要:南宋集浙东事功学派大成的叶适,其义利之辨最足突显其事功说的旨趣。叶适援用《易·乾文言传》"利者,义之和也"调和义利之关系。本文厘清"义""利"概念内涵之不同,阐明儒家系以"义"规范"利"。再陈述叶适如何务实地批判董仲舒的义利观以建构己见。他申论儒家的仁人君子不局限于正"义",且进而舍己为人地维护天下人之福利,不但究明客观的义理,且讲求如何福国利民的功效。若英国功利主义的伦理信条在于人之行为目的和结果是否创造满足了社会大众最大的合理需求及快乐,则叶适的义利观颇能契合;若持功利主义的边沁意在追求个己快乐,穆勒追求个己与群体共同快乐为正鹄,则叶适不计个人苦乐、一心忧国忧民的情操更显高贵。

ISSN:1015-8383

12.[期刊]

题　名:永嘉学派与今日温州

出　处:温州大学学报;2001;第 14 卷;第 2 期;第 15 页至第 18 页

作　者:洪振宁(温州市社会科学界联合会)

摘　要:永嘉学派的思想观点对今日温州有重要影响。其经世致用、求实务实的精神、变通图新、富有改革的精神,重视功利、宽民富民的思想,重视教育、尊重人才的观念等等无不给今日温州留下深刻烙印,对于建设现代化新温州也有许多重要的启示。

ISSN:1674-3555

13. [期刊]

题　　名：纪念叶适诞辰 850 周年暨永嘉学派国际学术研讨会综述

出　　处：中国史研究动态；2001；第 9 期；第 20 页至第 21 页

作　　者：王兴文（温州师范学院历史系）

摘　　要：2000 年 11 月 7—9 日"纪念叶适诞辰 850 周年暨永嘉学派国际学术研讨会"在浙江省温州市国际大酒店举行。80 余名中外专家学者参加了会议，大会收到学术论文 60 余篇。与会学者就叶适的哲学思想、经济思想、社会政治思想、文学思想、民族思想、军事思想、学术思想及永嘉学派等问题进行了广泛的研讨。

ISSN：1002-7971

14. [期刊]

题　　名：贯通内圣外王的努力——评永嘉学派的思想历程

出　　处：哲学研究；2002；第 8 期；第 62 页至第 69 页

作　　者：陈安金[1]，王宇[2]（1.温州大学文化研究所；2.浙江省社会科学院）

摘　　要：永嘉学派的发展经历了薛季宣—陈傅良—叶适三代人。在薛季宣和陈傅良时代，永嘉学派的主要贡献在于确立了"制度新学"，这种"制度新学"独立于程朱理学的"天理"，代表着儒家"内圣外王"中"外王"的一面，在"内圣"之学方面缺乏创新。叶适在薛、陈的基础上，探索"制度新学"与"新内圣"结合的"内外交相成之道"，结果却不甚理想，其原因是新鲜思想资源的匮乏。本文拟对永嘉学派自薛季宣到叶适的发展历程做一梳理，主要希望通过考察永嘉学派思想形成的一些特点，来解释永嘉学派兴衰的原因。

ISSN：1000-0216

15.[期刊]

 题 名:融会中西，通经致用——论永嘉学派的近代命运

 出 处:哲学研究；2003；第 7 期；第 43 页至第 49 页

 作 者:陈安金（温州大学文化研究所）

 摘 要:清道光之后，学界涌动着一股反思汉学、回归宋学的潮流。其时，方东树《汉学商兑》的出版掀起了对汉学的"最激烈的反动"（胡适语），它实际上代表了道光年间一大批希望改弦易辙的士大夫的共同想法:将文明发展之注意力由汉转向宋的方向。如此完成了清代后期思想史上一个关键性的变化。（王汎森，第 5—6 页）尽管永嘉学派主要活跃于南宋，因而很容易被近代归为所谓"宋学"，但对温州知识分子而言，复兴永嘉学主要的并不是向宋学传统的回归，而首先是振兴区域文化的一种努力。这一努力以永嘉学派思想为文化资源，并在晚清学术语境和政治背景之下进行了实践和理论创新。其最终的成果是:在汉宋两大营垒之间，独树一帜;于中西文化碰撞之际，兼容并蓄，从而存续了永嘉学派的近代命运。

 ISSN:1000-0216

16.[期刊]

 题 名:宋代义利之辩与叶适对朱熹的批评——兼论温州商业社会与永嘉学派的关系

 出 处:温州师范学院学报（哲学社会科学版）；2004；第 25 卷;第 1 期;第 1 页至第 7 页

 作 者:周梦江（温州师范学院人文学院）

 摘 要:从宋代义利之辩谈起，叙述叶适对朱熹"正其谊不谋其利，明其道不计其功"的批评。兼及南宋温州商业社会产生了以叶适为代表的永嘉学派的功利学说和重商思想，永嘉学派的功利学说及其重商思想对温州社会的发展的影响。

 ISSN:1674-3563

17.[期刊]

  题 名:南宋科场与永嘉学派的崛起——以陈傅良与《春秋》时文为个案

  出 处:浙江社会科学;2004;第 2 期;第 151 页至第 156 页

  作 者:王宇（浙江省社会科学院）

  摘 要:从南宋前期到中后期,《春秋》一经在科场的地位发生了变化。导致这一变化发生的关键是陈傅良和他的时文,进而推论,以陈傅良为代表的永嘉学派的崛起与科场有着非常密切的关系。

  ISSN:1004-2253

18.[期刊]

  题 名:从对立到整合:永嘉学派研究的基本路向

  出 处:哲学动态;2004;第 5 期;第 45 页至第 49 页

  作 者:陈安金（温州大学文化研究所）

  摘 要:在整个中国哲学史研究格局中,永嘉学派的研究历来不是学术界的主流。从永嘉学派诞生之日起,对它的研究和评价无不以程朱理学为参照系,似乎永嘉学派的理论特色只能从与理学的比较中才能彰显;在历史上,只有当人们发现理学不能应对时代的新挑战时,才意识到永嘉学派的独特价值。这种研究路线延续至今,基本上仍居于主流地位。可喜的是,新的研究风气正在渐渐改变这一格局。

  ISSN:1002-8862

19.[期刊]

  题 名:周梦江与永嘉学派研究

  出 处:温州师范学院学报（哲学社会科学版）;2004;第 25 卷;第 6 期;第 53 页至第 57 页

  作 者:张洁（温州师范学院人文学院）

摘　要：周梦江先生一生坎坷，早年过着漂泊生活，但对学术研究有执着的追求，取得了丰硕的成果，成为海内外知名的永嘉学派研究专家。综观周先生对永嘉学派的研究，其贡献有三：1.开创了温州学者研究永嘉学派之先河，拓宽了温州古代地方史研究的范围；2.弘扬光大了永嘉学派的各种思想，奠定了永嘉学派在中国思想史上的地位；3.研究"事功"、应用"事功"，为当代温州经济发展寻求文化内源。周先生老当益壮、耕耘不止，其精神可佳，其人品可敬。

ISSN：1674-3563

20.[期刊]

　题　　名：评介周梦江《叶适与永嘉学派》

　出　　处：温州师范学院学报（哲学社会科学版）；2004；第25卷；第6期；第58页至第60页

　作　　者：（日）冈元司，陈凡男译（温州师范学院图书馆）

　摘　　要：周梦江先生《叶适与永嘉学派》一书，从史学、哲学及其他方面评介叶适与永嘉学派。评介者冈元司先生认为"本书对于提携后学者研究永嘉学派来说，它毫无疑问占据着必读的领先研究的位置"。

ISSN：1674-3563

21.[期刊]

　题　　名：论永嘉学派与朱子学派的分歧

　出　　处：江汉论坛；2004；第7期；第79页至第82页

　作　　者：陈安金（温州大学文化研究所）

　摘　　要：把是否对制度建设感兴趣、是否重视礼学作为永嘉学派与朱子学派的核心差别未免过于表面化。永嘉学派首先着眼于制度设计的合理性，至少在形式上，永嘉学派维护了制度原则的独立性。朱熹认为为学根本在"理会自家身心"，制度设计的原则也不可能独立于天理。这种分歧的思想上的实质源于双方的道、法之辩。朱子侧重"法"自"道"出，法是派生的,而道是第一位的,因此所有实践的重心应放在求道;永嘉学认为,理学的"道"与制度自身所具有的制度理性——"法",是互相独立的,对道与法的追求并不必然是时间先后的问题,二者在士大夫的实践中应该是交织在一起的。到了叶适,则以"内外交相成"之论把这一思想发挥到了极致。

ISSN:1003-854X

22.[期刊]

 题 名:永嘉之学如何从性理转向事功

 出 处:孔子研究;2006;第 2 期;第 84 页至第 93 页

 作 者:周梦江(温州师范学院人文学院)

 摘 要:南宋永嘉事功学派是从周行己性理之学转化的。推动这种转化的是郑伯熊、郑伯英兄弟。他们深具忧国忧民意识,知道空谈性命对国事无补,于是转向事功之学。他们的传人陈傅良予以发扬光大。

ISSN:1002-2627

23.[期刊]

 题 名:宋元南戏与"永嘉学派"

 出 处:杭州师范学院学报(社会科学版);2006;第 28 卷;第 6 期;第 42 页至第 46 页

 作 者:徐宏图(浙江省艺术研究所)

 摘 要:南宋时期的温州,同时产生了温州杂剧(南戏)与永嘉学派这两种先进文化,从而在中国的戏剧史、哲学史乃至整个文化史上写下了极其光辉的一页。它们主张"通商惠工",提倡"扶持商贾";批判腐败,提倡"事功";反对"理学"教条,提倡"民本"关怀及爱国主义,反对苛捐杂税;提倡勤劳致富、鼓励勤学成才;等等,从而体现了相通之处。深入辨析其在精神深层的共同源头,有助于增进对浙江古代文化的整体认识。

ISSN:1674-2338

24.［期刊］

　题　　名：试论永嘉学派的活动方式——以陈傅良门人集团为中心

　出　　处：浙江社会科学；2007；第 4 期；第 167 页至第 171 页，第 178 页

　作　　者：王宇（浙江省社会科学院哲学所）

　摘　　要：永嘉学派的活动是以导师和门人为主体展开的。本文以陈
傅良门人集团为个案，讨论了永嘉学派的活动样式主要包括了出版著述、
书院建设、学术论辩、外出游学，其中尤以学术论辩为重要，并比较朱子学
派的活动样式，探讨永嘉学派衰落的内在原因。

　ISSN：1004-2253

25.［期刊］

　题　　名：近三十年永嘉学派研究概述

　出　　处：温州论坛；2008；第 4 期；第 71 页至第 76 页

　作　　者：周培珍（中共乐清市委党校）

　摘　　要：改革开放以来，随着温州经济的腾飞，温州的传统文化研究
也日益升温，学术界对永嘉学派进行了诸多研究，既有个案深入的探讨，
又有不同学术观点的争鸣，取得了超越前代的成就。本文从永嘉学派的
渊源及形成原因的探讨、学术思想研究、与其他学派的互动、衰落及传承、
与温州经济发展的关系、代表人物个案研究等方面，试就近 30 年来关于
永嘉学派的研究状况做一综述。

26.［期刊］

　题　　名：永嘉学派的解《易》进路——以薛季宣、叶适为中心

　出　　处：中州学刊；2008；第 5 期；第 173 页至第 175 页

　作　　者：孙金波（温州大学法政学院）

　摘　　要：永嘉学派的代表人物薛季宣、叶适都很重视《易》。他们对
《易》之地位与成因的回答、对"道器"关系的解决、崇阳黜阴的主观选择等

都突出了永嘉学派解《易》的不同进路。

ISSN：1003-0751

27. [期刊]

题　名：试论唐仲友与永嘉学派薛季宣、陈傅良、叶适的史学思想

出　处：宋史研究论丛；2009；第 1 期；第 463 页至第 483 页

作　者：赵瑶丹（上海师范大学人文与传播学院；浙江师范大学人文学院）

摘　要：南宋金华学派代表人物之一唐仲友（1136—1188）与永嘉学派诸学者的思想观点是最为贴近的。这不仅仅因为他们和永康学派代表人物陈亮、金华学派另一代表人物吕祖谦等浙东学派的领袖人物一样都强调事功，主张经世致用，注重功利；在政治上，都强调民为邦本，改革弊政，严华夷之别，要求抗金统一；在经济上，一致主张农商并重，"农商一事"，反对"重农抑商"；在哲学思想上，都认为客观世界是由物质性的器组成的，"道不离器"，道存在于器形之中，道器不能分离；而更明显的原因是表现在史学思想上，他们的经史著作颇丰，重视经制，认为经由事成、六经皆史，强调鉴古知今、以民为本、通变制宜，主张学贵务实以经世致用。

28. [期刊]

题　名：周梦江先生与永嘉学派研究——读周著四部书

出　处：宋史研究论丛；2009；第 0 期；第 620 页至第 624 页

作　者：张其凡（暨南大学中国文化史籍研究所）

摘　要：今年（2007），接到"纪念陈傅良诞辰 870 周年暨永嘉学派学术研讨会"的通知，即不禁想起了我所熟悉的周梦江先生。周梦江先生，86 岁高龄的先生，几十年来，默默无闻地辛勤工作，为陈傅良的研究，为永嘉学派的研究，做出了不可磨灭的重要贡献。当我们纪念陈傅良诞辰 870 周年，开会研讨陈傅良与永嘉学派之时，更不应忘记这位卓有建树的"老讲师"。默默无闻的老黄牛，是不应该被人们遗忘的。相形之下，我们

这些正当壮年的"教授",是要感到羞愧的。周梦江先生的四部著作,两部是整理永嘉学派代表人物的著作,一部是永嘉学派集大成者叶适的年谱,还有一部则是对永嘉学派及其代表人物叶适的研究。根据这四部著作,我们可以很明显看到,周梦江对永嘉学派的研究,是从基础的史料入手的。正如他的为人一样,他的治学,也是低调但扎实而辛苦,不事张扬却取得了引人注目的成就。

29.[期刊]

　题　　名:永嘉学派与泰州学派思想渊源的比较研究

　出　　处:温州职业技术学院学报;2009;第9卷;第4期;第1页至第5页

　作　　者:张树俊(中共泰州市委党校)

　摘　　要:永嘉学派与泰州学派都是在当时商品经济刺激下产生的带有启蒙意义的哲学学派,但由于商品经济发展的程度不同,两个学派学者代表的阶层也不同。永嘉学派与泰州学派思想既有相同之处,也有一定的差异。对永嘉学派与泰州学派思想渊源进行比较研究,可以更好地把握两个学派的学术主旨与历史影响,从而使两个学派的历史文化成果更好地为今天的建设与发展服务。

　ISSN:1671-4326

30.[期刊]

　题　　名:永嘉学派的义利观及其当代价值

　出　　处:佳木斯大学社会科学学报;2010;第28卷;第1期;第8页至第9页

　作　　者:金维明(佳木斯大学人文学院)

　摘　　要:永嘉学派从理论上阐明了仁义与功利之间的关系,肯定了仁义的重要性,但认为仁义必须表现在功利上,如果仁义没有在功利上表现出来,仁义就成为没有实际内容的空话,最后仁义本身也就无法存在。永嘉学派的义利观在我国市场经济发展的今天,仍然具有重要的价值和作用,它可以使我们避免见利忘义,促使社会经济秩序更加井然有序、健康地发展,进而有助于我国建立社会主义市场经济条件下的义利观。

ISSN:1007-9882

31.[期刊]

题 名:永嘉学派与泰州学派民本思想的比较研究

出 处:盐城师范学院学报（人文社会科学版）；2011；第 31 卷；第 2 期；第 1 页至第 4 页

作 者:张树俊（中共泰州市委党校）

摘 要:由于泰州学派与永嘉学派的哲学理念差异不大,所以,在对待"人"的问题上,两个学派的基本观念是一致的,可以说,他们的思想都具有以民为本的性质。但由于两个学派所处的环境不同,面对的社会现实也不一样,所以在民本问题上就有了虚实之分,在重商的程度以及代表阶层的利益上也有一定区别。

ISSN:1003-6873

32.[期刊]

题 名:科举视野中的地方学派与区域文化——评《永嘉学派与温州区域文化》

出 处:中共宁波市委党校学报；2011；第 2 期；第 126 页至第 128 页

作 者:胡晓静[1]，何兆泉[2]（1.中国计量学院机电工程学院；2.中国计量学院中国哲学研究所）

摘 要:永嘉学派是我国学术发展史上一个重要的学派,在南宋时期,与朱熹的理学、陆九渊的心学鼎足而立。它在经济上反对重农抑商,主张以功利统一仁义;哲学上批判程朱理学,主张道不离器。它创始于薛季宣,发展于陈傅良,成熟于叶适。

ISSN:1008-4479

33. [期刊]

题　　名:传统发展思想的典范——论叶适及永嘉学派的发展思想

出　　处:中共宁波市委党校学报；2011；第 4 期；第 105 页至第 109 页

作　　者:董根洪（中共浙江省委党校）

摘　　要:南宋时以叶适为代表的永嘉学派,其主要的思想观点围绕着如何实现当时社会发展和百姓生存而展开,从而形成了独具特色又颇具价值的发展思想,其主要内容包括计财的发展论、拯民得民的民本论、中庸协调的方法论。

ISSN:1008-4479

34. [期刊]

题　　名:从陈傅良的思想特质看永嘉学派的思想史地位和学派归属

出　　处:浙江学刊；2011；第 5 期；第 64 页至第 70 页

作　　者:朱晓鹏（杭州师范大学中国哲学与文化研究所）

摘　　要:陈傅良在永嘉事功学派中占有承前启后的重要地位。在陈傅良的思想中闪烁着永嘉学派的思想特质。由薛季宣创始,而陈傅良继之,到水心集其大成而一脉相承的永嘉学派真正与朱、陆二派鼎足而三的学术史地位受到了那些能较客观地看待那段思想历史的人们的公认。正是那些不同于宋明理学的东西所体现出的具有新的独特思想内涵和学术旨趣的路径选择,使包括永嘉学派在内的南宋浙学的兴起具有了充分的必要性和革命性。南宋浙学与明清实学思潮的兴起在一定程度上是一致的,它们都反映了中国文化、思想自身在努力实现从传统到现代的范式转型。

ISSN:1003-420X

35. [期刊]

题　　名:永嘉学派散文创作的功利策略

出　　处：燕赵学术；2012；第 2 期；第 206 页至第 211 页

作　　者：苏菲（南开大学文学院）

摘　　要：南宋中期的永嘉学派，其代表学者薛季宣、陈傅良、叶适在政治、学术上所秉持的功利立场指向了儒家外王的实践意义，他们不仅要求散文本身具有对此进行反映、传达的现实功用性，而且在文章的内容、文体、风格等方方面面也有其现实的功利思考和策略，目的在于能够最大程度地获得永嘉学派自身的壮大和功利思想的传播，实现其自身政治、学术上的功利性追求。

36.［期刊］

题　　名：笔开象外精神：郑伯熊与永嘉学派

出　　处：浙江社会科学；2012；第 8 期；第 124 页至第 130 页，第 159 页

作　　者：陆敏珍（浙江大学人文学院）

摘　　要：郑伯熊是叶适所构建的永嘉学派传人之一，并自此开始成为历代永嘉之学传承谱系中的关键人物。人们很少去追问这一历史人物是否足以符合学派谱系的构建需求。为了理解叶适之所以要标举郑伯熊这样一个人物，我们需要通过叶适来观察郑伯熊，以此体会叶适构建该人物时的依据与想法。叶适在叙述郑伯熊时所预构的人物类型、后人对郑伯熊的师承与个人行为有意识地进行地方化确认，以及叶适所提炼出的郑伯熊的思想主旨，最终使其成为永嘉学派人物传承谱系中的重要一员。同时，区域性学派构建中所包含着的地方认同和价值偏向也定义出了永嘉学派。

ISSN：1004-2253

37.［期刊］

题　　名：宋代永嘉学派的经学传承及思想演变

出　　处：南都学坛（人文社会科学学报）；2013；第 33 卷；第 5 期；第 25 页至第 30 页

作　者：姜海军（北京师范大学历史学院）

摘　要：永嘉学派是宋代重要的学派之一，是浙东学派的重要组成部分。宋代永嘉学派的形成与演变，经历了一个漫长的历程，在学术思想上随着宋代学术思潮的变迁，最终由师从二程性理之学转向注重经制、事功之学。这种转变经由了北宋中期、两宋之际、南宋前中期几个主要阶段，在每个阶段，其主要代表人物如王开祖、周行己、郑伯熊、薛季宣、陈傅良、叶适等人，其思想主张与内涵尤其是在经学诠释及思想重心方面都有很大的不同。其中，北宋的王开祖、周行己等"永嘉九先生"为奠基者，他们一般都注重心性之学，而南宋前期郑伯熊、薛季宣等是永嘉学派由心性之学转向事功之学的关键人物，南宋中期陈傅良、叶适则开始成为永嘉学派事功之学的集大成者。

ISSN：1002-6320

38.［期刊］

题　名：南宋永嘉学派兵学著述考梳

出　处：五邑大学学报（社会科学版）；2018；第 20 卷；第 1 期；第 55 页至第 59 页，第 94 页

作　者：刘春霞（广东开放大学文法系）

摘　要：南宋永嘉学派是一个重要的学术流派，在乾道、淳熙年间与朱子理学、陆九渊心学鼎立而存，在学术思想史上具有重要意义。永嘉学派又被称为事功学派，注重研习经制以明事功，而兵学研究则是其经制之学的重要内容。以薛季宣、陈傅良、叶适为代表的永嘉学人都有兵学研究专著，是其事功之学的具体体现。

ISSN：1009-1513

39.［期刊］

题　名：永嘉学派的学术渊源

出　处：常州大学学报（社会科学版）；2018；第 19 卷；第 3 期；

第 90 页至第 100 页

作　者:郑根成(浙江工商大学马克思主义学院)

摘　要:永嘉学派自王开祖开学风之先,而后历经元丰太学九先生引洛学入两浙,郑伯熊、薛季宣中兴永嘉学术以及叶适集大成等几个阶段。在此期间,其学术旨趣由早期的"必竟省以御物欲"转向后期的"必弥纶以通世变"。深入考察永嘉学派的发展,可以得出关于永嘉学术的两个重要论断:其一,永嘉学术代表了儒学在两浙路的最早承继与发展,在其本质上,永嘉学术并非狭隘的地域性学术思想,其兴起与发展所开启的既是浙学发展的新气象,也是两宋以来传统儒家之继承与发展的新气象;其二,永嘉学术的事功思想虽然在薛季宣时代才得以明确,但王开祖、周行己等早期永嘉学者的思想中就已经内蕴了事功的学术取向。尤为值得强调的是,永嘉学术的事功取向并非狭隘的功利主义,它与儒学传统的合"内圣"与"外王"的义利观有着高度的一致性。

ISSN:2095-042X

40.[期刊]

题　名:两宋温州书院与永嘉学派的关系探析

出　处:温州大学学报(社会科学版);2018;第 31 卷;第 5 期;第 104 页至第 109 页

作　者:陈安金,赵飞跃(温州大学人文学院)

摘　要:北宋中后期,温州涌现出大批本土知名学者,作为温州地区书院的开创者和永嘉学派的先行者,他们开启了温州的书院教育,并以书院为阵地著书游学、藏书传世,促进了两宋温州书院文化的繁荣。随着书院文化的发展,良好的书院学风奠定了稳定的师承关系,培养了众多温州士子,造就了他们在南宋科场的盛况,逐渐形成了以研究事功之学为主要内容的永嘉学派。可以说永嘉学派发源于书院,书院作为永嘉学派的重要阵地,对传承和发扬永嘉学派发挥了重要的作用。

ISSN:1674-3555

41.[期刊]

　题　　名:豪杰精神与思想范式重建:从王开祖看永嘉学派一个被忽略的精神面向

　出　　处:现代哲学;2019;第 1 期;第 123 页至第 129 页

　作　　者:刘梁剑(华东师范大学)

　摘　　要:本文就王开祖《儒志编》管窥永嘉之学的豪杰面向。四库全书本《儒志编》书前提要称许王开祖为"豪杰",而此评价在《总目》提要中却失落了。永嘉学派将豪杰标举为理想人格。豪杰之士兼有豪气、英气、逸气和卓识。豪气者,对文化使命的传承当仁不让。英气者,不迷信权威,是独立人格在理智上的体现。逸气者,不囿习见,是风流人格在理智上的体现。按照王开祖的卓识,心性涵养(成己)还必须展开在事功(成己成物)的过程之中。正是这一点,鲜明地体现了永嘉学派特有的精神取向,同时也构成了永嘉学派豪杰精神的题中应有之义。在重建思想范式的过程中,永嘉豪杰精神在事功中展开心性的面向不幸失落了,而王开祖所表彰的孟子绝学的要义即贵民轻君、挺立士道尊严则一开始就落在汪循、四库全书馆臣对"豪杰"的理解之外。居今之世,人类整体如欲向死而生,必须在根本处转变思想范式,创造出有别于现代性的新的思想范式。新时代召唤着豪杰之士毅然奋起。

　ISSN:1000-7660

42.[期刊]

　题　　名:永嘉学派论豪杰精神

　出　　处:中国社会科学文摘;2019;第 6 期;第 151 页

　作　　者:刘梁剑(华东师范大学)

　摘　　要:豪杰二字,对于永嘉之学无疑有着特别的意味。中国传统的儒者无不以成圣为人生第一等事,但对于何为圣人却有不同的理解,永嘉学派则将豪杰标举为理想人格。豪杰之士豪气干云,虽文弱之书生,对于文化使命的传承与担当却是当仁不让。如果说,豪杰对道统的领会是一种知,则此种知必是"动力之知",必驱使豪杰慨然行之,"惟以统纪不接为惧"。既以道统不接为惧,如碰到与道相合的见解,自然从善如流,开放包容,不问出处。另一方面,如碰到与道相违的见解,哪怕它是绝大多数人所持的见解,哪怕它是权威人士所持的见解,哪怕是最亲近人所持的见解,也是慨然不敢苟同。汪循言王开祖"能不以近代儒宗之所习者为师,超然心领神会于千载之上"(《儒志编原序》),我们也可以倒过来说,王开祖超然心领神会于千载之上,故能不囿习见,不迷信权威,不以近代儒宗之所习者为师。不迷信权威,是英气,是独立人格在理智上的体现;不囿习见,是逸气,是风流人格在理智上的体现。逸气和英气令豪杰之士的理智德性呈现出别样的气象。

43. [期刊]

题　名:永嘉学派的学理转向及其意义

出　处:哲学动态;2020;第 1 期;第 61 页至第 68 页

作　者:朱红[1],王绪琴[2](1.杭州电子科技大学马克思主义学院;2.浙江工商大学杭州商学院)

摘　要:永嘉之学扬弃了理学注重心性修养的治学方向,转向强调致用的经制之学。永嘉学人多为理学家所指摘,甚至被视为异端,但这正表明了永嘉学派的学理转向。永嘉学派经制之学的建构,涉猎广泛,注重社会生活,助力南宋在经济等领域走向鼎盛。然而,历史的发展出现了反转,明朝采取了闭关锁国的策略,打断了"南宋模式"的延续。永嘉学派的出现,本质上是一场儒学内部相异于经学传统的批判与启蒙的思想运动。

ISSN:1002-8862

44. [期刊]

题　名:学缘与血缘——北宋永嘉学术传衍路径探究

出　处:宋史研究论丛;2020;第 1 期;第 408 页至第 419 页

作　者：兰军（江苏师范大学历史文化与旅游学院）

摘　要：北宋是永嘉学派初创期，以学缘与血缘为基础建构的社会关系网络成为永嘉学术传衍的主要路径。皇祐年间，王开祖在华盖山创办东山书院讲明理学，首开以书院为基地，借助学缘关系传播永嘉学术之风。林石、丁昌期除于塘奥塾、醉经堂讲学外，另辟以宗族联姻为媒介的传学渠道，建立起与元丰九先生间的学脉传承。周行己、许景衡等永嘉洛学士人既通过官学、书院、书塾讲学等拓展学术社群，又通过相互联姻及家学传承等血缘关系网络凝聚地域学术认同，形成鲜明的永嘉学术风格。

45. [期刊]

题　名：朱熹与永嘉学派关于"欲"的思想之分歧

出　处：温州大学学报（社会科学版）；2020；第 33 卷；第 1 期；第 83 页至第 91 页

作　者：冀晋才[1]，吴妮妮[2]（1.山东大学历史文化学院；2.浙江工贸职业技术学院经济与贸易分院）

摘　要：朱熹和永嘉学派思想的分歧在对"欲"概念的认识和处理上表现得最为鲜明。朱熹思想中的"欲"概念出自理论推理，其内涵分两部分，即生于"性"者其本体为"理"，是为"理欲"；生于"心"者，本体为"气"，是为"人欲"或"私欲"。永嘉诸子思想中的"欲"则更多的是对自然存在的人欲的总结。对"欲"的处理上：朱熹主张修心，即守诚虚静，不被外界的利欲所诱而妄动；永嘉诸子则主张兴实政、实德以保民、养民，满足人们普遍的利欲诉求，并以利欲去引导人们向善，用制度去限制人们为恶。两派关于"欲"的思想之分歧，根源在于两派思想家们各自不同的生活地域和不同的学术经历。

ISSN：1674-3555

46. [期刊]

题　名：永嘉学派研究平议

出　　处：温州大学学报（社会科学版）；2020；第 33 卷；第 2 期；
第 21 页至第 32 页

作　　者：王锟（浙江师范大学马克思主义学院）

摘　　要：永嘉学派草昧于北宋"皇祐三先生"和"元丰九先生"，开创于
南宋郑伯熊、薛季宣，继陈傅良之弘扬而至叶适集大成。永嘉诸贤自南宋
以来就进入学者讨论的视野。近百年永嘉学派的研究，始于清末民初的
温州籍学人对永嘉学派的文献整理及精神弘扬，小成于 1980—1990 年，
大盛于 2000 年以来的十余年，推动了宋代永嘉学派研究的繁荣。然而在
学术内在层面，永嘉学派的研究仍有诸多待改进与补足之处。

ISSN：1674-3555

47. [期刊]

题　　名：论南宋时期温州的"文化自觉"——以永嘉学派为中心

出　　处：温州大学学报（社会科学版）；2020；第 33 卷；第 6 期；
第 1 页至第 9 页

作　　者：陈安金（温州大学国学研究院）

摘　　要：南宋时期永嘉学派的兴起，带动了温州本土文化意识的蜕
变，可以说永嘉学派思想的形成过程便是南宋温州"文化自觉"的一个缩
影。薛季宣（1134—1173）为实现国家复兴大业，开始突破"洛学"修养论、
治国论框架，立足现实提出了一系列兴利除弊的主张，并试图以"一定之
谋"获取儒学支持，温州的"文化自觉"就此发端。陈傅良（1137—1203）拓
展了薛季宣之说，开始从人性论的层面来贯通内圣外王，从劝君"负责"的
角度劝谏君王积极担负起实现国家复兴的历史使命。叶适（1150—1223）
以《尚书》为依托，建构了以道论、德论、人性论、修养论为主要内容的"实
学"体系，推动实现了儒学的转型。至此，永嘉学派在思想主旨和体系上
基本实现了独立，南宋温州的"文化自觉"在某种意义上得以完成。

ISSN：1674-3555

48.[期刊]

题　　名:永嘉学派略论——以叶适为中心

出　　处:管子学刊；2021；第 1 期；第 43 页至第 47 页

作　　者:杨国荣（华东师范大学中国现代思想文化研究所暨哲学系）

摘　　要:作为儒学的一脉,永嘉学派在漫长的演化过程中形成了其展开的脉络和系统。与宋代主流的理学相对,永嘉学派趋向于以"实"拒"虚"。这里的"实"主要包括两个方面:其一,"以物用而不以己用",即从外部对象出发,而不仅仅根据人的主观想法和意念去行动;其二,注重事功之学和经世致用。与之相联系,永嘉学派主张"事上理会",摒弃"无验于事者"。"事"体现了价值层面的追求。从形而上的层面来看,价值层面的追求在中国文化中往往与"道"相联系,但永嘉学派同时把普遍意义上作为价值原则和价值理想的"道"与人的"日用常行"或日常生活紧密地联系起来。永嘉学派对践行、对人所做的"事"、对"道"与日用常行之间结合的注重,同时关联着另一个引人瞩目的概念,即"势"。进一步看,永嘉学派的"事功之学"与人格完善的这种要求之间,存在内在的逻辑关联:叶适提出的"内外交相成"这一观念,便十分集中地彰显了永嘉学派既注重外在的事功,又肯定人自身的完善这一特点。

ISSN:1002-3828

49.[期刊]

题　　名:论永嘉学派与程朱理学在"道""法"关系问题上的认识错位——以陈傅良《唐制度纪纲》为个案

出　　处:浙江社会科学；2021；第 2 期；第 112 页至第 117 页, 第 159 页

作　　者:王宇（浙江省社会科学院文化研究所；浙学研究中心）

摘　　要:"道"与"法"的关系问题是永嘉学派与程朱理学的重要分歧, 陈傅良《唐制度纪纲》一文正面披露了两派在"道"与"法"关系问题上的分

歧立场,从而引起了程朱理学学者魏了翁的重视和批判。本文即以此文为个案进行分析,认为造成两派在这一问题上的分歧,既由于对"道"的不同阶段的认识错位,也关系到对"道"的不同取义。

ISSN:1004-2253

50.[期刊]

题　　名:永嘉学派与南宋时期的"文化自觉"

出　　处:中国社会科学文摘;2021;第3期;第68页至第69页

作　　者:陈安金(温州大学国学研究院)

摘　　要:定位于温州,聚焦在儒学,南宋初期的本土学术可认定为"洛学"。北宋时期的"元丰九先生"等温州籍学者将中原"洛学"传入温州,经过几十年发展,"洛学"已然成为当时温州儒学的主流。但"洛学"的"穷理去欲""修身为本"等基本理念难以应对南宋时期严峻的内外形势,在对"洛学"的批评和对现实危机解决方案的思考中,温州逐渐形成具有"崇实""重商""变通"思想特色的永嘉学派。从某种意义上说,永嘉学派的形成过程便是南宋温州"文化自觉"的一个缩影。

1.[报纸]

题　　名:崇实重商的永嘉学派

出　　处:《光明日报》2014年03月31日16版

作　　者:陈安金(温州大学党委委员、研究生部主任)

摘　　要:东晋明帝太宁元年(323),永宁、安固、横阳、松阳四县置永嘉郡,治所瓯江南岸(今鹿城区地),郡辖境约相当于今温州、丽水二市范围。这是温州州郡地方政权的初始设置。从永嘉郡的设置开始,"永嘉"一名,就成为今温州区域的统称,也就是永嘉学派名称由来的渊源。如果从思想文化角度看,南宋永嘉学派无疑是温州传统文化最杰出的代表。永嘉学派在历史上是一个地域特征非常鲜明的学派,在宋、元文献中,永嘉学派多次被论者与朱、陆之学相提并论,黄震就以朱熹、陆九渊、陈亮、陈傅良为南宋学术的四大家,而叶适"混然于四者之间"(《日抄·读叶水心文集》),其中陈傅良、叶适都是永嘉学派的成员。本文从"北宋中后期:制度转型诱发知识流动""薛季宣和制度新学的开创,陈傅良与永嘉学派科举之维的张扬""叶适:理论上真正的集大成者"等四个方面对永嘉学派的发展脉络做了清晰的梳理,在此基础上对永嘉学派崇实重商的精神品质进行了反思,指出传统的崇实观念必须实现三个转化,即从小我到大我的转化、从个人实惠到社会效益的转化、从短期利益到长远利益的转化。进一步强化诚实守信、合法经营、勤劳致富和现代契约意识,强化国家责任意识和公众责任意识,强化社会公德意识和就业道德意识,争做文明公民。强调传统文化的"小商业"意识必须突破,要学会从世界的视角来看自己,从世界性竞争的角度审视自己,培植开放的心胸、国际化的头脑和全球化的经营理念,把自己融入世界经济大潮中去竞争、合作、发展。

2.[报纸]

题　名:永嘉学派的哲学精神世界

出　处:《光明日报》2021 年 11 月 22 日第 15 版

作　者:张立文（中国人民大学哲学院荣誉一级教授）

摘　要:永嘉学派以致广大的胸襟、极高明的睿智,在融突和合"二程"(程颢、程颐)的洛学,王安石的新学和张载、吕大临的关学中化生,并在与其他学派互相交往、切磋、论争、探赜、借鉴、吸收中发展。永嘉学派通过智能创新,构建了独具特色的事功之学。本文从时代精神的把握、哲学精神的体现、理论思维的特色等三方面对永嘉学派的哲学精神世界做了详细的解读,强调永嘉学派的事功之学,既是思维中的现实,又是现实中的思维;它既不离现实的在世,又度越在世的现实;它既蕴含着时代的烙印,又超越时代而具有不朽的价值。

1.［学位论文］

题　　　名:永嘉学派与南宋温州区域文化的进展

学位名称:博士

出　　　处:浙江大学；2005

作　　　者:王宇（浙江大学）

摘　　　要:作为一个个案,以永嘉学派为代表的南宋温州区域文化很好地说明了以下结论:(1)文化中心与边缘地区的互动,表现为输入—反哺模式,本文的第一章讨论了二程的道学向温州输入的过程,第二章讨论了这一输入改变了南宋初期温州的文化边缘地位,第三章、第四章、第五章,讨论了温州士大夫对道学遗产进行了反思和重构,产生了永嘉学派。这一学派通过与朱熹的论争,反过来丰富了道学主流的思想。在第六章,朱熹的朱子学派最终征服了温州。这一整个过程反映了主流文化与区域文化之际的互动关系,由此回应西方汉学界认为地方知识精英在南宋趋于关注地方事务的论断。(2)本文的第二个焦点,是观察在南宋温州发生的文化资本与社会资本交换。新的知识的输入,带来了科举上的优势。当文化中心在河洛地区时,当地也取得了科举的诸方面的便利,温州士子不得不到这一地区寻求新的思想养分和学习科举的知识。当文化中心向江南转移后,温州把科举的知识与独创性的永嘉学派思想进行了某种程度的结合,从而取得了在科场的优势。

2.［学位论文］

题　　　名:"永嘉文派"研究

学位名称:硕士

出　　　处:华南师范大学；2005

作　　　者:刘春霞（华南师范大学）

摘　　　要:"永嘉学派"是南宋时期重要的学术流派。"永嘉学派"因其独特的思想、文风和群体而形成了"永嘉文派"。本文讨论了"永嘉文派"的产生、"永嘉文派"的功利思想。"永嘉文派"陈傅良、叶适、吴子良等人散文的艺术特色是文章的核心部分。本文还对"永嘉文派"产生的地域文化因素进行了探讨:永嘉地区特定的地理环境与传统民俗、士风、文学风尚与"永嘉文派"事功精神、散文文风有密切的关系。

3.[学位论文]

题　　名:永嘉学派的政治、学术与其散文演变研究

学位名称:硕士

出　　处:河北师范大学;2012

作　　者:苏菲(河北师范大学)

摘　　要:南宋中期永嘉学派盛极一时,前期学者薛季宣、陈傅良、叶适以恢复国土为志,参与国家政治革新活动以希求实现国富民强,其学术上更是反对空言义理,重制度之学以求实用,在政治、学术领域中保持了一致的功利立场。永嘉学者的散文创作也秉承了其政治、学术上的功利意图,具有鲜明的思想倾向和艺术特征。经过后期学者陈耆卿、吴子良、舒岳祥、戴表元等人对永嘉散文的继承和发展,永嘉学派实际上成为散文流派。永嘉学者作为中国儒学化的士大夫,其从政治、学术领域到散文领域的功利倾向,以及这三者在其身上产生的交互作用和实际关联,渗透了南宋时代存在于政治、哲学、文学三者之间的文化互动因素,展现了永嘉学者儒者的经世精神和治世的功利情怀,其后继学者对永嘉散文文学化的努力也表明了永嘉学派政治、学术的功利文化已经衰落。本文以永嘉学者的功利意识为线索,论述了永嘉学者在南宋中期的政治处境及其功利的政治立场,分析了其与朱熹道学主流相左的功利学术倾向,从其科举时文的创作入手总结其功利性的文章理论,对永嘉散文文体和风格的形态变化进行深入阐释,最终梳理出永嘉学派实现向散文流派文学化蜕变的步骤和阶段性特征,以考见永嘉学派的功利精神及学派本身在南宋中后期自身政治、学术和散文之间的互动发展态势。

4.［学位论文］

题　　名：周梦江与永嘉学派研究

学位名称：硕士

出　　处：温州大学；2014

作　　者：李文梁（温州大学）

摘　　要：周梦江(1922—2012)，原名周大川，是著名的永嘉学派研究者，为南宋永嘉学派研究和温州地方史研究做出了重大贡献。周梦江一生经历坎坷，早年因家境贫困而求学于温州师范简易部（设平阳郑楼），后遭国民党迫害而四处漂泊；直至中华人民共和国成立后，被分配到瓯海中学（今温州四中）教书，然又因时局变动无辜受累。"文革"后，周先生被调入《汉语大词典》温州编写组，后落实到温师院中文系任教。周梦江一生做过学徒、报社编辑、教师，也曾追随谢雪红参加台湾"二·二八"事变。离休后长期从事永嘉学派研究工作，撰写《叶适与永嘉学派》《叶适年谱》《叶适评传》《叶适研究》等4部学术专著，点校《陈傅良先生文集》《二郑集》《周行己集》等3部永嘉学人遗著，发表论文80余篇，尤以叶适研究最为出名。本文以周梦江为研究对象，侧重于其对研究永嘉学派的学术贡献之分析。首先，简述20世纪温州文化转型和社会变迁，尽可能地把周梦江坎坷的人生经历放入其所属的特定历史情境之中，着力探讨周梦江如何走上研究永嘉学派之路。其次，概括周梦江研究永嘉学派的治学方法。笔者认为周梦江能在永嘉学派研究中成就如此突出，贵在始终坚持了"义理""考证""文章"这三大治学方法。第三，关于周梦江对永嘉学派研究的学术贡献，笔者认为主要表现在以下几个方面：一是详细分析了永嘉学派与关学、洛学、婺州学派、朱熹道学之间的互动，并将永嘉学派的源头追溯至北宋中期的王开祖；二是详细阐述了南宋温州永嘉学派产生的社会经济根源；三是作为叶适研究的集大成者，周梦江从横纵两方面详细考证了叶适思想的形成及与时人陈亮、吕祖谦、朱熹、陈傅良等学者之间的互动；四是纠正了前人对永嘉学者的一些误读。因南宋永嘉学派在中国学术史上可谓昙花一现,后世学者对其学说毁多誉少,故而传世之永嘉学者史料疏误甚多。周梦江在其后半生的治学过程中,非常注重永嘉学者的史料考证,如对陈傅良、薛叔似、许及之、曹豳等人生平和相关史事的补充和纠谬。最后,笔者以"历史之同情"对周梦江研究永嘉学派的贡献和其研究范式予以客观的评述,并认为周梦江是永嘉学派研究的"开拓者"和集大成者。

5. [学位论文]

题　　名:林损与永嘉学派的近代建构

学位名称:硕士

出　　处:中山大学;2015

作　　者:郭嘉越(中山大学)

摘　　要:在《宋元学案》中,"重事功"是永嘉之学的最大特点。宋朝永嘉儒者的学术,在元代以后影响渐微,却在近代"衰八百年而复兴"。林损是近代讨论永嘉学派诸位学人中比较晚起的人物,他对于前人的看法多有承续和发扬,从林损与永嘉学派的关系切入,可以从他的履迹中看到永嘉学派在近代的渊源流变。而林损对于不同人说法的兼采和扬弃,则可以让我们看到前人论述之于后人的影响。我们尤其需要注意的是,虽然自嘉庆、道光年间以来,论心性就饱受流于空疏的指摘,但林损却极力祛除永嘉学派"务实黜虚、趋附事功"这样更符时势的标签,强调其心性与事功并重。林损之所以逆势而行,在个人层面,是因为这事关他在人事和制度上遭遇的困境和危机;在学理层面,则是对以致用为标准来析辨传统的不满。林损对于永嘉学派的构建和诠释,恰体现了他的独创之见:新学也好,旧学也罢,皆要究辨"名实之分",勿要以趋时重利的"虚名",破坏符合国人日用之"实"的道德基础。

6. [学位论文]

题　　名:南宋永嘉学派法制思想研究

学位名称:硕士

出　　处:西南政法大学；2018

作　　者:项磊（西南政法大学）

摘　　要:在宋代繁荣的文化环境中,永嘉学派引领了一场与众不同、极具特色的思潮。永嘉学派形成于南宋两浙永嘉地区(今浙江省温州地区),因其思想发源与代表人物皆出自永嘉而故名。他们以经世致用为基本特征,政治上视恢复北方国土为直接诉求,倡言政治体制与社会治理上的变革,积极寻求富国强兵的外王之道,是儒学体系中的一支经世派。因此,也有人将他们称为事功学派、功利学派。永嘉学派以经制言事功,精于外王之道的制度建设。论文将永嘉学派的法制思想作为研究对象,主要探讨其体现儒家"治道"的礼乐刑政思想。除引言与结语之外,本文共分为四个主要部分。本文第一部分从永嘉学派的缘起传承入手。分别介绍永嘉学派的基本特征、学派特色以及两宋立国的内外环境,并对永嘉学派的学统承继做了梳理。本文提出永嘉学派是一门不同于心性儒学的制度儒学的观点,指出其法制思想的出现有其深刻的历史条件,既受到近世中国在政治、经济、文化等方面新变化与新气象的大环境影响,也有靖康之难造成国家危机的直接原因。本文第二部分论述永嘉学派法制思想的基础。首先论述永嘉学派的基本特征是经世致用的实践精神,其根本目标是实现符合古圣先王之道的儒家"治道",这也是其与心性儒学之间的最大区别。其次总结永嘉学派的制度建设理想和其哲学基础,具体讨论了永嘉学派的儒家"治道"观、以"皇极"为代表的理想政治秩序、"义利相和"的伦理观以及唯物主义的认识论。本文指出永嘉学派具有唯物的历史理性和蓬勃的社会意识,其学说在政治哲学方面已达到一定高度。论文第三部分具体论述永嘉学派法制思想的主要内容。由于永嘉学派已经具有政治国家与民间社会相互区分的基础意识,该部分的讨论也分为国家治理与社会治理两个维度。在国家治理方面,永嘉学派针对困扰两宋的"三冗"问题给出具体解决之道,并就此引申出中央集权与君主集权过重所带来的危害。在此基础上永嘉学派提出了自己的分权思想和法制观点。在社会治理方面,永嘉学派重视民间内生秩序的发展,主张一种共治的和谐关系。要求政府行政要有范围,支持工商业阶层的发展,并且重视民生。刑政观点上主张隆礼恤刑。本文最后一部分对永嘉学派的法制思想进行评析,阐述了其在叶适之后几经兴衰的发展境遇。主要分析了永嘉学派法制思想的积极意义和其局限性,以及该学派对后世改革与革命的影响。肯定了永嘉学派是以黄宗羲为代表的明清思想启蒙和近代一系列变革思潮的理论探索先驱,其思想价值和爱国精神值得后世珍视。

1.[图书]

书　名:叶适与永嘉学派

出　处:杭州:浙江古籍出版社;1992;312 页

作　者:周梦江(温州师范学院)

摘　要:本书是周梦江先生长期潜心研究的力作,也是学术界第一部全面系统研究叶适及永嘉学派的专著,甚为难得。周梦江先生一直从事南宋史的研究,尤对永嘉学派之思想家的钻研更深。周梦江先生勤于笔耕,数十年如一日,值先生古稀之年,出版了这部具有开创性的学术专著。全书共分 20 章,25 万字,文字简洁,取材广博,内容丰富,考订翔实,论断平允。本书用历史唯物论的观点全面审视和考察了南宋永嘉学派形成、发展的社会经济基础和学派思想的源流关系。

ISBN:7-80518-178-0

2.[图书]

书　名:叶适与永嘉学派论集

出　处:北京:光明日报出版社;2000;555 页

作　者:张义德,李明友,洪振宁

摘　要:本文集收录了论叶适思想的人文精神,叶适的儒学传统与批判精神,论叶适与浙东学派的事功之学,永嘉学派与今日温州,永嘉学派与浙江人文精神等篇章。

ISBN:7-80145-346-8

3.[图书]

书　名:永嘉学派与温州区域文化

出　处:北京：社会科学文献出版社；2007；351 页

作　者:王宇

摘　要:与以经济腾飞为标志的当代温州现象不同,宋代温州的成长表现为文化软实力的积累与飞跃;如果说北宋温州尚处于文化版图中不起眼的边缘一角的话,那么南宋温州则迎来了一个学术文化极大繁荣、科举成就傲视全国的黄金时期,永嘉学派的形成是这种辉煌的标志。本书共分六章,介绍了北宋后期制度转型与知识流动、高宗朝温州士大夫群体研究、薛季宣和制度新学的开创、陈傅良与永嘉学派科举之维的张扬等内容。

ISBN:978-7-80230-830-5

4.[图书]

书　名:永嘉学派与温州区域文化崛起研究

出　处:北京：人民出版社；2008；384 页

作　者:陈安金，王宇

摘　要:本书是一部具有较高学术价值的专著。第一,本书把温州学派作为一个社会团体,从其学派的形成、结构、代际嬗递中进行研究。如探讨学派的奠基人薛季宣的游学、从政经历与温州士大夫集团的关系,提出薛季宣开创了一种考求"刑名度数"的"制度新学",这标志永嘉学派作为一个独立的学派异军突起。作者认为,叶适才是永嘉学派"在理论上真正的集大成者"。叶适学术上的主要成就,在于建构了"内外交相成之道"的"经制之学",但他又"选择了留在儒家道统之内,对内圣缺乏自己的发明",其结果"只能是永嘉学派被朱学轻易地统摄、同化",叶适的门人即

"水心后学"们都"背离了叶适思想中最具独创性的部分"。此外,永嘉学派不像朱熹道学,在书院教育方面缺乏建树,"它的衰亡在于它没有取得一个与现实政治保持相对独立的空间"。这些见解都很发人深省。第二,比较深入地研究了永嘉学派与朱熹道学的关系,指出朱熹道学在温州传播的策略是对温州原有的地域文化传统进行清理和分疏,注入了朱学的核心精神。具体表现为对温州籍门人的学术转化,及树立"状元王十朋"这个典型,从而在当地重建了"理学道统"。所以,永嘉学派的"短命"及"衰落"不能完全"归咎于朱学的独尊"。由此进一步提出,在宋、元之际,主流思想与区域文化一直处于互动、互补之中,朱学作为一种主流文化,并未在传播中消解自己的全国性,历史上区域性朱学挺立并未导致全国性朱学的消解,相反,朱学成了强化各个区域与中央在意识形态上的黏合剂。这些都是比较新颖的见解。第三,本书还注意到"永嘉学派的近代命运",指出永嘉学派思想的传承到元、明两代处于断裂状态,但到清代中后期尤其是近代,特定的社会背景促使了该学派思想的复兴,"近代温籍知识分子从永嘉学派的文献中汲取思想精华,在近代情景中进行了创造性的转化"。分析"强国与敬乡"是近代温籍知识分子"复兴永嘉学的两种动力",他们在汉学和宋学之间"独树一帜",在国学和西学之间"作新国学,躬行西学","率先在教育、实业等领域引入西方文明",使自己"在文化路线上采取了既有别于国粹派,又有别于西化派",从而"超越了当时知识界的大多数流派"。第四,本书在对永嘉学派的代表人物及相关文献资料进行认真梳理、考证、校注的同时,也站在当代温州、浙江乃至全国经济社会发展的高度,对温州传统文化主要是永嘉学派思想的得失优劣及其对当今社会发展的价值进行思考,概括、提炼出"永嘉学派文化新使命"的一些新观点。这又是本书的一个亮点。

ISBN:7-01-006743-0

5.[图书]
书　名:南宋永嘉永康学派之经世致用论

出　处：新北：花木兰文化出版社；2009；290 页

作　者：林庆彰，夏健文，林素芬

摘　要：本书内容包括：薛季宣经世致用之学、陈傅良经世致用之学、王应麟学术内蕴等。

ISBN：978-986-6528-87-3

6.[图书]

书　名：叶适与永嘉学派

出　处：杭州：浙江人民出版社；2012；407 页

作　者：吴光，洪振宁

摘　要：本书收录"纪念叶适诞辰 860 周年暨学术研讨会"论文 40 余篇，主要为有关叶适的哲学、政治、经济、文学思想研究，永嘉学派研究专论等。

ISBN：978-7-213-05098-5

7.[图书]

书　名：宋代永嘉学派的建构

出　处：杭州：浙江大学出版社；2013；354 页

作　者：陆敏珍

摘　要：本书通过研究宋初浙中地区的永嘉学派，探讨了当时社会中的学术思潮以及这些思潮是如何促进全国性话语诞生等问题。书中内外因分析相结合，将"致用"知识与形式知识相析离。作者并没有赋予永嘉经学文化霸权的地位，也没有像有些学者那样将其置错时代归入宋明"新儒学"史，认可"道学"自北宋以来的绝对主导地位，而是认为文化生产和传播不只涉及独立的"个人选择"，社会、政治及经济背景都不容小觑。书中指出，作为历史学家，我们需要站在新的交接点上，在非历史功能主义与"自由意志"自愿主义之间来回转换，如此，我们便可在社会政治意识形态与个人或集体文化话语之间游刃有余。

ISBN：978-7-308-12348-8

8.[图书]

书　　名:永嘉学派研究

出　　处:北京：商务印书馆；2021；352 页

作　　者:王　宇

摘　　要:永嘉学派崛起于朱子学全盛时代,清代学者全祖望有一恰当的评价:"乾(道)、淳(熙)诸老既殁,学术之会总为朱(熹)、陆(九渊)二派,而水心(叶适之号)断断其间,遂称鼎足。"以叶适为代表的永嘉学派亦在宋代学术思想界具有举足轻重的地位和影响。本书即主要梳理永嘉学派的形成、得名、代表人物、学术思想、历史地位及其衰落,重点阐释代表人物陈傅良、薛季宣、叶适等的学术思想,专章论述永嘉学派的经济思想、政治思想、军事思想及其经学和史学的学术成绩。

ISBN:978-7-100-20408-8

(二)涉及永嘉学派相关研究

1.[期刊]

题　　名:民情反思与士人的社会改造行动：晚清温州永嘉学派保守主义的实践及其困境

出　　处:社会；2015；第 35 卷；第 2 期；第 1 页至第 28 页

作　　者:侯俊丹（首都经济贸易大学劳动经济学院社会工作系）

摘　　要:同光时期士人推行的地方社会重建运动,是在太平天国运动所引发的新民情经验反思的基础上展开的。在这一过程中,由士人集团所继承的学术思想传统,在塑造文人精英意识形态以及左右个人选择意志时起到了颇为关键的作用。同时,承担这些思想历史传统的组织载体为结社和宗族。社会位阶的差别以及对社会经验判断的差异,导致现实社会改造方案出现了分歧。其中,具有较高功名的上层士人选择了一条重建宗法和学统的保守方式,力求将人心气禀重新安顿到传统政治格局内,但这一努力在实施过程中所达成的民情效果却出现了与其"敦风易俗"这一初衷相背离的结果,即学阀望族成为垄断性的地方社会势力。这条保守路径最终陷入了困局,但并不意味着晚近士人经世作为的终结,相反,它孕育了中国现代社会结构转型的历史契机,即以普遍人格结构为心性基础的社会组织生活将成为现代民治政体的根本。

ISSN:1004-8804

2.[期刊]

　　题　　名:论《宋元学案》对浙东学派的评价——以永嘉学派、永康学派、唐仲友为中心

　　出　　处:浙江工贸职业技术学院学报;2017;第 17 卷;第 3 期;第 63 页至第 68 页

　　作　　者:连凡(武汉大学哲学学院)

　　摘　　要:《宋元学案》编纂者明确了永嘉学派分两个支流,源头都是二程洛学,一支以叶适为代表,一支以薛季宣、陈傅良为代表。黄宗羲承认倡导经世致用的永嘉之学是为了纠正道学末流的空疏弊病,同时指出事功之学的流弊有陷入刑名之学的危险。全祖望指出永嘉之学虽以礼乐制度为主而追求体现于事功之中,同时兼顾主敬涵养,到了叶适将内圣道德视作外王事功之根本,从而修正了薛季宣、陈傅良等人重事功轻内圣的偏向。黄宗羲从其道德与事功并重的立场出发,调和了永康学派代表人物陈亮与朱熹的义利之辩。全祖望以陈亮晚年迎合光宗博取功名为例对其人品节操提出非议。对于浙东学派的同调唐仲友,全祖望肯定其经制之学的思想史地位,并认为朱熹、唐仲友的交恶应该平摊责任。

ISSN:1672-0105

3.[期刊]

　　题　　名:孙诒让礼学研究的"通经致用"特征与永嘉学派

出　　处：鲁东大学学报（哲学社会科学版）；2018；第 35 卷；第 4 期；第 32 页至第 36 页

作　　者：戴益（温州商学院基础教学部）

摘　　要：孙诒让（1848—1908）作为著名的朴学殿军和教育家，享誉晚清学界。孙诒让的学术特征评价中，一般以"通经致用"作为其学术重要特征，"诒让之学，淹贯中西，博综今古，而尤以通经致用为急"。一般认为其通经致用的学术风格，受永嘉学派事功学说的影响较深。本文从孙诒让用力最深的礼学研究入手，探索永嘉学派的事功学说是如何体现为孙诒让"通经致用"的学术特征的。

ISSN：1673-8039

4.［期刊］

题　　名：中国事功学说的内涵再勘与价值重估

出　　处：温州学刊；2021；第 5 期；第 21 页至第 28 页

作　　者：邵定美（中共瑞安市委宣传部）

摘　　要：作为南宋三大思想流派之一，永嘉学派不仅是宋代浙学的重要源头与高峰，更是宋韵文化的核心要义与精髓。其传承儒家而独树一帜的事功学说，历经南宋的创立、晚清的复兴和当代的创新，已成为温州乃至浙江贯穿千年的一条文化主脉。站在新时代视角，从儒家内圣外王的高度，对事功学说进行深度的重构性解读，归纳了在哲学、经济等九大领域的突破性成就，以及在中国传统哲学史上应有的四大定位，以发挥事功学说对当代社会经世致用之价值，致力于打造浙江最鲜明的历史文化金名片，努力为赓续中华文脉、展现中国气派提供更多的温州元素和温州样本。

1.［学位论文］

题　　名：晚清瑞安孙氏家学研究——从一个解度观照晚清"经世"之学

学位名称：硕士

出　　　处：湖南科技大学；2006

作　　　者：兰秋阳（湖南科技大学）

摘　　要：嘉道以降"经世致用"思潮的复兴，是晚清学术思想界的重大变化，晚清复兴的南宋永嘉学派是这一思潮中的一支重要的学术流派。以薛季宣、陈傅良、叶适为代表的南宋永嘉学派，以其鲜明的"经世"特点，在当时的学术思想界具有举足轻重的地位和影响。瑞安孙氏家族是南宋永嘉学派在晚清复兴的重要人物。在南宋永嘉学风与晚清社会巨变相互激荡中形成的孙氏家学，主要有礼学和方志学两个方面的内容。孙氏礼学以《周礼》为对象，方志学的研究重心在于以永嘉学术为主的温州地方志。孙氏家族的治学特点主要有两个方面：治学门径是文字学、校勘学等考证方法，治学归旨是求"经世致用"。总地来看，孙氏家族治学立足于汉学考证，又汲取宋学大义，呈现汉宋兼采的特色，这既是永嘉学派流风所致，也显示了嘉道以降学术思想界调和汉宋的新动向，它表明嘉道以降纯汉学已退居次席，晚清学风也随之大变。"经世致用"的需要凸显了学术的实用价值，推动晚清学者重新认识古学系统，同时也彰显了先秦诸子及西学的社会价值，孙诒让的《周礼政要》与《墨子间诂》是清末学术思想界这一变化的缩影。《周礼政要》大量引述了英、俄等国的近代资料，对清末内政提出了系统改革设计。晚清经学家通过汲取西学、转化经学资源、构建新的理论，表明传统"经世"之学适应时代潮流发生了重要变化，这推动了儒学形态的近代化与传统学术的转型。孙诒让治《墨子》意在对墨子用心笃厚、振世救敝的大义的推崇。清末经学家的思想多有差异，重视子学的"经世"价值则具有一致性。对诸子义理的推崇，反映了经学家在经学传统与现实需要的断层中寻求弥合的圆通之术。由于对"经世"层面的凸显，清末学术重心呈现多元化趋势，士人治学从独尊儒经到多元并存，这是史所未见的学术格局大变。学术格局的多元化是传统学术转型的基本前提之一，汲取西学方法和观念则是改造、转化传统学术的必经之路。晚清学术的发展历程表明，中国近代文化的产生，并非完全由西学东渐所驱动,而是有其自身内在的渊源端绪,这就是"经世致用"。"经世"成为晚清学术发展的基本目标,从而也成为中国文化在近代推陈出新的内在动因。

2.[学位论文]

题　　名:宋代温州科举研究

学位名称:硕士

出　　处:浙江大学;2011

作　　者:陈永霖(浙江大学)

摘　　要:宋代温州的举业盛况令人惊叹,宋代温州区域文化的发展和永嘉学派的形成也都与科举有着千丝万缕的关系。但宋代温州科举一直未能受到学界的关注和重视。本文在考订宋代温州进士登科情况的基础上,对宋代温州科举状况做了总体性评估,总结了宋代温州科举的特点和发展趋势,分析了宋代温州科举兴盛的原因,并进而探讨了宋代温州科举与永嘉学派的形成及互动关系。全文分五个部分:一、绪论:介绍了学界对宋代科举及宋代温州的研究现状,阐述了本文的研究意义、研究方法和主要内容。二、宋代温州科举的基本状况:对宋代温州进士总数和籍贯进行了考订,进而从历史上和地域上对宋代温州科举成就进行了总体评估。三、宋代温州科举的特点:对宋代温州进士的地理分布、时段分布和家族登科状况进行了分析,指出宋代温州科举具有地域发展不平衡、登科人数持续上升和进士登科者多以家族为单位等特征,并对形成这些特征的原因进行了剖析。四、宋代温州社会与科举:分析了宋代温州社会经济状况、人口变化、文教发展等因素对科举的影响,论述了宋代科举制度改革给温州士子带来的机遇,并从社会资本积累角度探讨了温州士大夫群体的形成与宋代温州科举之间的关系。五、科举与永嘉学派的形成及互动关系:探讨了宋代温州科举繁盛和永嘉学派流播之间的相互促进作用,以个案分析的方式阐述了永嘉学派代表人物陈傅良和叶适对南宋科场的巨大影响,探讨了永嘉学派到永嘉文派的嬗变和科举之间的关系。

3.［学位论文］

题　　名：宋高宗时期温州士大夫群体研究

学位名称：硕士

出　　处：温州大学；2019

作　　者：赵飞跃（温州大学）

摘　　要：建炎二年（1028），宋高宗躲避金人追击逃到温州，对温州地方发展产生了很大的影响，使温州成为南宋次辅郡。温州政治经济地位的提升，给温州士大夫带来了机遇，促进了温州士大夫群体的崛起。这一时期因政治斗争贬到温州的原中央官员，重新被起用，他们扶持的温州士子也依附他们参与政治斗争，在不同的政治集团之间游走。同时，在温州士大夫群体内部，他们也通过婚姻、师承以及家族内部关系而形成了不同的官僚关系网。通过自己的官僚网，他们对宋高宗时期的政治产生了影响，也扩大了自身的影响力。在建炎南渡、宋金战争与和议，以及党争问题上，温州士大夫们都参与或发表过自己的主张，甚至对待不同问题产生过分歧，这都影响了他们的政治选择。宋高宗中后期通过绍兴更化以及科举改革使南宋文人风气得到恢复和发展，而温州士大夫群体也因为科举的改革逐渐走上仕途、担任官职、潜心学术，对温州地方文化的发展产生重要影响，促进了南宋永嘉学术思想的传承与发展，为南宋永嘉学派的产生奠定了基础。对于温州士大夫来说，虽然他们在宋高宗时期大多没有处在权力的核心阶层，自身依附的奥援也不同，但是他们内部之间大都秉有士风情操，往往能互相帮助，成为一个紧密的群体。

1.［图书］

书　　名：浙东学术史

出　　处：上海：华东师范大学出版社；1993；422 页

作　　者：管敏义

摘　　要：本书论述了浙东学术发展过程及规律，总结了浙东学术发展的特点及优良传统。论述的范围,涉及浙东学术本身的发展,浙东学术在发展中与全国学术的关系,浙东学术在发展中所反映出来的优良传统,各个历史时期浙东学者的学术成就及其在社会上的影响,等等。浙东学术的发展,主要是依据历代学者和他们的著作进行研究。浙东人才辈出、著作繁富,本书选择其中在学术发展过程中有代表性的学者及其著作加以论述。在学术成果上,既有一定的成就,也有一定的时代局限;在学术思想上,存在唯物主义和唯心主义的矛盾和斗争,辩证法和形而上学的矛盾和斗争,进步和落后、创新和保守的矛盾和斗争。

ISBN:7-5617-1067-4

2.[图书]

书　　名:浙东学派研究

出　　处:杭州:浙江人民出版社;1993;436 页

作　　者:王凤贤,丁国顺

摘　　要:本书内容包括:浙东学派的形式及其社会意义,南宋—浙东诸学派的形式,明代—浙东心学思潮的兴起,清代—浙东学派的全盛时期等篇章。

ISBN:7-213-00907-9

3.[图书]

书　　名:浙东学派溯源

出　　处:桂林:广西师范大学出版社;2004;161 页

作　　者:何炳松

摘　　要:本书作者认为,南宋以后中国的学术思想有三个系统,由佛家思想脱胎的陆九渊心学、由道家思想脱胎的朱熹道学,以及承继儒家正宗思想的程颐一派,程派学说流入浙东,演化为"浙东学派"。本书从原始资料出发,详加考订,打破沿袭近千年之成说,指出程朱两派学说截然不同,程氏学说为唯物、一元的科学哲学,而朱氏学说则是唯心、二元的伦理学家的玄谈。本书为中国学术史、思想史研究的重要作品。

ISBN：7-5633-5075-6

4.[图书]

书　　名：浙东思想家评传

出　　处：北京：海洋出版社；2009；227 页

作　　者：张伟

摘　　要：本书主要内容包括王充平传、吕祖谦评传、陈傅良评传、陈亮评传、叶适评传、杨简评传、黄震评传、宋濂评传、方孝孺评传、王守仁评传等。

ISBN：978-7-5027-7588-9

5.[图书]

书　　名：胡雪冈集

出　　处：合肥：黄山书社；2009；559 页

作　　者：胡雪冈

摘　　要：本书内容包括：永嘉禅宗大师玄觉和玄机、关学与永嘉学派、闽学与永嘉学派、《高则诚集》前言、曹雪芹的悲剧观、读《唐诗选》注释札记等。

ISBN：978-7-5461-0522-2

6.[图书]

书　　名：林损集

出　　处：合肥：黄山书社；2010；584 页

作　　者：林损；陈镇波，陈肖粟

摘　　要：《林损集》是"温州文献丛刊"系列的一种。林损（1891—1940），字公铎，乳名慈训，学名存中，浙江瑞安人。林损作为永嘉学派的传承人，是一个传统优秀文化与道德笃守践履者。张学良曾亲笔书写挽悼"人师、经师、国学大师"。本书由陈镇波、陈肖粟据其家属提供的抄稿和部分手稿资料,及温州图书馆馆藏的材料整理而成。《林损集》文共八卷,附录一卷,年谱一卷。卷一、卷二为专著,分政治学、哲学、史学和文章学四部分。其中卷二有永嘉学派通论、永嘉学派述两章专门论述永嘉学派。卷三《叔苴阁诗录》,分为三编。第一、二编基本据作者自订之《索几庐诗草》、1934 年的《诗录》,补入《林损杂志》所载。第三编均据零星手稿抄纂而成。卷四至卷六为《文录》。卷四收论说文三十一篇,卷五收杂文五十一篇、序跋(包括赠序)三十六篇。卷六为《文录下》,收碑传哀祭文五十八篇、寿序三十四篇。卷七、卷八为书信。二卷信函中喜怒哀乐,均是林损真性情的流露。附录一卷。另"林损年谱"一卷,悉凭第一手资料,勾稽综合,言必有据。

ISBN:978-7-5461-1526-9

7. [图书]

书　　名:道行天地：南宋浙东学派论

出　　处:北京：中国社会科学出版社；2012；504 页

作　　者:王宇

摘　　要:本书为国内第一部以南宋为断代的浙东学派研究专著。本书之所以以"道行天地"四字为题,是企图说明促使南宋浙东学派崛起的问题意识,正是朱熹在王霸义利之辩中的这样一段话:"千五百年之间,正坐如此,所以只是架漏牵补过了时日,其间虽或不无小康,而尧、舜、三王、周公、孔子所传之道,未尝一日得行于天地之间也。"浙东学派认为,"尧、舜、三王、周公、孔子所传之道"已然且必然常行于"天地之间",常行于人类社会生活实践的历史时空之中。因此问题的要害在于,人们如何发现"道"在天地之间、在历史时空之中的,具体的存在形式(次级真理),即各种可以"措之实用"的知识和智慧,它们可以解决南宋社会政治、经济、军事、文化的各种危机。人类只能通过这些"道"的次级的、具体的存在形式拾级而上,才有可能逐渐逼近"道",才能够回归到《中庸》"合外内之道"的主轴,即成己与成物、内圣与外王是交相并进的,前者并不在工夫顺序上优先于后者。于是,吕祖谦与朱熹的分歧,陈亮和朱熹围绕王霸义利的争论,陈傅良"识得两三分(道)、便有两三分功用"的主张,叶适对理学"心体"说的批判和"物极—皇极"体系的建立,都由此可以得到理解。本书内容主要包括:南宋儒学的问题意识与思想背景,薛季宣与乾道末年程学的分化,吕祖谦的思想转型与浙东学派的形成,仁智二元与王霸义利,永嘉学派的崛起与朱熹的批判等内容。本书将叙述的主轴确立为南宋浙东学派崛起的共同的问题意识,以及由此展开的思想创见和学术实践,并于末章将其与朱学、陆学横向比较,试图勾勒出朱学、陆学、浙学三足鼎立的南宋思想图景。

ISBN:978-7-5161-2258-7

8.[图书]

书　　名:晚清温州知识社群与儒学传统的近代转化

出　　处:北京:光明日报出版社;2015;377 页

作　　者:陈安金、孙邦金、尤育号

摘　　要:本书是国家社会科学基金项目《儒学传统的近代转化研究》(10BZX041)的最终研究成果。本书从作为中国儒学近代转型一个缩影的重要角度对近代温州知识群体的儒学维新思想、经世精神及其现代意义进行研究。主要研究内容、观点按照"绪论篇——思想维新篇——力行经世篇——现代转化篇"的逻辑顺序展开,并整理编撰了几位主要温籍学者的年谱。以期为区域社会可持续发展提供丰沛的精神文化资源,为增强近代儒学传统与地方社会、市场经济的互动提供镜鉴。

ISBN:978-7-5112-8178-4

9.[图书]

书　　名:宋代浙东学派经学思想研究

出　　处:济南:齐鲁书社;2017;432 页

作　　者:姜海军

　　摘　　要:本书是第一部专门研究宋代浙东学派经学思想的著作。这部书注重从文献学、学术思想史的角度出发,用西方诠释学、范式理论等新方法,将浙东学派的经学及思想放在宋代特定的历史情境下,对浙东学派中诸派如永嘉、永康、金华、婺学、四明以及朱熹、陆九渊等后学弟子们的经学及思想都做了细致的梳理与分析。我们借此不仅可以全面而系统地理解永嘉、永康、金华等经学流派的传承、诠释与思想情况,而且可以深入地理解浙东经学诸派的经学发展、演进的历史,更可以了解浙东诸儒经学解释与思想建构、政治观点之间的内在关联。该著作整体来看,文献梳理清晰,考证翔实细致,史论有机结合,结论确凿公允,是宋代浙东学派经学及思想研究的重要专著。

　　ISBN:978-7-5333-3426-0

10.[图书]

　　书　　名:宋代温州科举研究

　　出　　处:杭州:浙江大学出版社;2017;424 页

　　作　　者:陈永霖,武小平

　　摘　　要:本书运用大量史料,在考订宋代温州进士登科情况的基础上,对宋代温州科举做了探讨和总体性评估,全面论述了促成宋代温州科举兴盛的原因,探讨了宋代温州科举与永嘉学派的形成及互动关系。在此基础上,进一步论证了宋代温州科举与徽州、闽北、抚州等地科举在兴盛特点和影响因素等方面的异同,并宏观考察了宋代温州科举在宋代两浙东路及整个古代温州科举史上的地位。

　　ISBN:978-7-308-15936-4

11.[图书]

　　书　　名:百年历史的投影:二十世纪以来浙东学派研究平议

　　出　　处:北京:中国社会科学出版社;2018;280 页

　　作　　者:王锟,金晓刚

摘　要：本书不仅仅是一般意义上的学术史综述——对浙东学派的重要谱系如婺学、永嘉学派、永康之学、北山学派、东发学派、深宁学派、四明学派、阳明学派、蕺山学派、浙东史学派及其代表人物的百年研究进行回顾与展望，更重要的是力图突破一般学术史综述的写作范式，将浙东学派研究置于 20 世纪历史与思想语境变奏的大背景中，进一步考察百年浙东学派研究迁变的动机和原因，得出"浙东学派研究史折射着 20 世纪思想观念史"的论断。同时，厘清浙东学派的真实面目，即浙东学派内部支脉无论如何多样，但他们都讲义理、心性、事功、史学，其追求心性义理与事功实学统一的宗旨是一致的。浙东学派并不是"歧出"或"异类"，与其他地域儒学一样，都是宋元明清儒学大家庭的一员，有共享的思想意识和价值观。本书为国家社科基金重大项目"浙东学派编年史及相关文献整理与研究"子课题"浙东学派研究史"及浙江省"之江人才"社科课题"浙东学派研究评述"的最终成果。

ISBN：978-7-5203-2451-9

12.［图书］

书　名：宋代经学诠释与思想演进

出　处：北京：社会科学文献出版社；2018；329 页

作　者：姜海军

摘　要：本书的全部章节分为上下两编。上编注重从宏观上来探讨经学宋学范式的发生、特质及相关学派、重要经学门类的传承与演变。下编是从具体角度对不同学派、不同代表学者、经学著述的经学认知、解释的方法及思想建构等问题进行分析。这些篇章都集中于对宋代经学中具有典型性的问题、儒者、学派与著述的分析，以期实现对宋代经学及其思想有更加宏观而具体的了解。从不同角度对宋学范式做分析、解释，借此可以更加清晰地了解宋学范式的形成，它不仅仅只是形式上的义理化、思想化，而且在经典诠释与思想建构等方面都产生了巨大的变革，这些经学变革不仅仅对宋学范式的形成有重要的意义，更是对理解宋代文学、史学的范式变革有重要的学术意义。

　　ISBN：978-7-5201-2409-6

　　13.［图书］

　　书　　名：平民哲学与社会发展南宋浙学精神及其现代价值

　　出　　处：北京：社会科学文献出版社；2019；352页

　　作　　者：朱晓鹏，赵玉强

　　摘　　要：本书研究主要涉及对南宋时期浙江以事功之学为核心和特色的哲学思想文化（简称南宋浙学）的形成发展及其基本精神的研究和它对整个浙学传统和浙江精神的形成和发展的影响，以及它对当代浙江和当代中国的经济社会发展、思想文化建设的现实意义。本书力图把南宋浙学的形成、发展和它对整个浙学传统和浙江精神的意义、影响的研究，放在一个充分互动的关系模式中予以考察，即认为南宋浙学的形成和发展是由历史上长期形成的整个浙学传统，浙江精神，浙江独特的自然环境、地域因素、民风民俗及当时的社会经济政治生活等因素综合作用的结果。南宋浙学作为重要的传统文化，对当代浙江的经济社会及文化的快速发展起到了深刻重要的作用。而同时，前者也反过来给后者产生了重要而持续的影响，形成了两者之间充分而良性的互动。本书研究的重要任务就是要探寻这种互动关系的内在机制、演化脉络及其所包含的多方面的价值意蕴。对它们在当代浙江及当代中国的经济社会及文化的快速发展中所起到的深刻重要的作用和意义加以科学提炼和理论概括，提出了一系列有突破和创新意义的观点。

　　ISBN：978-7-5201-5139-9

　　14.［图书］

　　书　　名：南宋经学史

　　出　　处：北京：高等教育出版社；2019；474页

　　作　　者：姜海军

摘　要:在中国古代经学史上,南宋无疑是个至为关键的时期。本书通过文献梳理、考据实证、归纳分析,对南宋经学诸派的渊源、传承、诠释方式及历史影响等进行了分析和总结,探究了南宋经学与政治的内在关联,南宋经学在整个中国经学史、学术思想史中的地位及其历史价值等。本书认为,南宋经学诸派在经学的诠释方式、思想建构上与北宋二程洛学有一定的渊源关系,南宋经学诸派是二程洛学的不同支脉,都以道德修身为起点,以经典诠释为路径,以秩序重建为归宿。但受到地域文化、个人视野、师承渊源、身份地位等因素的影响,各派在解经方式、经典依据、政治理念上有所侧重。南宋经学诸派在经学诠释的过程中,不仅致力于自身学派思想体系的建构,更将经学诠释与社会政治秩序的重建、价值伦理的敦化紧密结合起来,以期积极参与社会政治的建设,这对南宋社会政治、思想文化都产生了或直接或间接的影响,在中国古代经学史上留下了浓重的一笔。

ISBN:978-7-04-051375-2

15.[图书]

书　　名:两宋功利思想研究

出　　处:北京: 中国社会科学出版社;2020;284 页

作　　者:王浦劬,赵滕

摘　要:利益分析方法是马克思主义政治学的重要方法。利益分析方法从人与自然的生产关系出发,基于人与人的社会关系,以人的需求和实现的历史发展规律,理解和揭示人的社会活动和政治活动的本质及其规律性发展。运用马克思主义世界观和方法论,对中国传统的功利思想加以正确的批判、辨析、扬弃和吸收,紧密结合历史和时代的实践加以创造性转化和创新性发展,是深入研究和构建中国特色利益政治学的重要维度。本书分三阶段介绍了两宋功利思想。其中,北宋前中期阶段主要介绍了李觏、王安石及"皇祐三先生"尤其是王开祖的功利思想;北宋后期阶段主要介绍了"永嘉九先生"中的周行己、许景衡、刘安节、刘安上的功利思想；南宋阶段主要介绍了永嘉学派中郑伯熊、薛季宣、叶适、陈傅良的功利思想以及永康学派陈亮与朱熹的"义利王霸之辩"。两宋功利思想可以看成儒家思想内生的"现代性"因素，无疑是儒家思想的另一重要侧面，经过深入研究和阐述，通过创造性转换和创新性发展，这些思想无疑可以通达于现代哲学，对于古老中华文明的伟大复兴发挥独特意义和作用。

ISBN：978-7-5203-6097-5

后　记

　　本书是温州市文化广电旅游局、温州市图书馆委托项目"永嘉学派思想及其当下价值研究"的部分研究成果。所收论文和专著的内容均以研究"永嘉学派"为主，冀为学术界提供一部比较权威的永嘉学派研究索引工具书。本书适用于永嘉学派相关研究者、政府有关部门、大学生和社会较高文化层次读者。

　　本书的编写得到了许多单位和学者、朋友的大力支持。衷心感谢温州市文化广电旅游局、温州市图书馆以及温州大学图书馆等单位的领导和专家。衷心感谢浙江工商大学出版社副总编辑郑建先生，他为本书的顺利出版做了大量的工作。特别感谢李俊芳教授、田明伟副研究馆员、陈瑾渊博士为编写本书所做的许多基础性工作。

　　限于编者的水平和经验，本书难免存在错误、遗漏或编排不当之处，敬请学界同仁批评指正。

陈安金

2022 年 2 月 22 日于温州·茶山